시사생활경제

웰빙시대에 필수적인 경제적 사고의 요람

시사생활경제

한상인 · 이승모 · 기석도 · 백진현 · 이동헌

삼 우 사

■ 서문

물질적 풍요뿐만 아니라 육체와 정신 건강을 함께 추구하는 삶이 웰빙이다. 그러나 웰빙의 필요조건은 물질적인 풍요이다. 지나친 물질적인 풍요의 추구는 육체 및 정신건강에 해를 주는 것은 분명하다. 그러나 어느 정도의 물질적인 욕구를 충족하지 못한 상태에서 육체나 정신 건강이 좋을 수는 더더욱 없다.

똑같은 자원을 갖고서 더욱 더 풍요로운 생활을 누릴 수 있으면 누구든지 그렇게 하고 싶을 것이다. 그러면 누가 혹은 어떤 나라가 더 풍요로운 생활을 할 수 있을까? 즉 누가 혹은 어떤 나라가 부자가 될 수 있을까?

이에 대한 답은 "작금 21세기에 부의 획득은 어떻게 이루어지는가?" 라는 것에 대한 해법으로부터 나온다. 흔히 21세기를 '세계화'라고 한다. 이것을 일반적으로 해외시장의 진출 및 국내시장의 개방으로 인식하고 있는데, 그것의 진정한 경제적 의미는 각 국가경제가 세계경제에 편입되어가고 있다는 것이고, 그것은 바로 단일시장으로 통합되어 지역과 국가를 초월한 무한경쟁시대에 접어들었다는 것이다. 그러면 그 시장에서의 지배원리는 무엇인가? 그 세계시장에서는 자본주의 시장경제원리가 지배하고 있다. 그러므로 자본주의 시장경제원리에 부응하는 경제적 사고에 입각하여 행동하는 자만이 잘 살 수 있는 것이다.

우리나라가 자본주의 시장경제이므로 우리나라 사람들은 시장경제원리에 익숙해 있다고 생각하는 사람들이 많다. 하지만 실정은 그렇지 못하다. 익숙하다고 생각하는 사람들도 그릇된 통념에 사로잡혀 있는 경우가 대단히 많기 때문이다. 보다 풍요로운 웰빙적인 삶을 추구하기 위해서는 자본주의 시장경제에 대한 그릇된 통념을 불식하고, 그 작동원리에 입각한 경제적 사고를 올바르게 정립해야 할 필요가 있는 것이다. 그렇지 않으면 우리한테 다가온 절호의 기회를 놓쳐버릴 것이다.

익숙하지 못하다고 생각하는 사람들도 시장경제의 작동원리를 배우고는 싶지만, 막상 경제에 관한 책을 들면 "경제현실과 너무 동떨어진 이론중심적이어서 이해하기가 너무 어렵다"거나 또는 "내 삶에 실질적으로 어떤 도움을 주는가?"라는 실망감과 의문이 앞서 배움을 포기하는 경우가 허다하다.

따라서 이 책은, 이러한 실망감과 의문을 풀고 해소하기 위해, '경제원리'라는 것은 경제학자들이 창안한 것이라기보다는 일상(경제)생활 속에서 나타난 질서일 뿐이라는 점을 독자 스스로 터득하게 하고, 나아가 그 원리가 각자의 생활에 어떤 영향을 줄 것인가를 스스로 인식할 수 있도록 꾸며 보았다.

이런 의도가 충분히 실현될 수 있도록 필자들은 최선을 다하여 노력하였다. 부득이 미흡한 부분이 있다면, 언제든지 질책을 바라마지 않는다. 많은 격려와 질책을 기대하면서…….

2006. 2

병술년 새해 달구벌에서 저자일동

■ 차례

제 2 장
수 요

제 3 장
공 급

제 4 장
가격의 결정 및 역할

제 10 장
경제성장과 불황

제 11 장
실업과 인플레이션

제 12 장
경제안정화정책

제 13 장
국제무역, 국제수지 및 환율

제 14 장
금 융

부록
한국경제 위기 요인은 없나!

서 장

희소성의 세계

1강 인간 욕구와 희소성의 관계는?

인간의 욕구는? 첫 질문이 왜 이것일까? 먹고, 입고, 자고, 여가를 즐기는 것 등 모든 경제문제의 궁극적인 근원이 인간의 욕구와 뗄 수 없는 관계를 갖고 있기 때문이다.

쌀, 옷, 집, 자동차 그리고 영화, 가수의 노래, 의사의 진료, 선생의 강의 등과 같이, 우리 인간들의 욕구를 충족시켜 주는 것들이 무수하게 있다. 그것들을 경제학자들은 재화(財貨 : goods)라고 한다.[1] 세상이 발전해 오면서 재화는 계속해서 다양하게 증가해 왔다. 지금 가난한 사람들조차 옛날의 어떤 왕들보다 더 좋은 것들을 더 많이 갖고 있다. 하지만 그들뿐만 아니라 가장 부유한 국가의 부자들까지도 자신들이 가지고 있는 것보다 원하는 것이 더 많다.

이와 같이 우리들의 욕구에 비해 그 충족수단인 재화가 상대적으로 부족한 상태를 경제학자들은 '희소성[2]의 상태'라고 하며, 그 상태가 지

1) 재화 중에서 쌀과 자동차 같이 형태를 갖춘 것을 (좁은 의미의) 재화라 하며, 가수의 노래나 선생의 강의 같은 형태가 없는 것을 용역(service)이라고 한다.

2) 희소성(稀少性)이란 이름이 붙여진 이유는 '상대적으로 부족'한 것을 '희소'하다라고 하기 때문이다.

속적으로 나타날 때 '희소성의 법칙'(law of scarcity)에 지배를 받는다고 한다.

근면과 기술수준의 향상으로 재화가 다양하게 증가하더라도 희소성의 법칙의 지배를 받고 있는 이유는 무엇인가?

어떤 사람은 다음과 같은 주장을 한다.

"우리들은 전체적으로 충분하게 생산할 수 있다. 그러나 잘못된 취향이나 기호 때문에 그릇된 것들을 생산하므로 우리의 욕구를 충족시켜 주지 못한다."

필요없는 것(예를 들면, 화장품) 그리고 필요 이상으로 크게(예를 들면, 너무 큰집) 생산하기 때문에, 즉 지나친 욕심(과욕) 때문에 필요한 것들을 충분히 얻지 못한다는 주장이다. 그럴 듯한 주장으로 보인다. 그들 주장 속의 필요물은 아마도 한정되고 변하지 않는 어떤 것으로 볼 수 있다. 즉, 생리적으로 불가피한 것을 의미하고 있다. 하지만 근면과 기술수준의 향상으로 필요물이 충족되어 왔더라도 항상 우리들은 다음과 같이 말한다.

"더 많은 집, 더 많은 학교, 더 많은 도로들이 필요하다!"

심지어

"더 좋은 집, 더 좋은 학교, 더 좋은 도로들이 필요하다!"

이것은 우리 인간들이 생리적으로 필요불가피한 것만 충족하여 살아가는 것을 원하지 않는다는 것을 나타내는 것이다.[3] 그 필요물들은 일정한 채로 남아 있지 않고 그것을 만족시키는 수단(즉, 재화)들과 더불어 증가한다는 것을 나타낸다. 이와 같이 인간의 욕구는 충족되자마자 보다 높은 새로운 욕구가 항상 생기는 것이다. 한마디로 "인간의 욕망은 끝이 없다."

이런 의미에서 필요없는 것도 없으며, 필요 이상 크게 생산된다고

3) 속된 표현을 들면, "밥만 먹고 사나, 때로는 자장면도 먹어야지."

하는 말은 아무런 의미가 없다고 할 수 있다. 그러면 “우리가 무엇이 더 필요하다”라고 하는 것은 실제로 무엇을 의미하는가? 이에 대한 대답은 여러분들이 이해를 쉽게 하도록 하기 위해 뒤로 미룬다(제1장 4강 참조).

우리가 근면하게 일하고 기술수준을 향상시킴으로써 재화의 양과 종류가 많아져서 어떤 욕구가 달성되는 순간 일시적으로 희소성의 상태에서 벗어날 수는 있다. 하지만 필요물에 대한 욕구가 끝이 없는 한, 우리는 희소성의 법칙에 지배를 받을 수밖에 없는 것이다.

희소성의 지배로부터 벗어날 수 있는 방법은 정말로 없는 것일까? 물론 새로운 욕구를 억제하면 될 것이 아닌가라고 생각을 할 수도 있다. 역설적으로 그런 생각을 하는 자는 과연 욕구를 억제하며 살아가는가? 수많은 종교인과 철학자들이 그런 욕구를 포기하도록 강요를 했지만 우리 범인(凡人)들은 그렇지 못하다. 극소수의 종교인과 철학자들만이 물질적 욕구를 포기하고 정신적 욕구충족으로 살아가고 있다. 많은 종교인들과 철학자들이 물질적인 문제로 사회의 비난의 눈총이 되는 일이 다반사인 것을 보면, 범인들은 더 더욱 물질적 욕구로부터 벗어나기는 불가능하다고 봐도 과언이 아니다.

그러면, 희소성은 비극인가? 희소성의 지배란 사실에 대해 어느 학자가 이런 말을 한 적이 있다.

“경제학이 세상을 우울하게 만들었다!”

경제학자들이 희소성의 세계(즉, 희소성이 지배하는 인간세상)를 만든 것이 아니라 단지 발견하고 묘사했을 뿐이다. 물론 그것은 비극적인 상황을 나타낸 것이다. 하지만 그의 우려처럼 경제학자들이 우리 인간들을 염세주의와 패배주의에 입각한 채로 자포자기하도록 한 것이 아니라, 벗어날 수 없는 비극적인 상황에서 우리 인간들이 스스로를 위해 할 수 있는 것을 하도록 한 것이다. 희소성에서 벗어나려는 헛된 노력 대신에 그것을 겸허히 받아들이면서 항상 새로이 발생하는 욕구를 상대적으로 더 많이 충족시키려고 노력하도록 독려를 해 온 것이다. 그 독려 속에 우리 인간들은 희소성이라는 곤경에 굴하지 않고 오히려 지혜롭게 헤쳐 나왔으며 앞으로도 계속 그렇게 해 나갈 것이다. 희소성의 비극에서 희소성의 낙원으로 향하여 계속 진군할 것이다. 오히려 그 때부터 사회가 이용할 수 있는 것은 더 많아져서 선조들이 누리지 못한 것들을 우리들이 누리고 있는 것이다. 이것이 우리 인간의 역사이다. 어쩌면 어제와 오늘 그리고 내일이 똑같다면 우리들의 삶은 의미가 있을까?

2강 희소성으로부터 야기되는 갈등과 경제학의 근본문제는?

어느 사회에 살고 있든, 우리들은 "① 무엇을 얼마나 생산할 것인가? ② 누가 그것을 어떻게 생산할 것인가? ③ 생산된 것을 누가 가질 것인가?"라는 세 가지 문제를 항상 고민하고 있다. 왜 그럴까? 인간세상은 앞 강에서 본 바와 같이 희소성의 법칙에 지배를 받기 때문이다.

밀가루, 도구 및 기계, 그리고 인간 노동이 결합되어 빵이라는 재화가 생산될 수 있다. 재화의 생산에 바탕이 되는 것을 '자원'(resources)[4]이라고 한다면 밀가루와 도구 및 기계는 물론 인간의 노동도 자원에 포함될 수 있다. 그러나 자원이라는 말은 보통 물질에 대해 사용된다. 하지만 분석의 편의를 위해서, 생산의 바탕이 되는 것을 자원이라 부르는 것이 더 좋다. 이런 점에서 인간의 노동을 특별히 인적자원이라고 불리어진다.

거의 대부분의 자원들은 희소하다. 새로운 욕망이 끊임없이 솟아나

4) 자원 그 자체가 재화가 되는 것도 있다. 물이나 공기 등은 그대로 음료나 산소호흡을 위해 사용될 때는 재화이고, 커피나 풍선을 만들기 위해 사용되면 자원이다. 자원을 생산에 투입되는 것이라는 점에서 경제학자들은 생산요소라고도 한다.

는 인간세상에서는 자원이 아무리 최고의 가치를 주는 용도로 사용되더라도 우리 인간은 희소성의 법칙에 지배를 받는다. 이런 의미에서 자원은 희소한 것이다. 물론 희소하지 않는 자원과 재화가 있다. 공기나 물 같은 것이 여기에 해당된다. 하지만 공기와 물이 항상 희소하지 않은 것은 아니다. 희소성의 법칙에 지배를 받는 희소재(자원)란 모든 인간들의 욕구를 충족하기에 부족한 것으로서 그것을 획득하기 위해서는 반드시 누군가가 대가를 치러야 하는 것이다. 반면에 욕구를 충족하고서도 남아도는 것은 대가를 치루지 않고서도 공짜(무료: free)로 얻을 수 있으므로 자유재(free goods) 또는 무료재[5]라고 한다. 물과 공기는 이런 점에서 일반적으로 자유재이지만 오염된 지역의 공기와 물, 바다 속 및 우주의 공기, 사막의 오아시스 등은 희소재인 것이다. 희소재와 자유재의 구분은 재화의 종류가 아니라 희소성 여부에 의해 결정된다. 처음에는 자유재이더라도 욕구의 증가와 더불어 그 자원의 용도가 다양해짐에 따라 희소재가 되어간다는 점에서 대부분의 자원이 희소하다고 해도 과언이 아니다.

한편 우리 인간들은 어쩔 수 없는 경우를 제외하고는 타인들과 더불어 살아가고 있다. 타인들과 같이 더불어 생활하는 인간의 집단을 우리는 사회라고 한다. 로빈슨 크루소처럼 무인도에서 혼자서 살아가는 것이 아니고 타인들과 함께 생활하는 사회생활을 하게 된다면, 희소성의 세계에서 우리 인간들은 희소자원의 사용과 재화의 분배와 관련된 이해(利害)갈등에 반드시 직면하게 된다.

희소성의 세계에서는 자원은 희소할 뿐만 아니라 대안적인 용도를 갖고 있다. 즉, 자원은 어떤 용도로 사용되면 다른 용도로 사용될 수 없다. 밀가루가 빵을 만드는 데 사용되면 그 밀가루는 국수를 만드는 데 사

5) 한 가지 유념해야 할 것은 공짜의 의미로, 개인적인 측면에서가 아니라 사회적인 측면에서 공짜이다(상세한 것은 4강 참조). 개인적으로 공짜로 획득했더라도 다른 누군가가 대가를 치렀다면 사회적으로 공짜가 아니므로 그것은 자유재가 아니라 희소재인 것이다. 이런 점에서 희소재만이 경제문제의 근본원인인 희소성의 지배를 받아서 경제학의 주요대상이 되므로 '경제재'(economic goods)라고 한다.

용될 수 없는 것이다. 이것을 '자원이용의 경합성'이라고 한다. 이로 인해 우리들 각자는 자신들의 욕구에 부합되는 것들이 많이 생산될 수 있도록 희소한 자원들이 사용되기를 바라고 있다. 아울러 생산된 재화들은 어떤 개인이 그 중 얼마를 갖게 되면 타인들에게는 그만큼 덜 남겨지게 된다. 빵이 10개 있는데 내가 9개를 차지하면 여러분들에게는 10개 중 9개를 제외한 1개만 남겨지게 되는 것이다. 이것을 '소비에 있어서 경합성'이라 한다. 이로 인해 구성원들은 생산물을 서로서로 타인들보다 더 많이 가지려고 한다. 이런 것들은 자신들 각자의 욕구충족극대화를 위해 타인들을 배제시키려고 하는 충동이다. 이런 충동으로 인해 나와 타인들 간에 이해(利害)의 갈등이 발생하는 것이다.

이해의 갈등으로 모든 사회에서는 다음과 같은 근본문제에 직면한다. ① 무엇을 얼마나 생산할 것인가? ② 누가 그것을 어떻게 생산할 것인가? ③ 생산된 것을 누가 가질 것인가?라는 세 가지 문제에 직면한다. ①과 ②는 생산과 관련된 문제로서, 자원이용의 경합성으로부터 발생된 갈등으로 제기되는 문제이다. ③은 분배와 관련된 문제로서, 소비의 경합성으로부터 발생된 갈등으로 제기되는 문제이다. 경제학자들은 ①을 산출물의 구성 또는 생산물의 종류와 양에 관한 문제, ②를 생산방법에 관한 문제, ③을 생산물의 분배에 관한 문제라고 한다.

이와 같이 우리 인간들은 희소성의 법칙에 지배를 받으면서 자원이용의 경합성 그리고 소비의 경합성에 직면하게 되고, 그 결과 자원의 사용과 재화의 분배와 관련된 위의 세 가지 문제에 반드시 직면하고 해결해야만 하는 것이다. 이런 점에서 위의 세 가지 문제를 경제학의 근본문제라 한다.

3강 선택과 경쟁은 피할 수 있나?

간혹 경쟁은 자본주의사회에서만 발생된다고 주장되고 있다. 과연 그럴까? 분명히 그렇지 않다. 이 점을 이해하기 위해 한 가지 가상적인 예를 들어 보자.

지금 남한과 북한에 각각 50명씩 암환자가 있다고 하자. 이들 각자는 10일 이내 수술을 받아야 살 수가 있다. 그 수술을 할 수 있는 의사는 남, 북 각각 한 명밖에 없으며, 하루에 한 명밖에 수술할 수 없다고 하자. 그러면 남이든 북이든 각각 10명씩만 살아남고 40명은 죽을 수밖에 없다. 이러한 사실 자체가 희소성을 나타내고 있다. 욕구는 50명 모두가 살아남는 것인데(즉, 50명 모두가 10일 이내 수술을 받는 것인데), 자원은 의사 1명으로서(즉, 10일내 10명밖에 수술을 할 수 없다는 것으로서) 욕구에 비해 상대적으로 부족한 것이다.

이런 상황에서 남쪽이든 북쪽이든 암환자들은 살아남기 위해 서로 먼저 수술을 받고 싶어 한다(이것이 환자들 간에 이해의 갈등이 발생한 것을 나타내는 현상이다). 그것을 행동으로 옮기는 과정에서 서로 무엇에 의존해서 다툴 것이다. 즉, 서로 수술을 받기 위해 경쟁을 할 것이다. 이와 같이 단순한 주장을 벗어나 결정이 되도록 무엇에 의존해서 서로 다투는 것을 우리는 '경쟁'(competition)이라고 한다. 결국 경쟁은 사회체제에 의해서 발생되는 것이 아니라 자원의 희소성과 이기적인 인간 본능에 의해 발생되는 이해갈등을 해결하는 과정[6]이라는 점을 알 수 있다. 따라서 경쟁은 우리가 살고 있는 사회, 문화 혹은 경제체제에 따라 있을

---

6) 이해갈등을 해결한다는 것은 근본적인 경제문제를 해결하는 것이다. 왜냐하면, 그 근본문제가 희소자원의 사용과 재화의 분배에 관한 이해의 갈등을 구체화한 것이기 때문이다.

수도 있고 없을 수도 있는 것이 아니다. 희소성의 법칙에 지배를 받고 사회생활을 하는 한, 경쟁은 피할 수 없다!

이와 같이 경쟁은 희소성과 두 명이상 함께 살아가는 사회에서 반드시 발생하는 것이다. 경쟁은 우리가 살고 있는 사회, 문화 혹은 경제체제에 따라 있을 수도 있고 없을 수도 있는 것이 아니다. 자원의 희소성과 이기적인 인간 본능으로부터 발생되는, 인간들간의 자원이용 및 재화의 분배에 관한 이해갈등의 해결과정이 바로 경쟁인 것이다. 따라서 사회체제에 관계없이 희소성에 지배받고 있는 인간사회에는 경쟁이 반드시 존재하는 것이다.

그러면 남과 북에서 각각 어떤 환자들이 살아남을 가능성이 높은가? 우선 남쪽부터 생각해 보자. 아마도 돈이 많은 사람이 살아남을 가능성이 높다. 왜냐하면 남쪽은 돈에 의한 경쟁 즉, 가격경쟁을 기본 규칙으로 하고 있기 때문이다. 반면에 북쪽은 어떤가? 아마도 권력이 많은 혹은 계급이 높은 사람이 살아남을 가능성이 높다. 좀더 구체적으로 말하면 김정일 위원장과 얼마나 가까운가에 따라 살아남을 가능성이 높아진다. 북의 경쟁형태는 권력 내지는 계급인 것이다. 이와 같이 사회마다 경쟁의 형태 내지 수단이 다를 뿐이며, 경쟁은 어느 사회에서도 반드시 존재하는 것이다.

경쟁의 형태에 따라 살아남을 가능성이 있는 사람이 달라진다는 것은 경쟁의 형태에 따라 사회적 결과는 달라진다는 것을 시사한다. 희소성을 없앨 수 없는 한 경쟁은 존재하기 마련이고, 경쟁형태에 따라 사회적 결과는 다르게 된다. 그러므로 우리는 다양한 경쟁형태 중 어느 한 가지를 '선택'(choice)을 해야만 하는 상황에 직면하게 된다. 따라서 희소성의 세계에서는 선택도 피할 수 없다!

물론 로빈슨 크루소처럼 혼자 있을 경우에도 자원이 희소하므로 선택을 할 수밖에 없다. 혼자일 경우 타인과 이해갈등이 발생하지 않으므로 경쟁을 할 필요도 없고 경쟁의 형태를 선택할 필요성이 없지만, 희소한 자원의 사용에 관한 갈등은 발생한다. 밀가루 1봉지로 빵을 만들 것인가 아니면 스파게티(국수의 일종)를 만들 것인가?[7] 그것을 어떻게 만들 것인가? 즉, '희소한 자원을 가지고 무엇을 어떻게 할 것인가?'라는 갈등에 직면하게 되는 것이다. 따라서 그는 희소자원의 사용용도와 방법에 대해 선택할 수밖에 없는 것이다.

이와 같이 희소성의 세계에서는 개인적인 차원뿐만 아니라 사회적인 차원에서도 선택에 직면하게 되므로, 경제학을 선택의 학문이라고 하는 것이다.

우리 인간들은 희소성을 벗어날 수 없기 때문에 경쟁을 할 수밖에 없으며, 따라서 우리 인간들이 해결해야 하는 문제는 경쟁을 없애는 것이 아니라 "어떤 경쟁 형태를 선택할 것인가?" 하는 것이다. 경쟁을 없애려고 노력하는 것은 헛수고일 뿐만 아니라 인간에게 도달할 수 없는 욕망만을 키워줄 뿐이다. 어떤 경쟁 형태를 선택할 것인가 하는 것에 대해 어느 누구도 답을 할 수는 없다. 왜냐하면, 사회구성원들이 어떤 결과를 원하느냐에 따라 어느 경쟁형태가 상대적으로 더 나은지가 결정되기 때문이다. 그러면, 어떤 경쟁형태를 선택할 것인가 하는 결정은 사회구성원들에게 맡겨 놓더라도, 우선 필요한 것은 어떤 경쟁형태가 어떤 사회적 결과를 낳을 것인지에 대한 자료이다. 이를 위해 우리들은 경쟁형태에 따른 사회적 결과들을 살펴볼 필요가 있는데, 그 사회의 주가 되는 경쟁형태가 무엇인가에 따라 (사회)경제체제가 다른 것이다(이에 대한 것들은 7강에서 좀더 자세히 살펴본다).

7) 밀가루 1봉지로 빵도 만들고 국수도 만들 수 있지만, 설명의 편의와 희소성의 상황을 위해 밀가루 1봉지로는 두 가지 모두는 생산할 수 없는 단위로 가정한다.

4강 세상에 공짜가 있나?

물론 "세상에 공짜가 왜 없어?"라고 반문할 것이다. 누군가가 독자에게 자동차 한 대를 선물을 하였을 경우 독자는 공짜라고 생각할 것이다. 공짜가 아니라고 생각하는 독자도 있을 것이다. 그것은 그 독자들이 아마도 "내가 그 전에 해준 것에 대한 대가이지" 또는 "나중에 보답을 해야 할 것이지"라고 생각하기 때문일 것이다. 하지만 이런 상황이 아니라 선물을 제공한 사람은 독자에게 선물 주는 것 그 자체로 만족하고 있고 독자도 그렇게 생각한다면, 독자는 분명히 그 선물을 공짜라고 생각할 것이다.

이런 점에서 '공짜'란 그것을 얻기 위해 치르는 '대가'가 없다는 것을 의미한다. 그렇다면, '공짜'의 진정한 의미를 파악하기 위해서는 '대가'가 무엇을 의미하는지를 알아야 한다. 그러면 대가는 무엇일까?

앞의 로빈슨 크루소가 직면한 상황을 생각해 보자. 밀가루로 국수를 만들 것인가 아니면 빵을 만들 것인가? 그는 빵을 만들었다. 빵을 만들었다는 것은 밀가루의 용도를 빵 생산과 국수 생산 중에 빵 생산으로 선택했다는 것을 의미한다. 왜 빵 생산을 선택했을까? 그것은 분명히 국수보다 빵이 그에게 더 높은 만족(즉, 가치[8])을 준다고 느꼈기 때문이다.

빵 생산과정에서 포기된 것은 무엇인가? 밀가루인가! 아니다! 물론 밀가루가 희생(또는 소모)된 것은 분명하다. 그러나 밀가루가 포기된 것은 아니다. 만약 국수가 생산되었다면 포기된 것은 무엇인가? 희생된 것이 포기된 것이라면 이 경우에도 역시 밀가루가 포기된 것이라 할 수 있다. 어느 경우에서나 반드시 희생되는 것은 포기된 것이 아니다. 빵의 생

8) 어떤 행위나 재화의 소비로부터 얻는 만족감을 그 행위나 그 재화의 가치라고 한다.

산이나 국수의 생산에서도 밀가루는 어쩔 수 없이 소모되는 것이다. 그렇다면 포기되는 것은 무엇인가? 그는 빵을 생산함으로써 국수를 생산하지 못하고, 국수를 생산함으로써 빵을 생산하지 못하는 것이다. 빵 생산을 위해 국수(또는 국수의 가치)를 포기한 것이다. 그는 빵을 얻기 위해 그 밀가루로 만들 수 있었던 국수를 포기한 것이다. 빵을 먹기 위해 치른 대가는 밀가루가 아니라 국수인 것이다. 우리가 어떤 것을 얻기 위해 치르는 대가는 그것으로 인해 포기된 것(또는 그것의 가치)이다. 즉, 그것을 얻기 위해 소요된 자원들이 다른 곳에 이용되었다면 얻을 수 있는 것(또는 그것의 가치)이다.

그러면 포기될 수 있는 것들이 여러 가지가 있을 때, 어떤 행위의 대가는 포기될 수 있는 것들 모두 합한 것인가?

지금 이 책을 읽고 있는 독자가, 이 책을 읽지 않는다면 그 시간 동안에 사랑스런 연인과 강변에서 데이트를 즐길 수도 있고, 그렇지 않으면 집 근방 체육공원에서 운동을 할 수도 있을 것이다. 이 경우 독자가 독서, 데이트, 운동의 각 가치를 100, 90, 80[9]으로 평가한다면, 여러분은 독서를 할 것이다. 그러면 독서로 포기된 것은 무엇인가? ① 데이트와 운동(또는 100) ② 데이트(또는 90) ③ 운동(또는 80) 중 어느 것일까? ①은 아니다. 왜냐하면, 독서를 포기한 시간 동안에 둘 다 모두를 함께 할 수 있다고 가정하지 않았다. 그러므로 둘 다 포기된 것은 아니다. 물론 독서를 포기한 그 시간 동안에 둘 다 할 수 있었다고 가정했다면 둘 모두 포기된 것이다.

그러면 데이트가 포기된 것인가 아니면 운동이 포기된 것인가? 데이트가 포기된 것이라면 여러분은 90을 포기한 것이 되고, 운동을 포기한

9) 가치는 어떤 수치로 평가할 수 없다. 다른 재화의 양으로 표현해야만 한다. 구체적인 이유는 뒤에서 상세히 밝힌다. 예를 들면 100, 90, 80을 빵 100개, 빵 90개, 빵 80개로 나타내면 가치를 올바르게 나타낸 것이다. 여기서는 설명의 편의를 위해서 수치로 표현했다.

것이라면 80을 포기한 것이 된다. 분명히 여러분들은 가치가 큰 것으로 평가한 데이트를 포기한 것으로 생각할 것이다. 왜냐하면 어느 누구도 가치가 작은 것을 포기한 것으로 생각하지 않을 것이기 때문이다. 그래도 잘 이해가 되지 않는다면 이런 상황을 고려해 보자. 만약 독서를 하지 않았다면, 여러분은 데이트와 운동 중에서 무엇을 했을까? 분명히 데이트를 했을 것이다. 따라서 포기된 것은 데이트가 되는 것이 자명하다. 따라서 포기될 수 있는 대안들이 여러 가지가 있을 경우, 어떤 행위의 대가는 포기될 수 있는 대안들 중 가장 가치가 높은 것이다.

이제 여러분은 서두에 제시된 공짜로 획득한 자동차의 대가가 무엇인지를 평가할 수 있는 능력을 갖추었을 것이다. 아마도 제일 먼저 "이 차를 위해 포기한 것이 무엇인가?"라는 질문을 할 것이다. 이에 대해 구체적으로 답을 하기 위해, 그 차의 가격이 1,000만원이라고 가정하자.

분명히 독자는 차를 얻는 대가로 포기하는 것이 없다. 따라서 독자의 입장에서는 공짜가 분명하다. 하지만 선물한 사람의 입장에서는 공짜가 아니다. 그것을 선물하기 위해서 포기한 것이 있기 때문이다. 포기한 것이 1,000만원 그 자체는 아니다. 그 돈으로 구입할 수 있었던 것 중 자신이 최고의 가치를 부여하는 어떤 것(예를 들면, 바이올린)이 될 것이다. 독자 여러분은 포기한 것이 없으므로 개인적으로는 공짜인 것이지만, 사회구성원 중 어떤 다른 사람(즉, 선물한 사람)이 포기한 것이 있으므로 사회적으로는 공짜가 없는 것이다. 이런 점에서 세상에는 공짜가 없는 것이다. 즉, 누군가가 대가를 치르고 있는 것이다.

이 점은 매우 중요하다. 인간사회는 혼자 사는 것이 아니라 더불어 살아가므로 희소한 자원의 사용에 대해 사회적으로 평가되어야 하기 때문이다. 자원사용에 대해 나뿐만 아니라 타인들이 무슨 대가를 치르는지를 반드시 살펴보아야 한다.

하지만 이 세상에 공짜가 전혀 없는 것은 아니다. 공기는 공짜이다. 우리는 공기를 얻기 위해 무엇인가를 투여하는 것이 없고 따라서 포기하는 것도 없기 때문이다. 하지만 오염된 지역, 물 속, 우주 등에서는 우리가 숨을 쉬는 데 필요한 공기는 부족한 것이다. 그런 곳에서는 필요한 공기를 얻기 위해 무엇인가를 투여해야 하고 반드시 대가가 수반되는 것이다. 이와 같이 정상적인 곳에서 존재하는 공기 이외에는 공짜가 없다고 해도 과언이 아니다.

어떤 것을 행하는 데 치르는 대가를 경제학자들은 '기회비용'(opportunity cost)이라고 한다. 이렇게 부르는 이유는 통상적으로 쓰이는 비용과 차이가 있기 때문이다. 통상적으로 우리가 비용이라고 하는 것은 무엇을 얻기 위해 '지출된 것'이다. 그러나 기회비용은 '포기된 것'이다. 포기된 것과 지출된 것에는 차이가 대부분 발생하게 마련이다(그 차이점에 대해 다음 5강에서 설명된다). 이런 차이점을 보여주기 위해 '포기된 것'을 단순히 비용이라 하지 않고 앞에 형용사 '기회'라는 말을 덧붙였다. 기회를 붙인 이유는 포기된 것이란 결국 포기된 기회이기 때문이다. 빵을 얻기 위해 국수를 얻을 기회를 포기하고, 책을 얻기 위해 빵을 얻을 기회를 포기하는 것이다.

어떤 것을 행하는 것은 그에 소요되는 자원을 가지고 할 수 있는 여러 대안들 중에서 그것을 선택한 것이다. 이런 점에서 기회비용은 바로 선택의 대가이다. 우리가 어떤 것을 행하는 것은 항상 선택하는 것이고, 따라서 그 대가인 기회비용이 수반된다는 점을 명심하라! 이것이 바로 경제학적으로 사고하는 것이다. 희소한 자원을 보다 높은 가치를 지닌 용도로 이용[10]하려면 기회비용적 사고가 필수이기 때문이다.

경제학이 선택의 학문이고 선택의 대가가 기회비용이므로, 경제원리를 다루고자 하는 이 책에서는 지금부터 '기회비용'을 단순히 '비용'이라 한다.[11] 반면 통상적으로 사용되는 비용은 지출된 것으로서 회계에 사

10) 자원이 가장 높은 가치를 갖는 용도로 사용될 때 경제학자들은 자원배분이 효율적이라고 한다.

11) 이런 점에서 기회비용을 '경제학적 비용'이라고 한다.

용되므로 '회계적 비용'이라고 한다. 어느 비용이 근본적인 비용인가라는 것보다는 비용은 목적에 따라 사용되어야 하는 것이다. '선택'에 관한 문제에 대해서는 '기회비용'을 '회계'에서는 '통상적인 비용'을 사용하는 것이 적절할 뿐이다.

1강에서 "우리가 무엇이 더 필요하다"라고 하는 것은 실제로 무엇을 의미하는가?라는 질문만 던지고 대답은 뒤로 미루었다. 이제 이에 대한 답을 할 수가 있다. 왜냐하면, 여러분들은 이제 기회비용적 사고를 할 수 있으니까! "우리는 더 많은 고속도로가 필요하다"라고 말할 때, 이것의 의미는? 더 많은 고속도로를 건설하는 데 드는 비용을 자신들이 부담하더라도 더 많은 고속도로가 필요하다는 것을 의미하는가? 실제로 그렇지 않다. 좋게 생각하면 그 비용을 생각하지 않는 것이고, 나쁘게 생각하면 그 비용을 타인들이 부담하도록 유도하거나 혼란시키는 것이다.

그래서 "누가 무엇이 더 필요하다"라고 말하는 것은 좋게 봐 주면 어떤 것에 대한 무지의 결과라고 볼 수 있다: 자원은 희소하면서 대안적인 용도를 갖고 있으므로 반드시 대가가 수반된다는 점에 대한 무지. 이런 점을 알면서도 그렇게 주장하는 것은 그 비용을 타인들이 부담하도록 유도하거나 혼란시키는 것으로서, 말하는 사람의 나쁜 마음이 내포된 것으로 볼 수 있다.

무엇을 생산하든 항상 비용(즉, 대가)이 수반되므로 무엇이 필요하다고 말하는 사람에게 항상 다음과 같은 질문을 해야 한다: "그것을 얻기 위해서 어떤 재화 또는 어떤 욕구를 포기할 것인가 그리고 누구의 부담으로 할 것인가?" 다시 말하면, 그렇게 하는 것이 누구를 위하는 것인지를 파악할 필요가 있는 것이다.

어느 날 부인이 당신에게 "여보, 차가 한 대 더 필요해요"라고 할 때, 당신은 부인에게 이렇게 말할지도 모른다. "집에 있는 주부가 무슨 차가 필요해. 그런 생각 집어치워!" 이렇게 되면 그들 부부간에 냉전이 시작될 수 있다.

그러나 기회비용적 사고방식에 입각하여 대화를 한다면 좋은 결과를 가져올 뿐만 아니라 당신에 대한 존경심이 더 높아지고 리더십도 돋보일 것이다.

나라면, 마누라와 다음과 같이 논의할 것이다.

"필요한 이유가 뭔데?"

"얘가 학교에서 자율학습을 하고 오면 너무 늦는데 당신 사정상 매일 당신 차를 이용할 수도 없고, 그리고 나도 쇼핑, 집안 일 등에 필요해요."

"그렇다 치고, 차량구입비는 어디서 마련하지. 나에게는 여유가 없는데."

"걱정하지 말아요. 당신 몰래 조금씩 비축한 돈이 약 천만 원 있는데 그것으로 구입할 수 있어요."

"어려운 가운데서도 당신이 절약하여 돈을 어느 정도 비축하였다니 고맙소. 그 돈으로 당신이 차를 구입하는 것에 대해 기본적으로는 반대할 의사가 없소. 허나 그 돈으로 차를 구입함으로써 당신을 비롯한 우리 가족이 포기해야 되는 것과 얻게 되는 것을 비교하여, 포기하는 것보다 얻게 되는 것이 크다면 구입하는 것이 좋을 것 같고 그렇지 않다면 다른 것을 하는 것이 더 좋다는 것이 나의 견해니 참고하여 결정했으면 좋겠소…."

5강 기회비용은 통상적인 비용과 어떤 차이가 있을까?

이제 바로 앞 강에서 남겨놓은 질문에 답을 구해 보자. 수지상태를 알아보는 데 사용되는 통상적인 비용은 무엇을 얻기 위해 '지출된 것'이고, 기회비용은 '포기된 것'이다. 포기된 것과 지출된 것에는 어떤 차이가 있는지를 알기 위해 '대학생활의 비용'을 파악해 보자.

"일반적으로 대학생활의 비용이 얼마가 되는가?"라고 물어 보면, 독자나 대부분의 학생들이 다음과 같이 대답한다.

"등록금, 책값, 잡비, 교통비, 기숙사비"이라고. 이런 답은 통상적인 비용을 언급한 것이다. 기회비용측면에서 보면, 누락된 것도 있고, 제외시켜야 할 것이 있다.

기회비용은 포기된 것이므로, 각 항목을 이 관점에서 살펴보자.

등록금과 책값은 포기된 것이 분명하므로 기회비용에 포함된다. 그러나 잡비, 교통비, 기숙사비는 그렇지 않다. 이런 것들은 여러분이 대학을 다니든 다니지 않든 소요되는 것이다. 앞 강에서 언급된 바와 같이, 어느 경우에서나 반드시 희생되는 것은 포기된 것이 아니다. 그러므로 이런 항목은 기회비용에 포함되는 것이 아니다. 다만, 대학을 다닐 때 잡비가 대학을 다니지 않고 지금 다른 생활(예를 들면, 직장생활)을 한다면 소요되는 잡비와 차이가 날 수 있다. 이 경우 대학생활시 잡비가 20만원, 직장생활시 15만원이라면 그 차이 5만원만큼 기회비용에 포함되고, 그 반대라면 그 차이 5만원만큼 기회비용에서 공제해야 하는 것이다. 교통비, 기숙사비[12]도 마찬가지다. 이와 같이 어느 경우에나 희생되는 것은 기회비용에서 제외시켜야 한다.

그러면, 누락된 것은 무엇일까?

만약 대학에 진학하지 않고 직장생활을 한다면, 여러분은 4년 동안의 수입을 얻을 수 있는데, 대학생활을 함으로써 그것을 포기하고 있는 것이므로 이것은 기회비용에 반드시 포함되어야 하는 것이다.[13] 아울러

12) 대학생활시 기숙사생활을 하고 직장생활을 한다면 집에서 숙식을 해결하더라도, 집에서든 기숙사든 간에 그것들 간에 숙식비를 비교해서 차이가 없으면 숙식비의 기회비용은 0이고 차이가 있으면 가감을 해야 하는 것이다.

13) 실제 이 수입이 적은 것이 아니다. 월 80만원이더라도 연 약 1천만원이고 4년이면 4천만원이다. 대학

등록금이나 책값을 은행에 정기예금을 해두었다면 얻을 수 있는 이자수입도 포기한 것이다.

그렇다면, 누락된 것은 어떤 특성을 지닌 것일까? 다시 말하면, 포기된 것인데도 불구하고 지출되지 않는 것은 무엇인가?

대학생활을 하지 않고 직장생활을 했더라면 얻을 수 있는 수입은 자신 노동의 대가(기회비용)이며, 등록금을 예치했다면 얻을 수 있는 이자수입은 자신소유 등록금의 대가(기회비용)이다. 이와 같이 자신이 소유한 자원에 대한 대가는 포기된 것인데도 불구하고 지출되지 않으므로 통상적인 비용에는 드러나지 않는다.[14] 그러므로 자신이 소유한 자원에 대한 대가는 반드시 기회비용에 포함시켜야 한다.

기회비용과 통상적 비용 간의 관계를 다음과 같이 정립할 수 있다.

기회비용(경제학적 비용) = 통상적 비용(회계학적 비용) + 잠재적 비용 – 항상 희생되는 것

통상적인 비용이 '빛'이라면 잠재적 비용은 '그림자'라고 할 수 있다. 기회비용은 통상비용과 잠재비용을 포괄하고 있으므로 빛과 그림자를 다 갖고 있다. 우리 인생사에 있어서 선택의 순간에 빛만 보지 말고 그림자를 특히 유념해야 한다는 시사점을 기회비용이 그대로 나타내고 있는 것이다. 그래서 거듭 강조하지만 우리는 기회비용적 사고에 익숙해져야 하는 것이다. 세상에는 보이지는 않지만 반드시 대가가 있다(공짜가 없다!).

생활에서 여러분은 생각보다 엄청나게 큰 것을 포기하고 있으므로, 대학진학이란 선택이 현명한 선택이 되도록 하기 위해서는 포기된 것 이상으로 보상을 받을 수 있도록 대학생활을 영위해야 할 것이다. 그렇지 않다면 대학생활을 포기하고 생활전선으로 바로 뛰어들어라!

14) 이와 같이 포기된 것임에도 불구하고 드러나지 않는 비용을 잠재되어 나타나지 않는다고 잠재적 비용 또는 암묵적 비용이라고 한다.

앞 강에서 비용은 목적에 따라 사용되어야 하는 것이며, '선택'에 관한 문제에 대해서는 '기회비용'을 '회계'에서는 '통상적인 비용'을 사용하는 것이 적절하다고 했다. 이에 대해 간단한 설명이 있었지만, 방금 정립된 기회비용과 통상적인 비용간의 관계에서 그 적절성이 다음 예를 통해서 더욱 부각될 수 있다.

건물 소유주는 매달에 200만원의 세를 받아 생활을 하고 있다. 그러던 그가 가게를 직접 운영하기로 결심하고 세입자를 계약기간의 종료 시 내보냈다. 그는 옷가게를 운영했는데, 한 달간 정산을 하니 수입이 600만원이고 지출이 450만원으로 수익이 150만원이었다. 그 다음 두세 달도 비슷하였고 앞으로 예상되는 수익도 그 수준에 불과하였다. 과연 그는 직접 그 옷가게를 계속 운영할 것인가? 여러분은 분명히 하지 않고 세를 줄 것이라고 답할 것이다.

수지상으로는 가게 운영으로 150만원의 수익을 낳지만 세를 줄때 비해 50만원의 수익이 줄어들고 있기 때문이다. 이때 분명히 고려하는 것은 가게운영으로 포기된 월세수입(기회비용에 포함)을 고려하고 있다. 가게운영의 수지를 계산할 때는 통상적인 비용(450만원)이 적절하지만, 가게를 계속할 것인가 세를 줄 것인가라는 결정 즉, 선택에는 기회비용(=통상적 비용(450만원)+잠재적 비용(200만원)이 적절하다는 것을 명백히 보여 주고 있다.[15]

15) 가게운영 수지(회계측면)=수입(600)−지출(통상비용 : 450)=150,
가게운영 손익(경제측면)=수입(600)−기회비용(통상비용 : 450+잠재비용 : 200)=−50이다. 기회비용으로 계산시 그 결과가 음(−)이면 선택이 잘못된 것을, 양(+)이면 잘된 것을 보여주고 수치는 상대적 손실을 보여주는데, −50은 가게운영이 세를 주는 것에 비해 50만큼 손해를 본다는 것을 의미한다.

6강 과거를 묻지 마세요!

당신은 지금 동료들과 회사에서 베푸는 회식을 어느 한 식당에서 하고 있다고 하자. 회식이 끝날 즈음 누군가가 자신이 한 턱 내겠다면서 2차를 가자고 한다. 이럴 때 2차를 갈 것인지를 어떻게 결정하는가? 2차가 1차보다 더 재미있을 것이라고 생각하면 2차를 가고 반대이면 가지 않는가? 그렇지 아니면 2차에 감으로써 얻을 수 있는 가치와 포기하는 대가를 비교해서 결정하는가?

먼저 각 방법에 따른 결정으로 당신이 누리는 순이익을 살펴보자. 이를 위해 당신은 1차의 가치를 100, 2차의 가치를 80으로 평가하고 있다고 하자. 첫 번째 방법에 따라 결정한다면 당신은 가지 않을 것이다. 2차의 가치가 1차의 가치보다 낮다는 것은 2차가 1차보다 재미가 적다는 것을 의미하기 때문이다. 두 번째 방법에 따라 결정한다면, 2차의 가치는 80인 반면 타인이 2차에 지출되는 금액을 치르므로 당신은 포기하는 것이 없다고 생각하여, 당연히 가려고 할 것이다. 그러나 당신도 포기하는 것이 없는 것은 아니다. 다시 한 번 상기하라! 포기하는 것은 그것을 하기 위해 소요된 자원으로 할 수 있는 것 중 최고의 가치를 지닌 것이다. 당신이 2차를 즐긴다면, 2차에 소요되는 금액은 지출되지 않지만 시간은 소요될 것이다. 그 시간으로 할 수 있는 것 중에 최고의 가치를 갖는 것, 예를 들면 애인과 공원에서 데이트하면서 즐기는 가치를 포기하는 것이다. 그 가치가 50이라고 한다면 2차를 갈 것이고, 90이라면 가지 않을 것이다.

만약 애인과 데이트의 가치를 50이라고 가상하고 두 방법에 따른 순이익을 평가해 보자. 처음의 방법에 따르면 2차를 가지 않는 것이고, 그로 인해 얻는 것은 애인과의 데이트로 얻는 만족감인 50이고 잃는 것은

2차에서 얻는 만족감 80이다. 그 결과 순이익은 −30이다. 두 번째 방법에 따르면 2차를 가는 것이고, 그로 인해 얻는 것은 80이며 잃는 것은 50이고 그 결과 순이익은 30이다. 따라서 두 번째 방법이 합리적인 선택이라는 것을 알 수 있다.

	제 1 방법	제 2 방법
얻는 것	50	80
잃는 것	80	50
순이익	-30	30

이와 같이 합리적 선택은 과거와는 상관이 없고 오직 현재 주어진 상황과 상관있을 뿐이다. 현재 주어진 상황에서 그것을 한다면 얻을 가치와 포기하는 가치만이 합리적인 선택에 의미를 부여할 뿐이다. 합리적인 선택을 위해서는 과거를 묻지 말아라!

현재 주어진 상황에서 그것을 한다는 것은 그것이 주어진 상황에 '덧붙여지는 것'이다. 주어진 상황에 '덧붙여지는 것'에 대해 경제학자들은 '한계'라는 용어를 사용한다. 이 용어를 사용하는 이유를 한계의 원어인 '마진'(margin)으로부터 쉽게 유추할 수 있다. 우리는 종종 장사하는 친구에게 이것의 마진이 얼마냐고 묻는다. 만약 원가 50원짜리를 80원에 팔면 마진이 30원이라고 한다. 이 때 마진이라는 것은 원가(즉, 주어진 상황)에 '덧붙는 것'이다. 이것이 한계의 의미이다. 혹자는 미세한 변화만 한계라고 하는데 그렇지는 않다. 중요한 것은, '덧붙는 것'이 크든 적든, 주어진 상황에서의 변화 그 자체이다. 한계적 변화는 1개일 수도 있고 만개일 수도 있다. 한계가 이러한 의미들을 갖고 있으므로, 주어진 상황에서 그것을 한다면 얻을 가치를 경제용어로는 '한계가치'라 하며, 포기하는 가치를 '한계비용'(marginal cost)이라 한다.[16]

합리적인 선택은 주어진 상황에서 그것을 한다면 얻을 가치와 포기하는 가치를 비교하는 선택이라고 했다. 그러므로 합리적인 선택은 '한계'가치와 '한계'비용을 비교하여 선택하는 것이고, '한계'가치와 '한계'비용을 비교하는 것을 '한계원리'라고 한다. 이것은 합리적인 선택을 위해서는 '한계원리'와 '기회비용'적 사고에 입각하라는 것을 시사하고 있다.

희소한 자원을 잘 이용하기 위한 학문이 경제학이라면, 경제학적으로 사고를 한다는 것은 바로 '한계원리'와 '기회비용'적으로 사고하는 것이다. 명심하라. "세상에 공짜는 없다!", "과거도 묻지마라!"

이제 여러분들이 경제학적으로 사고를 할 수 있는지를 알아보기 위해 한 가지 질문을 던져 보겠다. 어떤 항공사가 여객기로 서울에서 제주까지 운항하고 있다. 200명의 좌석을 가진 여객기가 서울에서 제주까지 운행하는 데 소요되는 비용이 1,000만원이라고 한다. 만약 좌석이 빌 경우 대기승객에게 최소한 얼마를 받아야 할까? 직관적으로는 좌석 하나당 비용(즉, 좌석당 평균비용)이 5만원이므로 최소한 5만원을 받아야 한다고 생각할 것이다. 그러나 그것은 잘못된 결정이다.

대기승객 중 한 명은 3만원을 지불할 용의가 있다고 할 때, 그 승객을 탑승시키면 2만원의 손해를 보는가? 그 승객을 태움으로써 추가되는 경비는 기껏해야 기내식에 제공되는 음료수와 식사에 소요되는 5,000원 정도일 것이다. 그 승객을 탑승시키면 2만원의 손해가 아니라 오히려 2만 5천원의 이익을 얻게 된다. 최소한 받아야 할 요금은 그 승객으로 인해 추가되는 비용(즉, 한계비용)인 5,000원보다 조금만 더 높으면 되는 것이다. 이와 같이 합리적인 선택에서는 평균이나 총(즉, 전체)의 개념에 입각해서는 안 된다. 왜냐하면 그 개념 속에서는 '과거'의 비용이 포함되어 있기 때문이다. 운행경비 총 1억원 중 감가상각비, 승무원 인건비, 연

---

16) 한계기업이라는 표현이 흔히 사용된데, '한계기업'이란 현재의 상황에서 겨우 견디는 기업으로서, 가격이 조금이라도 하락하거나 원재료비, 인건비 등이 조금이라도 상승하면 도산이 될 수 있는 기업이다. 주어진 상황에서 이런 변화가 도산을 시킬 수 있다는 의미에서 한계기업이라고 한 것이다.

료비, 기탑승자의 기내식비 등 대부분은 그 승객의 탑승여부와 관계없이 지출되는 것으로서, 그 승객을 탑승시킬지의 결정과 관련해서 보면, 그 비용이 이미 지불된 과거의 비용이기 때문이다.

역외로 대절나간 택시가 돌아올 때, 아주 낮은 요금에도 승객을 탑승시키는 것도 마찬가지이다. 그들은 '한계원리'는 모르지만 그 원리를 실제에 적용시키고 있는 것이다. 이와 같은 한계원리의 적용사례는 천지에 늘려 있다. 그런데도 불구하고 이 원리를 실행하지 못하는 사람들도 많이 있다는 것 또한 사실이다. 한계원리를 실천하여 생활을 윤택하게 하자!

7강 남에게 봉사해야만 돈을 버는 사회는?

1980년대부터 소련(지금 러시아)과 동유럽 그리고 중공(지금 중국) 등의 공산주의 국가들이 그들 자신의 고유체제인 사회주의 계획경제를 포기하고 자본주의 시장경제체제로 변화해 왔다. 심지어 북한을 비롯한 제3세계에서도 시장경제를 많이 도입하고 있다.

이것은 자본주의 시장경제가 지닌 많은 단점에도 불구하고 그 단점을 개선하기 위해 태동한 사회주의 계획경제보다 오히려 더 나은 체제로 인정하는 역사적 입증으로 볼 수 있다.[17]

왜 그들은 사회주의 계획경제를 포기하고 시장경제를 도입하고 있을까?

3강에서 본 바와 같이, 시장경제에서 근간이 되는 경쟁형태는 여러

17) 물론 자본주의 시장경제가 최선의 제도라고 주장하는 것은 아니다.

분이 직접 체험하고 있는 것처럼 시장에서 자유롭게 제시되는 가격경쟁이다. 반면 사회주의에서는 계획당국의 선호이다.[18] 왜냐하면, 자원 및 재화의 배분이 그들에게서 결정되기 때문이다.

사회주의가 태동하면서 시장경제에 반대하고 계획경제를 도입한 가장 중요한 이유 중 하나로 다음을 들 수 있다. 시장에서 자유로운(간섭 없는) 가격경쟁은 개인들이 자신들의 이기심에 의해 경제활동이 이루어지므로 사익만 추구되고 공익은 추구되지 않아서 전체의 경제적 후생을 극대화할 수 없을 뿐만 아니라 노동자들만 착취당하고 있다는 것이다. 그러므로 정부의 경제계획가들이 경제활동을 잘 관리하면 경제적 후생 극대화 및 노동자 천국을 달성할 수 있다는 논리에 입각하여 계획경제를 근간으로 하였다.

그러나 아이러니컬하게도 최근의 역사는 그 반대라는 것을 입증하고 있는 것이다. 시장경제에서 이기심에 의해 사익이 추구되고 있는 것은 사실이다. 농부가 도시인들의 식탁을 걱정하여 농사를 짓거나 도시인들이 농부들의 문화생활을 걱정하여 TV를 만드는 것은 분명히 아니다. 그러나 농부가 농사를 통하여 자신의 이익을 극대화하기 위해서는 자신의 생산물이 시장에서 팔려야 한다. 팔리는 여부는 소비자(도시인들)의 만족에 달려 있다. 소비자가 그 농부의 생산물에 대해 가격과 품질 면에서 만족해야만 팔릴 수 있는 것이다. 그러므로 농부는 자신의 생산물을 팔기 위해서는 소비자를 고려하지 않을 수 없다. 타인을 생각하는 이타심이 없으면 사욕이 추구될 수 없는 것이다. 이 과정에서 시장경제는 가격경쟁[19]을 통하여 이기심의 발로로 추구되는 사욕이 공익과 조화를 이루어 사회적 후생이 극대화되도록 조정하고 있다는 점을 알 수 있다. 이

---

18) 실질적으로는 공산당 또는 집권자의 선호이며, 따라서 권력과 계급이 경쟁의 수단인 것이다.

19) 시장에서의 가격(경쟁)을 아담 스미스는 '보이지 않는 손'이라고 했다. 계획경제에서는 계획당국자가 자원배분을 지시하지만 시장경제에서는 어떤 지시자 없이 시장의 가격(경쟁)이 그런 역할을 한다는 점에서 '보이지 않는 손'이라 한 것이다.

것이 자본주의 시장경제의 큰 장점이며 매력인 것이다. 경제학의 시조라는 아담 스미스는 이런 사실을 약 200여 년 전인 1776년에 『국부론』(*The wealth of Nations*)이란 책에서 이미 밝힌 바 있다.[20] 이와 같이 시장경제에서는 사익의 추구가 시장의 가격경쟁을 통하여 오히려 공익을 반영하여 경제적 후생을 극대화시키는 것이다.[21]

반면, 사회주의 계획경제에서는, 계획당국이 자원의 기회비용과 편익을 시장에 의해 평가하지 않으므로 올바르게 평가되기 힘들었고, 더군다나 평가가 옳게 되더라도 집권당이나 권력자들의 의도만 반영되는 식으로 자원이 배분되어 국민들의 선호가 무시되어, 경제적 후생이 오히려 악화되는 것이다.

시장에서 소비자들은 적어도 그 재화의 최소가치만큼 가격들을 제시하고 생산자들은 적어도 최소비용만큼 가격들을 제시함으로써 가격경쟁과정에서 그 재화의 편익과 기회비용이 적절하게 반영되는 것이다(보다 상세한 것은 제3장～제5장에 걸쳐서 설명이 됨). 그러므로 시장을 통하지 않은 평가는 자원의 기회비용과 편익을 적절하게 반영한 것이 될 수 없는 것이다. 또한 사회주의에서는 실제적으로 집권당과 그 권력자들의 힘은 막강하여 그들 자신들의 의도대로 자원배분을 결정하기가 수월하다. 따라서 국민들에게 필요한 생필품의 생산보다 자신들의 입지를 더욱 돈독히 하는 무기생산 및 그와 관련된 것의 생산에 비중을 둠으로써 국민들의 생활이 더욱 궁핍화되었다고 볼 수 있다. 아울러 그 사회에서 부를 획득하기 위해서는 권력층에 진입을 하거나 권력자와 유착해야만 하는 것은 자명하다. 권력자로부터 버림을 받으면 부와 명예가 모두 사라지는 것이다. 선진자본주의 사회에서는 부와 정경유착간의 상관관계

20) 100여 년 전에 비판받았던 아담 스미스의 보이지 않는 손이 사회주의권의 몰락으로 부활되고 있는 것이다.

21) 물론, 시장이 사회적 후생의 극대화에 실패할 수도 있다. 이것을 시장실패라 하며, 그 경우 시장에 대한 정부의 간섭(보이는 손)이 허용될 수 있다. 자세한 내용은 제9장 참조.

는 아주 낮고, 부는 소비자에 대한 봉사와 밀접한 관계를 나타낸다.

여기서 우리는 또 하나 중요한 시사점을 파악할 수 있다: "남에게 봉사해야만 돈을 버는 사회는 시장경제이다." 시장경제에서는 생산자들은 돈을 벌기 위해서는 양질의 저렴한 것을 생산하여 소비자를 만족시켜야만(즉, 소비자에게 봉사해야만) 돈을 벌 수 있는 것이다. 그렇지 않고 질에 비해 가격이 비싸거나 인체에 해를 주는 것을 생산하는 자는 일시적인 부는 획득할 수 있으나 그에 대한 대가를 톡톡히 치르게 된다.

이런 점에서 선진자본주의 국가의 부자들은 존경을 받는 것이다. 그런데 왜 우리의 부자들은 그렇지 못할까? 부자들이 다 그런 것은 아니지만, 아마도 대다수가 남에게 봉사를 하기보다는 특정 권력자와 유착 등 대다수의 소비자를 기만한 결과 때문이 아닐까? 또한 국제그룹 해체 등의 정경유착을 유도했던 사례는 사회주의 계획경제에서 빈번히 발생할 수 있었던 것이 아닌가? 우리나라에서는 과연 "남에게 봉사해야만 돈을 버는 사회"가 언제 실현될지?

요약

1. 욕구에 비해 그 충족수단인 재화가 상대적으로 부족한 상태를 '희소성의 상태'라고 하며, 그 상태가 지속적으로 나타날 때 '희소성의 법칙'에 지배를 받는다고 한다. 근면과 기술수준의 향상으로 재화가 다양하게 증가하더라도 욕구가 끝이 없는 한, 우리는 희소성의 법칙에 지배를 받을 수밖에 없는 것이다.
2. 우리 인간들은 희소성의 법칙에 지배를 받으면서 자원이용의 경합성 그리고 소비의 경합성에 직면하게 되고, 그 결과 자원의 사용과 재화의 분배와 관련된 ① 무엇을 얼마나 생산할 것인가? ② 누가 그것을 어떻게 생산할 것인가? ③ 생산된 것을 누가 가질 것인가?라는 세 가지 문제에 반드시 직면하고 해결해야만 하는 것이다.

3. 우리 인간들은 희소성을 벗어날 수 없기 때문에 선택과 경쟁을 할 수밖에 없으며, 따라서 우리 인간들이 해결해야 하는 문제는 경쟁을 없애는 것이 아니라 "어떤 경쟁 형태를 선택할 것인가?" 하는 것이다.

4. 개인적으로는 공짜가 있을 수 있지만, 사회구성원 중 어떤 다른 사람(즉, 선물한 사람)이 포기한 것이 있으므로 사회적으로는 공짜가 없는 것이다. 이런 점에서 세상에는 공짜가 없는 것이다. 그러므로 자원사용에 대해 나뿐만 아니라 타인들이 무슨 대가를 치르는지를 반드시 살펴보아야 한다. 어떤 것을 행하는 데 치르는 대가를 '기회비용'이라고 한다. 어떤 것을 행하는 것은 그에 소요되는 자원을 가지고 할 수 있는 여러 대안들 중에서 그것을 선택한 것이다. 이런 점에서 기회비용은 바로 선택의 대가이다. 그러므로 희소한 자원을 보다 높은 가치를 지닌 용도로 이용하려면 기회비용적 사고가 필수이다.

5. 통상적인 비용은 무엇을 얻기 위해 '지출된 것'이고, 기회비용은 '포기된 것'이다. 자신이 소유한 자원에 대한 대가는 포기된 것인데도 불구하고 지출되지 않으므로 통상적인 비용에는 드러나지 않는다. 그러므로 자신이 소유한 자원에 대한 대가는 반드시 기회비용에 포함시켜야 한다. 기회비용(경제학적 비용)=통상비용(회계학적 비용)+잠재적 비용−항상 희생되는 것, 세상에는 보이지는 않지만 반드시 대가가 있다!(공짜가 없다!).

6. 합리적 선택은 과거와는 상관이 없고 오직 현재 주어진 상황과 상관있을 뿐이다. 합리적인 선택을 위해서는 과거를 묻지 말아라! 합리적인 선택은 '한계'가치와 '한계'비용을 비교하여 선택하는 것이고, '한계'가치와 '한계'비용을 비교하는 것을 '한계원리'라고 한다. 이것은 합리적인 선택을 위해서는 '한계원리'와 '기회비용'적 사고에 입각하라는 것을 시사하고 있다.

7. "남에게 봉사해야만 돈을 버는 사회는 시장경제이다." 시장경제에서는 생산자들은 돈을 벌기 위해서는 양질의 저렴한 것을 생산하여 소비자를 만족시켜야만(즉, 소비자에게 봉사해야만) 돈을 벌 수 있는 것이다. 이런 점에서 선진자본주의 국가의 부자들은 존경을 받는 것이다.

제 1 장
교환과 시장

1강 잉여가 있을 때만 교환이 발생하나?

일반적으로 사람들은 어떤 재화를 너무 많이 갖기 때문에(즉, 잉여가 있기 때문에) 교환이 발생한다고 믿고 있다. 그러나 반드시 그런 것은 아니다. 교환은 항상 일어나고 있지만 사실상 우리는 거래 대상물을 너무 많이 갖고 있다고 결코 생각하지 않는다. 실제로 소유하고 있는 것이 부족하다고 생각하더라도, 참여자들이 그 거래가 매력적이라고 느끼면 교환은 발생한다. 예를 들면, 과수원 주인은 자가소비할 것을 남겨두고 나머지를 다 판매한 경우에도 타인이 높은 가격을 제시하면 자가소비 하려던 것도 거래를 할 것이다.

그렇다면 교환이 발생되는 조건이 무엇인지를 살펴보자.

과수원 주인은 자가소비할 양으로 10개를 남겨 두고 나머지를 모두 팔았다고 하자. 그리고 각 단위에 대한 그의 한계가치와 그로부터 사과를 구입하려고 하는 철수의 한계가치가 다음의 표와 같다고 하자.[1)]

1) 다음의 표에서 한계가치는 보유량이 많아짐에 따라 점차 감소하고 있다. 이것은 우리인간들은 추가소비로부터 얻는 만족감을 점차 낮게 평가하기 때문이다. 이것을 경제학자들은 '한계가치체감의 법칙'이라고 한다. '체감'은 '점차 감소한다'는 한자어이다. 이 법칙의 단적인 표현이 "아무리 좋은 음식

사과 수	과수원 주인의 한계가치	철수의 한계가치
1	15원	10원
2	14원	9원
3	13원	8원
4	12원	7원
5	11원	6원
6	10원	5원
7	9원	4원
8	8원	3원
9	7원	2원
10	6원	1원

과수원 주인은 10번째 사과에 대해 6원어치의 가치(즉, 6원으로 다른 것을 구입하였더라면 얻을 수 있는 최고의 가치)가 있다고 생각하고 있다. 반면 철수는 구입하려는 첫 번째 사과에 대해 10원어치의 가치가 있다고 생각하고 있다. 즉, 철수는 사과를 한 개 구입하기 위하여 최고로 10원을 지불할 용의가 있고, 주인은 최소한 6원만 받으면 사과 1개를 팔 용의가 있는 것이다. 가격은 협상에 의해 6원에서 10원 사이(예를 들면 9원)가 될 것이며 거래가 발생하게 된다. 이와 같이 교환은, 잉여가 있든 부족하든, 사람들간에 한계가치의 차이가 있으면 발생하게 된다.

그러면 교환은 언제까지 발생하는가?

이를 살펴보기 위해 과수원 주인과 철수 간의 거래를 계속 들여다보자. 주인은 이제 9개를 갖고 있는데, 9번째 사과에 대해 7원어치의 가치가 있다고 생각하고 있으므로 최소한 7원만 받으면 9번째의 사과도 팔려고 한다. 철수는 2번째 사과에 대해 9원어치의 가치가 있다고 생각하고 있으므로 한 개 더 구입하기 위해 최고로 9원을 지불할 용의가 있다. 가

도 계속 먹으면 싫증이 난다"는 것이다. 한편 과수원주인과 철수의 평가가 다르게 나타나고 있는데, 이것은 어떤 재화에 대한 가치는 개인의 주관에 의해 평가된다는 것을 시사하고 있다.

격은 협상에 의해 7원과 9원 사이(예를 들면 8원)가 될 것이며 거래가 발생하게 된다. 주인에게는 8개가 남아 있는데 8번째 사과에 대해 8원어치의 가치가 있다고 생각하고 있으므로, 최소한 8원만 받으면 8번째 사과도 팔려고 한다. 철수는 3번째 사과에 대해 8원어치의 가치가 있다고 생각하므로 한 개 더 구입하기 위해 최고로 8원을 지불할 용의가 있다. 8원의 가격으로 세 번째 사과도 교환이 된다. 물론 3번째 사과의 교환으로 둘 다 조금의 이득을 보지 못하므로 교환을 하지 않을 수가 있다.

그러나 사과의 단위를 더 세분하여 교환하려고 한다면 2.9번째 사과에 대한 주인의 한계가치는 8.1이 되고, 철수의 한계가치는 7.9가 되어 교환이 될 수 있다. 또한 교환의 정도를 파악하기 위해 교환의 이득이 없더라도 교환으로 인한 손해도 없으므로 한계가치가 같을 때도 교환을 하는 것으로 가정한다. 주인에게는 이제 7개가 남아 있는데 7번째 사과에 대해 그는 9원어치의 가치가 있다고 생각하므로 최소한 9원만 받으면 그 사과도 팔려고 한다. 철수는 4번째 사과에 대해 7원어치의 가치가 있다고 생각하므로 한 개 더 구입하기 위해 최고로 7원을 지불하고자 한다. 주인은 9원을 받으려고 하는 반면 철수는 7원을 지급하려 하므로 4번째 단위는 거래가 될 수 없다. 따라서 이 경우 거래는 3단위까지 이루어지고 그 때 과수원 주인과 철수의 한계가치는 8원으로서 같다. 그러므로 교환은 각자의 한계가치가 같아지는 단위까지 이루어진다는 것을 알 수 있다.

이상에서 본 바와 같이 교환은 과부족에 관계없이 사람들간의 한계가치가 다르면 발생하게 되고, 각자의 한계가치가 같아지게 될 때까지 거래가 이루어진다.

이제 여러분들이 교환의 조건과 정도에 대해 잘 파악하고 있는지를 알아보기 위해 한 가지 질문을 던져 보겠다. 골초와 애주가는 자신이 갖고 있는 술과 담배를 서로 모두 바꿀까? 직관적으로는 골초는 술보다 담배를 애주가는 담배보다 술을 더 좋아하므로 갖고 있는 술과 담배를 서로 모두 교환할 것이라고 생각할 것이다. 그러나 그것은 반드시 그렇지 않다.

골초의 담배에 대한 한계가치(술로 표현)와 애주가의 담배에 대한 한계가치(술로 표현) 또는 골초의 술에 대한 한계가치(담배로 표현)와 애주가의 술에 대한 한계가치(담배로 표현)가 같아질 때까지만 교환되므로, 모두 다 교환되기 이전에 각자의 한계가치가 같아진다면 모두 다 교환되는 것은 아니다.

2강 세입자를 쫓아 내보는 것은 집주인인가?

계약기간이 만료되었을 경우, 세입자는 주인이 새로이 높게 요구하는 집세를 내지 못할 경우, 그는 그 집에서 나오게 된다. 그때 통상적으로 그 세입자는 "주인이 나를 쫓아냈다"고 생각한다. 과연 그럴까?

지금 시내 중심가 한 코너에서 영호가 그 코너를 세내어 양복점을 운영하고 있다. 우연히 철수가 그곳을 지나가다가 문뜩 이런 생각이 들었다. "이곳에서 내가 제과점을 운영한다면 장사가 잘 될 것 같다"는 생각. 그 생각을 실천하기 위해 철수는 그 근방의 복덕방에 들러 "저 양복점의 세가 얼마이며, 장사는 잘되고 있습니까?"라고 물었다. 중개인은 "현재 보증금 없이 월 150만원이며, 계약기간은 2년인데 이제 약 2달 후면 계약기간이 만료됩니다. 그리고 그럭저럭 현상유지를 하고 있는 것으로 압니다"라고 하였다. 철수는 자기가 그곳에서 제과점을 한다면 월세금으로 170만원을 지불하고서도 수지가 맞을 것으로 생각이 들었다. 그는 중개인에게 월 170만원을 낼 용의가 있으니 그 코너의 주인에게 의사타진을 해 보라고 했다. 중개인으로부터 그 소식을 전해들은 주인은 양복점을 운영하고 있는 영호에게 임대료를 월 170만원으로 올려줄 수 있을지를 물었다. 영호는 현재 겨우 수지를 맞추고 있고 앞으로도 더 잘 될 전망이 없으므로 올려줄 수 없다고 했다. 그 말을 듣고 주인은 계약을 연장할 수 없다고 하면서 계약기간이 끝나면 비워달라고 했다. 2달 후 영호는 그 점포를 비워주면서 월 150만원으로 갈 수 있는 점포로 가게를 옮겼다. 며칠 후 이전 개업소식을 듣고 찾아 온 사람들이 "왜 여기로 옮겼어?"라고 물었다. 영호는 이렇게 대답했다. "돈만 아는 주인이 집세를 올려주지 않는다고 나를 내쫓았어!"

주인은 무엇 때문에 그를 내보낼 수 있었나? 임대료를 올려줄 수 있는 세입자인 철수가 대기하고 있기 때문이다. 이것은 분명하다. 만약 철수처럼 임대료를 올려줄 수 있는 잠재적 세입자들이 없을 때 주인이 영호를 내보낸다면 월 170만원으로 들어올 세입자가 없으므로 그 점포는 놀게 될 것이기 때문이다. 단지 주인은 영호를 내보는 과정에서 철수의 제시를 대신 영호에 전했을 뿐이다. 그러므로 영호를 '실질적'으로 쫓아내는 것은 주인이 아니라 바로 새로 들어온 세입자인 철수인 것이다.

그 교환과정을 통해 그 점포의 사용자는 영호에서 철수로 바뀌었다. 이것은 무엇을 시사하고 있을까? 영호는 그 점포의 가치를 월 150만원으로 평가한 반면 철수는 월 170만원으로 평가하였다. 그러므로 교환을 통해 그 점포의 사용자는 가치를 낮게 평가하는 자로부터 높게 평가하는 자에게로 이동하였다. 이것은 교환이 그 재화를 보다 높게 평가하는 사람이 이용을 하도록 하는 역할을 한다는 것을 시사하고 있다(바로 앞 강에서도 사과는 교환을 통해 보다 높게 평가하는 철수에게로 이동되었다). 보다 높게 평가하는 사람은 그것을 효과적으로 이용하는 사람이다. 철수가 영호보다 더 높게 평가한 이유는 그곳에서 영호보다 더 높은 수익을 올릴 수 있기 때문이다. 그러므로 교환은 희소한 자원을 가장 효과적으로 이용할 수 있는 사람에게 가도록 하는 역할도 하고 있는 것이다.

3강 시장만 있으면 시장경제인가?

소련과 동구권, 중국 등 사회주의 국가들이 1970년대 말부터 시장경제를 도입하기 시작했다. 그러나 결과는 판이하였다. 도입초기 중국은 기대에 부응한 효과를 거둔 반면 소련(지금 러시아)은 그렇지 못했다. 그 원인은 무엇일까?

시장에서 소비자들의 사과에 대한 수요가 증가하면 사과의 가격이 상승하게 되는데, 이것은 그 사회의 구성원들이 사과가 전보다 더 많이 생산되어 공급되기를 바란다는 '신호'(signal)이다[2](보다 상세한 것은 제2장~제4장에 걸쳐서 설명이 됨). 이런 신호가 받아들여지도록 경제가 운영이 되어야 시장경제가 효율적으로 작동되는 것이다.

자본주의 시장경제에서는 사과가격이 상승하면 생산자인 과수원 주인은 사과공급을 늘리거나 생산을 증가시킨다. 가격상승으로 단위당 수익이 증가되므로 생산을 늘리면 더 많은 수익을 올릴 수 있기 때문이다.

그러나 사회주의 집단농장 과수원에서는 사과생산이 증가되지 않을 가능성이 높다. 생산증가로 인한 추가수익이 그들에게 배분된다는 보장이 없고, 생산증가가 된 후부터 정부의 생산량 감소지시가 없는데도 불구하고 생산량이 감소하면 숙청될 가능성이 높기 때문이다.

이와 같이 시장만 도입한다고 해서 시장경제의 기대효과가 나타나는 것은 아니다. 시장을 도입하더라도 자본주의와 사회주의에서 다른 결과가 도출된 원인은 방금 살펴본 바와 같이 (추가)수익이 생산자들에게 돌아갈 수 있는지의 여부에 있는 것이다. 즉, 생산수단[3]의 사유화 여부[4]

2) 이렇게 소비자의 욕구가 실현되는 것을 "소비자주권이 실현되었다" 고 한다.
3) 토지와 기계나 도구 같은 자본재를 생산수단이라고 한다.

에 달려 있는 것이다.

자본주의국가에서는 생산수단이 사유화되어 시장가격이 올바른 신호기능을 하여 시장경제의 긍정적 효과가 발휘되고 있지만, 시장만 도입하고 생산수단을 사유화하지 않고 사회화(또는 집단공유제)를 그대로 유지한 사회주의국가에서는 시장가격이 기대효과를 낳도록 유인을 하지 못하는 것이다.

이상의 결과로부터 우리는 "시장경제의 토대는 시장 그 자체보다도 생산수단의 사유화이다"라는 것을 알 수 있다.

시장경제도입초기, 중국에서는 생산수단에 대해서 사유화에 준하는 '준사유화'[5]를 시행하여 기대효과를 낳은 반면, 소련에서는 그대로 사회화(또는 집단공유제)를 유지함으로써 물가만 치솟고 가게에서는 물건이 모자라 가게 앞에 항상 긴 줄의 행렬이 상시적으로 나타난 것이다. 이런 현상을 여러분은 TV 뉴스나 신문기사에서 보았을 것이다. 그 이후, 소련 당국에서도 "시장경제의 토대는 시장 그 자체보다도 생산수단의 사유화이다"라는 점을 깨닫고 생산수단을 사유화시킴으로 경제가 부흥하고 있는 것이다.

요약

1. 교환은 과부족에 관계없이 사람들간의 한계가치가 다르면 발생하게 되고, 각자의 한계가치가 같아지게 될 때까지 거래가 이루어진다.

---

4) 자본주의와 사회주의를 구분하는 가장 중요한 것은 시장의 가격경쟁여부이라기보다 생산수단의 사유화의 여부이다. 사회주의도 생필품이나 생활도구 등은 사유이지만 생산수단은 사회화(또는 집단공유)로 되어 있다.

5) 생산수단에 대한 사용권과 그 사용으로부터 수익을 획득할 수 있는 수익권은 부여하였으나, 생산수단을 매매 및 임대할 수 있는 양도권은 주어지지 않았다. 사용을 포기할 경우 당국에 반환하도록 되어 있었다. 그 후 양도권도 허용되어 완전히 사유화되었다.

2. 세입자를 '실질적'으로 쫓아내는 것은 주인이 아니라 바로 새로 들어온 세입자이다. 교환이 그 재화를 보다 높게 평가하는 사람이 이용을 하도록 하는 역할을 한다. 또한 교환은 희소한 자원을 가장 효과적으로 이용할 수 있는 사람에게 가도록 하는 역할도 하고 있는 것이다.

3. 시장경제의 토대는 시장 그 자체보다도 생산수단의 사유화이다.

제 2 장
수 요

1강 물값이 오르면 물 소비는 줄어드나?

"물 1병 가격이 1,000원이다…, 사과 1개는 100원이다"라고 할 때 가격은 무엇인가? 물 1병 가격이 1,000원이라면 1병을 더 얻기 위해 1,000원을 지불해야 하므로 결국 그 1,000원을 포기하는 것이다(궁극적으로는 그 1,000원으로 구입할 수 있는 최고의 가치를 지닌 다른 재화를 포기하는 것이다). 따라서 가격은 그것을 하나 더 얻기 위해 포기하는 것이며, 결국 그것을 하나 더 획득하는 대가인 기회비용인 것이다.

사람들은 물이 없으면 살아갈 수 없다. 따라서 물의 가격이 높아지더라도 물의 소비는 줄어들지 않을 것으로 생각하는 경우가 많다. 즉, 물을 획득하는 대가가 아무리 크더라도 물은 생존에 필수적이므로 물의 가치보다는 작다고 생각하는 것이다. 그러나 사실은 그렇지 않다. 물론 물을 전혀 섭취할 수 없다면 살아갈 수는 없지만 적은 양의 물로서 견디지 못하는 것은 아니다(물론 적은 양이 바람직한 일은 아니다). 따라서 물의 가격이 충분히 오른다면 물의 소비량은 줄어들 것이다.

알리바바는 낙타를 타고 사막을 통과하다가 거친 모래바람이 불어와, 낙타는 물론 비상식량과 물까지도 잃어버리고 말았다. 알리바바는 사나운 모래바람이 지나간 다음 정신을 차려 몇 시간을 헤맨 끝에 오아시스를 발견했다. 그곳에는 하루에 한 번씩 그것도 새벽에 1잔에 해당하는 물이 솟아 나오고 있었다. 어쩔 수 없이 알리바바는 물 1잔으로 하루를 견디면서 목적지까지 갈 수 있기를 간절히 바라고 있었다.

그러던 어느 날 오후 어떤 나그네가 낙타를 타고 나타났다. 나그네는 여기까지 오는 도중에 빵은 1개가 남아 있지만, 물이 다 떨어져 몹시 갈증에 시달리고 있었다. 그래서 알리바바에게 물 1잔을 달라고 했다. 알리바바에게는 그날 새벽에 받아 둔 물 1잔밖에 없었다. 그래서 알리바바는 나그네에게 이렇게 말했다. "당신의 사정도 딱하지만, 물이 1잔밖에 없는데, 그것으로 나는 내일 새벽까지 견뎌야 합니다. 물론 이 물을 내가 마시지 못하더라도 당장 죽는 것은 아니지만, 그 고통은 무지하게 클 것입니다…." 그 때 나그네가 알리바바에게 "그 물을 당신이 못 마시게 될 때 당신이 겪는 그 고통을 충분히 이해합니다. 그렇지만 그 물을 나에게 준다면, 내가 갖고 있는 식량의 전부인 빵을 주겠소"라고 제안을 했는데, 알리바바는 그 제안을 거절했다. 답답한 나그네는 "그러면 나의 전 재산인 낙타를 주겠소"라고 다시 제안을 했을 때 알리바바는 그래도 거절을 할까?

아마도 알리바바는 그 제안을 흔쾌히 받아들였을 것이다. 이것은 생명에 꼭 필요한 물도 가격이 충분히 오른다면 물의 소비량이 줄어든다는 것을 보여주고 있다. 나그네가 빵 1개를 제안했을 때 그는 그 제안을 받아들이지 않았다. 이 때 알리바바 자신이 소비하는 물의 가격은 빵 1개이다. 왜냐하면, 거듭 언급하지만 가격이란 그것을 하기 위해 포기하는 것이기 때문이다. 그리고 그 때 그의 물의 소비량은 하루에 1잔이다. 왜냐하면 그 가격에 그 한 잔을 포기하지 않고 내일 새벽 물이 다시 나올 때까지 소비하려고 하기 때문이다. 그런데 나그네가 낙타를 제안하니까 그는 나그네에게 그 물 한 잔을 포기했다. 이 때 물의 가격은 나그네의 낙타이고 소비량은 0이 된다. 결국 알리바바는 물의 가격이 빵 1개에서 나그네의 낙타로 상승[1]했을 때 그의 물 소비량은 하루 1잔에서 0잔으로 줄었다.

이와 같이 생존에 필수적인 물조차, 가격과 소비(하려는)량 사이에 역의 관계가 존재하고 있다. 이것을 경제학자들은 '수요의 법칙'(law of demand)이라 한다. 그렇게 부르는 이유는 다음과 같다. 첫째, 생존에 필수적인 물조차 적용되는 것으로서 거의 예외 없이 적용되는 현상이기 때문에 '법칙'이라는 단어가 사용된다. 둘째, '수요'라는 형용사가 붙은 것은 경제학에서 '소비 또는 구입하고자 하는 욕구'를 수요라고 하며, 그 욕구(즉, 수요)는 가격이 전제될 때 구체화가 되기 때문이다.

물의 가격이 빵 1개일 때 알리바바의 물에 대한 욕구는 1잔으로 구체화되고, 나그네의 낙타일 경우 0잔으로 구체화되었다. 이와 같이 가격이 전제될 때 구체화된 수요는 양으로 나타나므로 그것을 '수요량'(quantity demanded)이라고 한다. 따라서 경제학에서는 수요의 법칙을 가격과 수요량 사이에 역의 관계가 존재하는 것이라고 표현한다.

수요량은 실제로 소비 또는 구입한 양이 아니라 하고자 하는 양이다. 만약 수요량이 실제로 구입한 양이라면 그것은 소비자의 욕구를 반영한 것이 되지 못할 수가 있다. 어떤 재화를 100원에 10개를 구입하고 싶을 때 시장에 나와 있는 것이 10개 이상 있다면 실제구입량과 욕구는 일치하게 된다. 그러나 시장에 5개밖에 없다면, 욕구는 10개이지만 실제 구입양은 5개가 된다. 이처럼 수요량의 개념이 욕구를 반영하지 않게 되면, 덜 충족된 욕구를 충족하기 위해 행동하는 소비자의 경제행위를 분석할 수 없게 되어, 그 개념은 쓸모없는 것이 된다. 따라서 수요량은 반드시 구입하려는 양이 되어야 한다.

그러면 왜 수요의 법칙이 작용을 할까? 그렇게 하는 것이 득이 되기

1) 빵 1개에 대해서는 물을 포기하지 않았으나 나그네의 낙타에 대해서는 물을 포기했다는 것은 알리바바가 나그네의 낙타를 빵 1개보다 높게 평가했다는 것을 의미한다.

때문에 그런 행동을 할 것이라는 것은 너무 자명한 대답이어서 계속 궁금한 점을 남기고 있다. 왜 그런 득이 발생되는가? 이를 살펴보기 위해 또 다른 예를 들어 보자.

여러분이 사과를 100원일 때 1개를, 90원일 때 2개를, 80원일 때 3개…로 구입한다고 하자. 그러면 100원일 때 왜 1개만 구입하고 2개는 구입하지 않는가? 100원에 1개 구입은 득이지만 2개 구입(즉, 추가로 1개 더 구입)은 득이 되지 않는 것으로 평가하기 때문이다. 1개 구입으로 득이 되는 것으로 평가한다는 것은 처음 한 단위의 소비로부터 얻는 가치를 포기되는 것의 가치(즉, 가격: 100원)보다 적지 않게 평가한다는 것을 의미한다. 즉, 최소한 100원이 된다고 생각하고 있는 것이다. 2개 구입(즉, 추가로 1개 더 구입)은 득이 되지 않는 것으로 평가하는 것은 두 번째 사과의 소비로부터 얻는 가치를 가격 100원보다 낮게 평가한다는 것을 의미한다. 그런데 90원일 때는 2개를 구입하므로 두 번째 사과의 소비로부터 얻는 가치는 최소한 90원으로 평가하고 있는 것이다.

이와 같이 사람들은 추가되는 소비로부터 얻는 가치가 점차 감소하는 것으로 평가를 하고 있는데, 이것을 한계가치체감의 법칙이라고 했다. 위에서 본 바와 같이, 한계가치체감의 법칙이 작용하면 가격이 낮아짐에 따라 구입량을 늘리면 득을 보게 되는 것이다. 따라서 수요의 법칙이 성립하는 근본 이유는 소비량이 증가함에 따라 한계가치가 체감하기 때문이다.

수요의 법칙은 상품에만 적용되는 것이 아니라 모든 인간 행동에 적용되는 법칙이다. 가격은 무엇을 한 단위 더 얻기 위해 포기해야만 하는 것(즉, 비용)이었다. 그러므로 수요의 법칙이란 비용이 크면 클수록 하고자 하는 양이 적어진다는 것을 의미한다.

교통위반의 정도를 줄이기 위해 벌금을 높이는 방법이 바로 수요의 법칙을 적용한 것이다. 택시기사가 교통위반을 함으로써 하루에 추가되는 수입이 3만원이고 하루에 한번 적발될 확률이 100%라 하자. 만약 범칙금이 2만원이라면 위반을 할 것이다. 왜냐하면 위반함으로써 추가되는 수입은 3만원이고 추가되는 비용은 2만원으로, 위반한다면 1만원의 득을 볼 수 있기 때문이다. 그러나 범칙금이 4만원으로 오르면 추가되는 수입은 3만원 그대로지만 추가되는 비용은 4만원이 되어, 위반한다면 이제는 오히려 1만원의 손해를 보므로 위반을 하지 않을 것이다. 즉, 범칙금을 높임으로써 위반의 횟수가 줄어드는 것이다.

혹자는 범칙금이 오르더라도 위반횟수가 줄어들지 않는다고 주장하면서 수요의 법칙에 이의를 제기하기도 한다. 수요의 법칙에 대해 한 가지 유의해서 생각할 점이 있다. 단순히 가격이 오르면 수요량이 줄어든다는 것을 의미하는 것이 아니라, 가격이 충분하게 상승하면 반드시 수요량이 줄어든다는 것을 의미한다. 마찬가지로 가격이 충분히 하락한다면 수요량이 반드시 늘어난다는 것을 의미한다. 앞의 예에서도 알리바바의 물에 대한 수요량도 가격이 충분히 오르지 않았을 때(즉, 가격이 빵 1개일 때)는 수요량이 줄지 않았지만, 충분히 올랐을 때(즉, 가격이 나그네의 낙타일 때)는 분명히 수요량이 줄었다.

또 다른 예를 들어 보자. 만약 경제학 강좌에서 A학점을 취득하기 위해 전에는 5시간의 공부가 필요하였는데 이제는 7시간의 공부가 요구된다면 어떻게 될까? 잠을 줄여서라도 경제학을 7시간 공부하여 A학점을 취득하려고 할 것이므로 가격이 높아지더라도 수요량은 줄지 않는다고 생각할 수도 있다. 그러나 A학점을 취득하는 데 소요되는 시간이 24시간으로 높아진다고 하면 경제학 시험에 투여하는 시간을 낮추고 다른 강좌의 시험준비에 더 많은 시간을 투여할 것이다. 왜냐하면 잠을 자지 않고 시험준비를 하더라도 경제학 시험만 준비할 수 있고 다른 과목은 포기해야 되기 때문이다.

2강 물값을 올리지 않고서도 물 소비를 줄일 수는 없나?

물의 수요가 줄어드는 것은 반드시 물의 가격이 상승하였을 경우에만 일어나는 현상인가? 생수의 가격이 변하지 않더라도 생수의 수요가 변하는 경우는 없는가? 생수의 가격은 그대로인데 사이다의 가격이 하락한다면 생수의 수요는 줄어들 수가 있다. 소득이 감소한다면 또한 생수의 수요가 줄어들 수 있다. 그리고 생수의 가격이 낮아질 것이라고 예상이 된다든가 인구가 줄어들 경우에도 역시 생수의 수요가 줄어들 수 있다. 이와 같이 수요에 영향을 주는 것은 비단 가격뿐만 아니라 그 외에도 많이 있다는 것을 알 수 있다.

가격을 포함하여 수요에 영향을 주는 것들을 경제학에서는 '수요의 결정요인'이라고 한다. 왜냐하면 그것들이 수요를 결정하는 것들이기 때문이다. 가격이 수요에 영향을 주는 방법에 대해서는 앞 강에서 이미 보았다. 수요의 법칙이 작용하도록 가격이 수요에 영향을 주는 것이다. 그러면 가격 이외의 다른 요인들은 어떻게 영향을 줄까?

먼저, 사이다의 가격이 하락한다면 생수의 수요가 줄어들 수 있는 것처럼, 타재화의 가격이 수요에 어떻게 영향을 주는지를 보자. 사이다와 생수는 음료수로서 서로 대체적인 관계에 있다. 생수의 가격은 변하지 않더라도 '대체재'(substitutes)인 사이다의 가격이 하락하면 생수는 사이다에 비해 상대적으로 비싸진 것이다. 따라서 사람들은 보다 비싸진 생수의 수요를 보다 싸진 사이다의 수요로 대체하게 되고, 그 결과 생수의 수요는 줄어드는 것이다. 이와 같이 대체관계에 있는 재화(즉, 대체재)의 가격이 하락하게 되면 수요는 감소하게 되고, 그 역이면 반대로 된다. 반면, 보완관계에 있는 재화의 가격이 변하면 수요는 어떻게 될까? 커피와 설탕을 섞어서 밀크커피를 만들므로 이 경우 커피와 설탕은 '보완재' (complements) 관계에 있다. 그러면 커피의 가격이 오르면 설탕의 수요는 어떻게 되는가? 커피의 가격이 오르면 커피의 수요가 감소하고 따라서 설탕의 수요도 감소하는 것이다. 이와 같이 보완관계에 있는 재화(보완재)의 가격이 상승하면 수요는 감소하고, 그 역이면 반대가 된다.

소득이 감소하면 생수의 수요가 줄어드는 것처럼, 소득은 수요에 비례적으로 영향을 미친다. 그러나 돼지고기나 보리쌀과 같은 재화는 소득이 증가하면 오히려 수요가 감소한다. 돼지고기를 주로 소비하던 소비자들이 소득이 증가하면 돼지고기 대신 보다 우등한 식품으로 여기는 쇠고기를 소비하게 됨으로써 돼지고기의 수요가 감소하게 되는 것이다. 보리쌀의 수요도 소득이 증가하면 보다 우등한 식품인 쌀로 대체되어 감소하게 되는 것이다. 이 경우 소득은 수요에 반비례적으로 영향을 미친다. 이런 경향을 나타내는 재화를 '열등재' (inferior goods) 또는 하급재라 한다. 왜냐하면 돼지고기나 보리쌀은 쇠고기나 쌀보다 열등한 식품으로 평가되고 있으며, 이런 열등적인 특성을 지닌 재화들에서 그런 경향이 나타나기 때문이다. 이와 같이 열등재(또는 하급재)의 수요는 소득과 반비례의 관계로 나타난다.

그러나 한 가지 주의해야 할 점이 있다. 열등재라고 해서 무조건 소득과 반비례의 관계만 나타나는 것이 아니다. 소득수준이 아주 낮을 때는 소득이 좀 증가한다고 해서 이런 재화의 수요가 우등한 재화로 대체되는 것이 아니라 여전히 그 재화의 수요가 증가한다. 소득수준이 낮아서 보리쌀로 하루 두 끼를 때우고 있는데 소득이 증가한다고 보리쌀 대신 쌀로 두 끼를 때우는 것이 아니라 보리쌀을 더 구입하여 하루 세끼를 충족시킨다. 다만 소득수준이 그 이상 증가되면 보리쌀 중 일부를 쌀로 대체할 것이다. 따라서 소득이 충분하게 증가하면 수요가 반드시 감소하는 재화가 열등재인 것이다. 한편 수요가 소득과 항상 비례관계를 나타내는 재화를 '우등재' (superior goods) 또는 상급재라고 하는데, 그 이유는 우등적인 특성을 지닌 재화에서 그런 관계가 나타나기 때문이다. 하지만 정상재라는 이름으로 더 많이 불리어진다. 왜냐하면 대부분 정상적인 재화에서는 소득과 수요 간에 비례적인 경향을 나타내고 있고, 열등적인 성격을 지닌 특수한 재화의 경우에만 반비례적인 경향을 나타내기 때문이다.

생수의 가격이 낮아질 것으로 예상된다면 현재 가격에서 생수의 수요량은 어떻게 될까? 아마도 줄어들 것이다. 하락될 가격에 비해 현재의 가격이 비싸기 때문에 수요의 법칙에 의해 구입하고자 하는 양이 줄어들 것이다. 반대로 가격상승이 예상된다면 수요량은 증가할 것이다. 이와 같이 예상가격과 수요량 간에는 역의 관계가 존재한다.

어느 날 "생수가 다른 음료수들보다 건강에 훨씬 좋다"는 뉴스가 나왔다면, 생수의 수요는 어떻게 될까? 생수의 수요량은 증가할 것이다. 이와 같이 소비자의 선호나 기호가 수요에 영향을 준다.

인구의 크기도 수요에 영향을 주게 된다. 인구가 늘어나게 되면 생수의 수요는 증가할 것이고 그 반대이면 감소할 것이다. 이와 같이 인구의 크기와 수요는 비례관계가 있다.

위에서 본 바와 같이, 가격 이외에도 수요에 영향을 주는 요인들이 많이 있다. 따라서 생수의 소비를 줄이기 위해 가격상승 이외의 다른 방법도 많이 있다는 것을 알 수 있다. 다른 음료수에 대한 세금을 낮게 하여 그 음료수 가격의 하락시키든가, 생수보다 수돗물이 건강에 더 좋다는 것을 입증하여 뉴스에 띄우든지 등등.

경제학자들은 가격이 수요량에 영향을 미치는 것과 가격 이외 요인이 영향을 주는 것을 구분하고 있다.[2] 가격변동으로 수요량에 영향을 주는 것을 '수요량의 변화'(change in quantity demanded)라 하고, 가격 이외의 요인변동으로 수요량에 영향을 '수요의 변화'(change in demand)라 한다.[3] 그래서 그 재화가격이 상승하여 수요량이 감소하는 것은 '수

2) 구분하는 이유는 뒤에서 전개되는 강에서 저절로 밝혀질 것이다.

요량의 감소'이고, 대체재 가격이 하락하여 수요량이 감소하는 것을 '수요의 감소'라고 한다. 따라서 수요가 감소했다면 그 원인은 가격 이외의 변동으로서 여러 가지가 될 수 있는 반면, 수요량이 감소했다면 그 원인은 단 한 가지 그 재화의 가격상승뿐이다.

3강 밍크코트와 아파트 값이 올라도 수요량이 왜 증가하는가?

밍크코트와 아파트 가격이 상승하면 수요량이 증가하는 현상을 흔히 볼 수 있다. 그렇다면 가격과 수요량 간에 비례관계가 성립되므로 "수요법칙의 예외가 아닌가?"라는 의문이 발생할 것이다. 하지만 이것은 수요법칙의 예외가 아니다. 왜 그런가?

철수는 밍크코트 가게를 개업하면서 박리다매(薄利多賣) 전략[4]으로 다른 가게에서 보통 200만원 정도하는 것을 100만원으로 판매를 하였다. 결과는 예상외로 판매실적이 좋지 않았다. 한 달에 10벌밖에 팔지 못했다. 그래서 이번에는 거꾸로 후리소매(厚利少賣) 전략[5]으로 500만원으로 판매를 시도하였다. 그 결과는 의외로 대박이 나고 말았다. 판매량이 오히려 100벌로 크게 증가하였다. 철수는 이런 결과로 토대로 이번에는 가격을 700만원으로 올렸더니 그의 기대와 달리 판매량이 50벌로 줄어들었다.

---

3) 가격변화 시 수요량의 변화만을 '수요량의 변화'라 하는 것은, 앞 강에서 언급한 바와 같이, 구체적인 가격이 전제될 때의 수요되는 양이 수요량이고 했기 때문이다. 가격 이외요인이 변할 때는 그 재화의 가격이 변하지 않으므로 수요량의 변화라고 하지 않고 '수요의 변화'라고 하는 것이다.

4) 가격을 낮추어 단위당 이문(이익)은 적게 하되 판매량의 증대로 수익을 증대시키려는 전략.

5) 가격을 높여 판매량이 줄더라도 단위당 이문(이익)은 높게 하여 수익을 증대시키려는 전략.

이상의 사례에서 가격이 500만원으로 상승할 때까지는 수요량이 늘어 수요의 법칙에 위배되는 것처럼 보이는 현상이 발생하였고 그 이상의 가격에서는 정상적으로 수요의 법칙이 적용되고 있다. 먼저 가격이 100만원에서 500만원으로 상승할 때 수요량이 왜 증가했을까? "저렴할 때는 구입을 하지 않던 소비자들이 왜 비상식적으로 더 비싸짐으로써 구입을 했을까?"라는 점을 생각해 보면 그 답을 얻을 수 있다. 분명히 소비자들이 어리석거나 손해를 보면서 그런 행동을 한 것으로 생각해서는 안 된다. 오히려 그들이 합리적으로 행동했다는 전제하에서 답을 구해야 할 것이다. 이런 전제하에서 그들의 행동을 파악해 보자.

첫째, 100만원하던 밍크코트가 500만원이 됨으로써 소비자들 중 일부는 품질은 그대로이지만 다른 제품으로 인식하는 것이다. 100만원 할 때는 저가품으로 생각했지만 500만원이 됨으로써 자신의 재력을 과시할 수 있는 '과시재'로 평가하여, 저가품일 때는 거들떠보지 않던 소비자들이 구입함으로써 판매가 증가되었다고 볼 수 있다.[6] 이것은 단순히 가격변화가 아니라 그로 인해 소비자의 선호가 변화되어 수요량이 변화된 것이다. 따라서 앞 강에서 밝힌 바와 같이 단순히 가격변화로 인한 '수요량의 변화'가 아닌 소비자 선호의 변화로 인한 '수요의 변화'인 것이다. 수요의 법칙은 '수요량의 변화'를 의미하므로 이 현상은 수요 법칙의 예외가 아닌 것이다. 수요의 법칙의 예외라면 가격이 500만원 이상 700만원으로 상승하더라도 수요량이 증가했어야 하는데, 감소한다는 것은 수요의 법칙이 적용되고 있다는 또 다른 입증자료인 것이다. 그렇지 않다면 밍크코트의 가격은 끝없이 상승해야 할 것이다. 이 사례에서 이 밍크코트는 500만원 미만일 경우 저가품이고 그 이상일 경우 과시품으로 소비자들에게 인식되고 있다는 것을 보여주고 있다.

---

6) 이와 같이 과시욕을 나타내기 위해 가격이 상승할 때 오히려 수요가 증가하는 것을 처음 언급한 학자의 이름을 따서 '베블렌 효과'라 한다.

둘째, 대체관계가 있는 무스탕의 가격이 아주 높게 상승하여 그런 현상이 나타날 수 있는 것이다. 밍크코트 가격이 5배 상승하더라도 무스탕 가격이 7~8배 상승하게 되면 밍크코트가 상대적으로 더 싸게 되어, 무스탕을 구입하려던 사람들이 밍크코트를 구입함으로써 밍크코트의 수요가 증가된다. 이 경우 역시 대채재의 가격이 상대적으로 변화하여 발생한 것으로 '수요의 변화'이므로 수요법칙의 예외가 아닌 것이다.

셋째, 밍크코트의 가격이 앞으로 더욱 더 상승할 것으로 예상이 될 때 역시 그런 현상이 나타날 수 있는 것이다. 밍크코트의 가격이 상승함으로써 그 여파로 소비자들이 앞으로 더 상승할 것이라 예상되면 더 오르기 전에 구입하는 것이 득이 된다고 생각함으로 수요가 증가된다. 이 역시 단순히 가격변화로 인한 '수요량의 변화'가 아닌 소비자 예상의 변화로 인한 '수요의 변화'로서 수요법칙의 예외가 아닌 것이다. 마찬가지로 아파트 가격이 상승하면 앞으로 아파트값이 더 오르리라 예상을 하여 투기적 수요가 나타나는 것으로서, 이 역시 수요법칙의 예외가 아닌 것이다. '수요량의 변화'와 '수요의 변화'를 경제학자들이 구분하는 이유 중의 하나가 바로 이것을 설명하기 위해서이다.

이상에서 본 바와 같이, 겉으로는 수요법칙의 예외로 보이는 현상들이 논리적으로 분석해 보았을 때 오히려 수요의 법칙이 어떤 경우에나 적용된다는 것을 보여주고 있다. 수요의 법칙에 예외가 존재한다면 대다수 소비자의 행동이 비합리적이라는 결론이 도출될 수 있는 것이다. 물론 극소수의 소비자가 비합리적으로 행동을 할 수 있더라도, 시장에 나타난 수요는 그 소비자들과 대다수 합리적 소비자들 전체의 수요이므로 수요법칙의 예외가 존재하지 않는 것이다.

수요법칙 예외의 존재여부도 중요하지만, 여러분들은 수요법칙 예외로 보이는 현상이 어떤 경우에 발생할 수 있는지를 파악하고 인식하는 것이 실생활에 도움이 될 것이다. 예를 들어 가격을 상승시켜 과시재로 변화시킬 수 있으면 더 많은 부를 획득할 수 있을 것이다.

독자 여러분, 수요법칙의 예외로 보이는 현상이 발생할 수 있는 경우는

첫째, 가격상승으로 과시재로 변할 때,

둘째, 가격상승으로 앞으로도 더 가격이 높아지리라 예상이 될 때

셋째, 가격이 상승하더라도 대체재 가격보다 상대적으로 적게 상승할 때라는 점을 명심하여, 부자되세요!

4강 어떤 상품이든지 박리다매가 가능한가?

시장경제에서 판매자들은 수입을 높이기 위해 박리다매의 전략을 종종 시도하고 있다. 수요의 법칙에 따라 가격을 하락시키면 판매량이 증가하여 수입이 높아질 것으로 기대하기 때문이다.

앞 강에서 본 바와 같이 가격을 상승을 시키면 오히려 판매량이 증가하는 특수한 경우에는 당연히 가격상승의 전략이 수입을 높이게 된다. 그러나 일반적인 경우 가격이 하락하면 판매량이 증가하므로 판매자들이 박리다매의 전략을 종종 시도하는 것이다.

그런데 일반적인 경우 박리다매의 전략이 무조건 성공할 수 있는지 사례를 통해 살펴보자.

철수는 PC방을 운영하고 있는데, 현재 요금이 700원으로서 한 달 이용자가 3,000명으로 매상이 210만원에 불과하였다. 매상을 높이기 위해 요금을 500원으로 낮추었더니 이용자가 5,000명으로 증가하면서 매상이 250만원으로 늘어났다. 박리다매의 효과가 달성된 것이다.

한편 철수 친구 영희는 떡볶이 가게를 운영하고 있는데, 현재 1인분에 1,000원으로서 한 달 판매량이 1,500인분으로 매상이 150만원에 불과

하였다. 매상을 높이기 위해 철수의 사례를 보고 가격을 700원으로 낮추었더니 판매량이 1,800인분으로 증가하였다. 그러나 매상은 오히려 126만원으로 줄어들었다. 박리다매의 전략이 실패를 초래하였다.

왜 이런 결과가 초래되는 것일까?

철수의 경우, 가격이 700원에서 500원으로 200원 하락하여 가격하락률은 약 28.6%(=2/7)이고, 판매량은 3,000명에서 5,000명으로 2,000명이 증가하여 판매량 증가율은 약 66.7%(=2/3)이다. 영희의 경우, 가격이 1,000원에서 700원으로 300원 하락하여 가격하락률은 약 30%(=3/10)이고, 판매량은 1,500인분에서 1,800인분으로 300명이 증가하여 판매량 증가율은 약 20%(=3/15)이다. 철수의 경우는 가격하락률보다 판매량증가율이 높고, 영희의 경우는 그 반대이다. 판매량증가율이 가격하락률보다 높으면 매상(즉, 수입)이 증가하고 있고, 낮으면 매상이 줄고 있다. 판매량증가율이 가격하락률보다 높으면 판매증가에 따른 수입의 증가가 가격하락에 따른 수입의 감소를 충당하고도 남는 것이 있으므로 매상이 증가하는 것이다. 반대로 판매량증가율이 가격하락률보다 낮으면 판매증가에 따른 수입의 증가가 가격하락에 따른 수입의 감소를 충당하지 못하므로 매상이 감소하는 것이다.

결국 박리다매 성공여부는 판매량이 증가하더라도 그 증가율이 가격의 하락률을 초과하느냐 미달하느냐에 달려 있는 것이다. 이 두 비율을 비교하는 개념이 경제학에서 정립되어 있는데, 그것을 '수요(의 가격) 탄력성'(elasticity of demand)이라고 한다.

수요탄력성은 가격변화에 대한 수요량의 변화정도를 나타내는 것으로서, 수요량변화율을 가격변화율로 나눈 값이다. 수요량변화율이 가격변화율보다 크면 수요탄력성의 값은 1보다 크며 수요가 탄력적이라 하고, 작으면 값은 1보다 작고 비탄력적이라 하고, 같으면 값은 1이 되고 단위탄력적이라 한다.[7] 수요가 탄력적이라는 것은 가격변화율에 비해 수요량변화율이 큰 것으로서 수요가 가격변화에 민감하다는 것을 의미하고, 비탄력적이라는 것은 둔감하다는 것을 의미한다.

박리다매가 성공하려면, 철수의 경우처럼, 판매량의 증가율이 가격하락률보다 높아야 하므로 수요탄력성[8]이 1보다 큰 수요탄력적인 상품이어야 한다는 것을 알 수 있다. 영희의 경우처럼, 비탄력적인 경우는 오히려 가격을 높이는 것이 매상을 올릴 수가 있는 것이다. 비탄력적인 경우 가격상승으로 판매량이 감소하더라도 가격상승률이 판매량감소율보다 높아서 가격상승으로 인한 수입의 증가가 판매량감소에 따른 수입의 감소를 충당하고도 남으므로 매상이 증가하게 되는 것이다.

이상에서 박리다매 전략이 성공을 거두려면 그 상품의 수요가 탄력적이어야 한다는 것을 알았다. 그렇다면 어떤 상품이 수요탄력적일까? 즉, 가격변화에 수요변화가 민감한가?

이에 답을 구하기 위해 무엇이 수요탄력성에 영향을 미치는지 살펴보자.

1강과 2강에서 본 바와 같이, 가격이 상승하여 그것을 구입하기 어려우면 그것을 대체할 수 있는 저렴한 것을 구입하는 식으로 우리는 대응하고, 가격이 하락하면 대체재를 사용하던 소비자들이 보다 저렴해진 이 재화를 구입하는 식으로 대응한다. 따라서 대체재가 직접적으로 수요탄력성에 영향을 줄 것 같다. 그러면, 밀접한 대체재가 있으면 수요는 가격에 민감할까? 그렇다. 왜? 가격이 비싸지면 대체재로 수요를 전환할 수 있기 때문에 수요가 크게 줄어들 수 있다. 대체재가 없다면 가격이 상승하더라도 대체할 수 있는 것이 없으므로 수요가 줄더라도 크게 줄지 않는다. 담배나 휘발유 같은 경우 마땅한 대체재가 없으므로 가격이 오

7) 공을 떨어뜨렸을 때 원래 높이보다 더 많이 튀어오르면 우리들은 그 공의 탄력성이 좋다고 한다. 반면 원래 높이에 미치지 못하면 탄력성이 나쁘다고 한다. 이처럼 기준보다 반응도가 높을 때 탄력적이라고 하는 점에서, 가격변화(즉, 기준)에 비해 수요량변화도(즉, 반응도)가 높은 것을 수요가 탄력적, 낮은 것을 비탄력적이라 하고, 같은 것을 원래 단위만큼 반응하므로 단위탄력적이라고 한다.

8) 공급이 충분하게 존재할 경우 수요량만큼 판매되므로 수요량(변화율)과 판매량(변화율)은 일치한다. 이 경우 수요탄력성은 판매량변화율을 가격변화율로 나눈 것으로 나타낼 수 있다.

르더라도 수요가 크게 줄지 않으므로 수요가 비탄력적이다. 철수의 PC방의 경우 경쟁 PC방이 주위에 산재하고 심지어 각 가정에도 PC가 구축되어 있어 대체재가 많으므로 수요가 탄력적이라고 볼 수 있다. 영희의 떡볶이 가게도 경쟁가게들이 많이 있으므로 수요가 탄력적으로 볼 수 있는데 비탄력적인 결과가 나타났다. 왜 그런가?

그것은 대체재뿐만 아니라 다른 것도 수요탄력성에 영향을 주는 것들이 있다는 증거이다. 떡볶이는 음식으로서 가격이 크게 하락하더라도 우리가 먹을 수 있는 양은 크게 증가할 수 없다. 쌀 가격이 크게 하락하더라도 매일 밥을 4끼 5끼로 늘리지 않는 것과 같은 이치다. 이와 같이 생필품들은 가격이 하락하더라도 수요가 크게 늘지 않고 상승해도 크게 줄지 않으므로 수요가 비탄력적이다. 반면에 다이아몬드 같은 사치품들은 가격이 많이 오르면 그것이 없더라도 견딜 수 있어 수요가 격감하므로 탄력적이다.

대체재뿐만 아니라 소득도 수요에 영향을 미친다는 것도 보았다. 이것은 그 재화의 가격이 소득에서 차지하는 비중도 수요탄력성에 영향을 준다는 것을 시사한다. 그렇다면 고가품과 저가품 중 어느 것이 탄력적일까? 100만원짜리 TV가 10% 상승하여 110만원이 될 경우와 100원짜리 연필이 똑같이 10% 상승하여 110원이 될 경우 어느 것의 수요가 더 많이 감소할까? TV가 더 많이 감소할 것이다. 왜? TV를 구입하려면 전보다 10만원을 더 포기해야 되는 반면 연필은 10원만 포기하면 되기 때문이다. 이와 같이 고가품의 수요가 가격변화에 민감하므로 탄력적이다. 이 같은 논리는 같은 상품에서도 적용된다. 같은 상품이더라도 가격이 높아질수록 보다 탄력적이 된다. 그러므로 동일한 상품의 경우, 높은 가격대에서는 탄력적이므로 가격을 낮추면 박리다매의 효과를 볼 수 있으나 낮은 가격대에서 비탄력적이므로 가격을 낮추면 오히려 수입이 감소하는 경향이 있다.

한편 사람들은 어떤 사건이 일어날 때 즉각적으로 대응하기보다는 시간을 두고 지켜보면서 대응을 하는 경향이 높다(물론 즉각적으로 대응하는 사람도 없지는 않지만). 이 점과 연관하여 수요탄력성도 적응기간과 관계가 있다는 것을 유추할 수 있다. 적응기간이 길수록 탄력성은 높아지는가? 즉, 수요탄력성이 높아지는가? 그렇다. 기름 가격이 높아진다고 금방 수요가 격감하지는 않기 때문이다. 만약 기름보일러 사용자가 즉각적으로 대응하여 연탄보일러로 대체하였는데 얼마 지나지 않아 다시 기름 값이 하락하게 되면 그는 보일러 대체비용만 낭비하게 된 것이다. 따라서 기름 값이 계속 높게 유지될 것이라는 판단이 설 때까지는 관망하면서 단지 기름을 절약하여 사용하므로 수요는 조금 줄어든다. 그러다 고유가가 지속될 것이라는 판단이 서면 비로소 대체를 하게 되고, 그때부터 수요는 격감하게 된다. 그리고 새로운 대체재들도 많이 개발되어 수요가 더욱 더 격감할 수 있다. 이와 같이 적응기간이 길수록 탄력성이 높아지는 것이다. 여기서 우리는 또 하나의 교훈을 얻을 수 있다: "서두르는 것이 비싸게 치인다!" 세상에 공짜는 없는 것이다. 서두르는 만큼 대가를 치루는 것이다.

이상에서부터 수요탄력성의 결정요인에 대해 다음과 같이 정리할 수 있다.

① 대체재가 많을수록 탄력성이 커진다.
② 생필품은 탄력성이 작고 사치품은 크다.
③ 고가품일수록 탄력성이 크고, 같은 상품에서도 가격대가 높을수록 커진다.
④ 적응기간이 길수록 탄력성이 커진다.

5강 국민소득이 10% 증가하면 33평 아파트에 대한 수요는?

어느 주택회사에서 신규아파트건설을 계획하기 위해 국민소득의 증가와 평형별 아파트 수요증가의 관계를 조사해 보았다. 국민소득이 10% 증가하면 25평의 경우 15%, 33평의 경우 10%, 50평의 경우 5% 증가하는 것으로 나타났다. 25평의 경우 국민소득 상승에 비해 1.5배(15%/10%), 33평의 경우 1배(10%/10%), 50평의 경우 0.5배(5%/10%)의 수요증가를 나타내고 있다.

이와 같이 소득변화에 대해 어떤 재화의 수요가 변하는 정도를 나타내는 것을 '소득탄력성'(elasticity of income)[9]이라고 한다. 어떤 재화의 소득탄력성을 알고 있으면 그 재화에 대한 신규수요를 예측할 수 있다. 위의 예에서처럼 아파트 평형별 소득탄력성이 25평 1.5, 33평 1, 50평 0.5로 추정되었을 때, 내년에 국민소득이 20% 증가할 것이라는 뉴스가 나왔다면 1년 후 평형별 아파트 신규수요는 25평의 경우 30%, 33평의 경우 20%, 50평의 경우 10% 증가할 것이라고 예측할 수 있다.

왜냐하면 25평의 경우 소득탄력성이 1.5이므로 수요변화율은 소득탄력성×소득변화율[10]로서 1.5×20%=30%, 33평의 경우 1×20%=20%, 50평형의 경우 0.5×20%=10%가 되기 때문이다.

이상에서 본 바와 같이 소득탄력성의 개념을 알고 있으면 어떤 회사에 입사하여 그 회사의 제품에 대한 수요를 예측해 보라는 명에 대해 쉽게 대처할 수 있는 하나의 방안이 된다. 물론 자신이 혼자서 어떤 장사를 하는 경우에도 마찬가지로 활용할 수 있다.

9) 소득탄력성=수요변화율÷소득변화율로 계산.

10) 소득탄력성=수요변화율÷소득변화율이므로 수요변화율은 소득탄력성×수요변화율이 된다.

이제 과연 여러분들이 소득탄력성으로서 수요예측을 잘 할 수 있는지 파악하기 위해 한 가지 질문을 던져보겠다. 여러분이 자동차회사에 입사하여 배기량별 신규수요예측을 해 보라는 명을 받아서 소득탄력성을 조사해 보았더니 소형(1,500cc 이하) 1.2, 중형(2,000cc 이하) 0.8, 대형(2,000cc 이상) 0.6으로 나타났다. 만약 내년에 소득이 5% 증가할 것으로 추정되었다면 배기량별 신규수요는 얼마가 될 것인가? 소형 6%, 중형 4%, 대형 3%의 증가가 될 것이다. 왜냐하면 소형의 경우 1.2×5%=6%, 중형의 경우 0.8×5%=4%, 대형의 경우 0.6×5%=3%이기 때문이다.

6강 지하철 요금이 10% 증가하면 버스이용 수요는 어떻게 되는가?

버스회사에서는 지하철 요금이 10% 상승함에 따라 자신들도 요금을 인상하려고 한다. 과연 얼마만큼 상승을 시켜야만 수요의 감소를 초래하지 않을지 궁금하다.

이를 위해 먼저 지하철 요금의 상승으로 버스 이용의 수요가 어떻게 되는지 파악해 볼 필요가 있다. 예전의 자료로 조사해 보니 지하철 요금이 5% 상승했을 때 버스 이용의 수요가 10% 상승했다. 지하철 요금 상승에 비해 버스 이용의 수요가 2배(10%/5%)를 나타내고 있다. 이와 같이 타 재화의 가격변화에 대해 수요가 변하는 정도를 나타내는 것을 '교차탄력성'(cross elasticity)이라고 한다.[11]

위의 예에서 지하철 요금에 대한 버스 이용수요의 교차탄력성은 2이다. 따라서 지하철 요금 10% 상승에 따른 버스 이용의 수요는 20% 상

11) 교차탄력성=수요변화율÷타 재화 가격변화율로 계산.

승할 것이다. 왜냐하면 교차탄력성이 2이므로 수요변화율은 교차탄력성×타재화의 가격변화율[12]로서 2×10%=20%가 되기 때문이다.

이와 같이 교차탄력성을 알고 있으면 타재화의 가격변화에 대한 수요변화를 예측할 수 있다.

지하철 요금이 10% 상승으로 버스이용 수요가 20% 증가한다는 것을 알았으므로 이제는 증가된 버스이용 수요만큼 감소시키려면 어느 정도 요금인상을 할 수 있는지를 파악해야 한다. 이를 위해서는 앞의 4강에서 배운 수요탄력성을 이용하면 될 것이다. 왜냐하면 수요탄력성은 가격변화에 대한 수요변화의 정도를 나타내는 것이기 때문이다.

버스이용의 수요탄력성을 알기 위해 예전의 자료를 찾아보니 버스요금 10% 증가했을 때 수요량이 5% 감소하였다. 따라서 수요탄력성은 0.5이다. 증가된 수요 20% 만큼 감소시킬 수 있는 가격변화는 40% 인상이다. 왜냐하면 수요탄력성=수요변화율÷가격변화율이므로 가격변화율=수요변화율÷수요탄력성이 되기 때문이다. 즉 가격변화율=20%÷0.5=40%가 되기 때문이다. 그러므로 버스회사는 지하철 요금이 10% 인상될 때 버스요금을 40% 인상시켜도 버스이용에 대한 수요는 줄지 않게 된다는 것을 알 수 있다.

요약

1. 생존에 필수적인 물조차, 가격과 소비(하려는)량 사이에 역의 관계가 존재하고 있다. 이것을 '수요의 법칙'이라 한다. 수요량은 실제로 소비 또는 구입한 양이 아니라 하고자 하는 양이다. 수요의 법칙이 성립하는 근본 이유는 소비량이 증가함에

12) 교차탄력성=수요변화율÷타 재화 가격변화율이므로 수요변화율=교차탄력성×타재화의 가격변화율이다.

따라 한계가치가 체감하기 때문이다. 수요의 법칙은 상품에만 적용되는 것이 아니라 모든 인간 행동에 적용되는 법칙으로서, 비용이 크면 클수록 하고자 하는 양이 적어진다는 것을 의미한다. 수요의 법칙에 대해 한 가지 유의해서 생각할 점이 있다. 단순히 가격이 오르면 수요량이 줄어든다는 것을 의미하는 것이 아니라, 가격이 충분하게 상승하면 반드시 수요량이 줄어든다는 것을 의미한다. 마찬가지로 가격이 충분히 하락한다면 수요량이 반드시 늘어난다는 것을 의미한다.

2. 가격을 포함하여 수요에 영향을 주는 것들을 '수요의 결정요인'이라고 한다. 대체관계에 있는 재화(즉, 대체재)의 가격이 하락하게 되면 수요는 감소하게 되고, 그 역이면 반대로 된다. 보완관계에 있는 재화(보완재)의 가격이 상승하면 수요는 감소하고, 그 역이면 반대가 된다. 소득은 수요에 비례적으로 영향을 미친다. 열등재(또는 하급재)의 수요는 소득과 반비례의 관계로 나타난다. 예상가격과 수요량 간에는 역의 관계가 존재한다. 소비자의 선호나 기호가 수요에 영향을 준다. 인구의 크기와 수요는 비례관계가 있다. 가격변동으로 수요량에 영향을 주는 것을 '수요량의 변화'라 하고, 가격 이외의 요인변동으로 수요량에 영향을 '수요의 변화'라 한다. 그래서 그 재화가격이 상승하여 수요량이 감소하는 것은 '수요량의 감소'이고, 가격 이외 요인변동으로 수요량이 감소하는 것을 '수요의 감소'라고 한다.

3. 수요법칙 예외로 보이는 현상이 발생할 수 있는 경우는 첫째, 가격상승으로 과시재로 변할 때, 둘째, 가격상승으로 앞으로도 더 가격이 높아지리라 예상이 될 때, 셋째, 가격이 상승하더라도 대체재 가격보다 상대적으로 적게 상승할 때이다.

4. 수요탄력성은 가격변화에 대한 수요량의 변화정도를 나타내는 것으로서, 수요량 변화율을 가격변화율로 나눈 값이다. 수요가 탄력적이라는 것은 수요가 가격변화에 민감하다는 것을 의미하고, 비탄력적이라는 것은 둔감하다는 것을 의미한다. 박리다매가 성공하려면, 판매량의 증가율이 가격하락률보다 높아야 하므로 수요탄력성이 1보다 큰 수요탄력적인 상품이어야 한다. 수요탄력성의 결정요인에 대해 다음과 같이 정리할 수 있다. ① 대체재가 많을수록 탄력성이 커진다. ② 생필품은 탄력성이 작고 사치품은 크다. ③ 고가품일수록 탄력성이 크고, 같은 상품에서도 가격대가 높을수록 커진다. ④ 적응기간이 길수록 탄력성이 커진다.

5. 소득변화에 대해 어떤 재화의 수요가 변하는 정도를 나타내는 것을 '소득탄력성'

이라고 한다.

6. 타 재화의 가격변화에 대해 수요가 변하는 정도를 나타내는 것을 '교차탄력성'이라고 한다.

제 3 장
공 급

1강 물값이 오르면 물의 공급은?

제2장 1강에서 알리바바의 물에 대한 수요는 가격이 빵 1개일 때 1잔, 나그네의 낙타일 때 0잔이었다. 즉, 알리바바는 가격이 빵 1개일 때는 물을 나그네에게 공급하지 않았지만 가격이 나그네의 낙타로 높아졌을 때 1잔을 공급하였다.

이것은 가격이 높아짐에 따라 공급량이 증가하는 경향을 보여주고 있다. 이와 같이 가격과 공급량 간에 비례관계가 있는 것을 '공급의 법칙'(law of supply)이라 한다.

그러면 왜 공급의 법칙이 작용을 할까? 분명히 그렇게 하는 것이 득이 되기 때문이다. 알리바바는 빵 1개의 가치가 물 1잔의 가치보다 낮다고 생각하여 물을 공급하지 않았지만, 나그네 낙타의 가치는 물 1잔의 가치보다 높게 평가하여 자신이 포기하고 나그네에게 제공하는 것이 득이 되므로 공급을 한 것이다. 하지만 이것은 너무 자명한 대답이어서 계속 궁금한 점을 남기고 있다. 왜 그런 득이 발생하는가? 이를 살펴보기 위해 또 다른 예를 들어 보자.

만약 사과를 50원일 때 5개를, 40원일 때 4개를, 30원일 때 3개, 20원일 때 2개, 10원일 때 1개를 판매한다고 하자. 그러면 10원일 때 왜 1개만 판매하고 2개는 판매하지 않는가? 10원에 1개 판매는 득이지만 2개 판매(즉, 추가로 1개 더 판매)는 득이 되지 않기 때문이다. 처음 한 단위를 판매하는 것은 그것의 판매로부터 얻는 가치(즉, 가격: 10원)가 적어도 그것의 생산비용[1]과 같아서 그 비용을 충당할 수 있기 때문이다. 즉, 첫 단위의 생산비용은 100원을 초과하지 않는 것이다. 2개 판매(즉, 추가로 1개 더 판매)를 하지 않는 것은 두 번째 사과의 판매로부터 얻는 가치(즉, 역시 가격: 10원)가 그것의 생산비용보다 낮기 때문이다. 두 번째 사과의 생산비용은 100원을 초과하고 있는 것이다.

이와 같이 추가되는 생산의 비용이 점차 증가하는 경향이 있는데, 이것을 '한계비용체증의 법칙'이라고 한다. 위에서 본 바와 같이, 한계비용체증의 법칙에 의해서 가격이 높아짐에 따라 판매량(즉, 공급량)을 늘리면 득을 보게 되는 것이다. 따라서 공급의 법칙이 성립하는 근본 이유는 생산이 증가함에 따라 한계비용이 체증하기 때문이다.

2강 물값을 올리지 않고서도 물 공급을 늘릴 수 없나?

물 공급이 늘어나는 것은 반드시 물의 가격이 상승하였을 경우에만

1) 경제학에서는 비용이 기회비용의 개념을 사용한다고 했다. 기회비용에는 드러나는 통상비용(회계비용)뿐만 아니라 드러나지 않는 잠재비용이 포함된다고 했다. 이 잠재비용에는 앞에서 언급되지 않은 '정상이윤'이 포함된다. 정상이윤이란 그 제품을 생산하지 않고 그것으로 다른 것을 했더라면 얻을 수 있는 이윤으로서 그 사회의 평균적 이윤을 의미한다. 따라서 비용 속에 정상이윤이 포함되어 있으므로 비용만 충당해도 정상이윤을 획득하는 것이다. 경제학에서 이윤(수입-비용)이 0이라고 이윤이 없는 것이 아니라 정상이윤만큼 존재하는 것이다. 그래서 경제학에서 이윤이 양(+)이면 정상이윤을 초과한 부분이 그만큼 있는 것이다. 즉, 정상이윤보다 더 벌고 있는 것이다.

일어나는 현상인가? 생수의 가격이 변하지 않더라도 생수의 공급이 변하는 경우는 없는가? 생수의 가격은 그대로인데 사이다의 가격이 하락한다면 생수의 공급이 증가할 수가 있다. 생수를 생산하는 데 투여되는 원료가격이 하락하거나 기술이 향상되면 또한 생수의 공급이 증가할 수가 있다. 그리고 생수의 가격이 낮아질 것이라고 예상이 된다든가 생산업체가 늘어날 경우에도 역시 생수의 공급이 증가할 수가 있다. 이와 같이 공급에 영향을 주는 것은 비단 가격뿐만 아니라 그 외에도 많이 있다는 것을 알 수 있다.

가격을 포함하여 공급에 영향을 주는 것들을 '공급의 결정요인'이라고 한다. 왜냐하면 그것들이 공급을 결정하는 것들이기 때문이다. 가격이 공급에 영향을 주는 방법에 대해서는 앞 강에서 이미 보았다. 공급의 법칙이 작용하도록 가격이 공급에 영향을 주는 것이다. 그러면 가격 이외의 다른 요인들은 어떻게 영향을 줄까?

먼저, 사이다의 가격이 하락한다면 생수의 공급이 증가할 수가 있는 것처럼, 관련재화의 가격이 공급에 어떻게 영향을 주는지를 보자. 사이다와 생수는 음료수로서 소비뿐만 아니라 생산관계에서도 서로 대체적인 관계에 있다. 음료수회사들은 보통 생수나 사이다를 비롯한 다른 음료수를 생산할 수 있는 기술을 갖고 있기 때문이다. 생수의 가격은 변하지 않더라도 사이다의 가격이 하락하면, 생수는 사이다에 비해 상대적으로 비싸진 것이다. 따라서 생산자들은 가격이 하락한 사이다보다 상대적으로 비싸진 생수생산으로 대체하는 것이 수익이 증가하므로 결국 생수의 공급은 증가하는 것이다. 이와 같이 대체생산관계에 있는 재화의 가격이 하락하게 되면 공급은 증가하게 되고, 그 역이면 반대로 된다. 반면, 보완생산관계에 있는 재화의 가격이 변하면 공급은 어떻게 될까? 닭고기와 닭똥집은 동시에 생산되므로 생산측면에서 보완관계에 있다. 그러면 닭고기 가격이 오르면 닭똥집의 공급은 어떻게 되는가? 닭고기 가격이 오르면 닭 생산이 증가하고 따라서 닭똥집의 공급도 증가하는 것이다. 이와 같이 보완생산관계에 있는 재화의 가격이 상승하면 공급은 증가하고, 그 역이면 반대가 된다.

생산원료 가격이 하락하면 생산비가 하락하여 단위당 수익이 증가하므로 생수의 공급이 늘어난다. 이와 같이, 생산요소의 가격은 공급에 역으로 영향을 미친다. 생산기술도 영향을 준다. 기술수준이 향상되면 똑같은 투입으로 더 많이 생산하므로(역으로 생각하면 동일한 양을 생산하는 데 적은 요소투입이 되므로) 단위당 비용이 하락하여 공급이 증가된다. 기술수준이 향상될수록 공급이 증가하는 경향이 있다.

생수의 가격이 낮아질 것으로 예상된다면 현재 가격에서 생수의 공급량은 어떻게 될까? 아마도 늘어날 것이다. 하락될 가격에 비해 현재의 가격이 비싸기 때문에 판매하고자 하는 양이 늘어날 것이다. 반대로 가격상승이 예상된다면 가격이 오른 후에 판매하는 것이 수익이 증가되므로 공급량은 감소할 것이다. 이와 같이 예상가격과 공급량 간에는 역의 관계가 존재한다.

생산업체의 수도 공급에 영향을 주게 된다. 생산업체가 늘어나게 되면 생수의 공급은 증가할 것이고 그 반대이면 감소할 것이다. 이와 같이 생산업체의 수와 공급은 비례관계가 있다.

위에서 본 바와 같이, 가격 이외에도 공급에 영향을 주는 요인들이 많이 있다. 따라서 생수의 생산을 늘리기 위해 가격상승의 이외 다른 방법도 많이 있다는 것을 알 수 있다. 생수생산업체들에게 보조금을 지급하여 생산비용을 하락시키든가, 다른 음료수 생산업체들에게 세금을 높여 수익성을 낮게 하든지 등등.

경제학자들은 가격이 공급량에 영향을 미치는 것과 가격 이외의 요인이 영향을 주는 것을 구분하고 있다.[2] 가격변동으로 공급량에 영향을 주는 것을 '공급량의 변화'(change in quantity supplied)라 하고, 가격 이

2) 구분하는 이유는 뒤에서 전개되는 강에서 저절로 밝혀질 것이다.

외의 요인변동으로 공급량에 영향을 주는 것을 '공급의 변화'(change in supply)라 한다.[3] 그래서 그 재화가격이 하락하여 공급량이 감소하는 것은 '공급량의 감소'이고, 생산요소 가격이 상승하여 공급량이 감소하는 것을 '공급의 감소'라고 한다. 따라서 공급이 감소했다면 그 원인은 가격 이외의 변동으로서 여러 가지가 될 수 있는 반면, 공급량이 감소했다면 그 원인은 단 한 가지 그 재화의 가격하락뿐이다.

3강 주가와 땅 값이 올라도 공급량이 왜 감소하는가?

주가와 땅 값이 상승하면 공급량이 감소하는 현상을 흔히 볼 수 있다. 그렇다면 가격과 공급량 간에 역의 관계가 성립되므로 "공급법칙의 예외가 아닌가?"라는 의문이 발생할 것이다. 하지만 이것은 공급법칙의 예외가 아니다. 왜 그런가?

이것은 단순히 가격변화가 아니라 그로 인해 판매자(즉, 소유자)의 예상이 변화되어 공급량이 변화된 것이다. 따라서 앞 강에서 밝힌 바와 같이 단순히 가격변화로 인한 '공급량의 변화'가 아닌 판매자의 예상변화로 인한 '공급의 변화'인 것이다. 공급의 법칙은 '공급량의 변화'를 의미하므로 이 현상은 공급 법칙의 예외가 아닌 것이다.

철수는 A 주식을 2,000원에 100주를 구입하였다. 그는 수익률 10%를 목표로 하고 있었다. 얼마 후 그 주가가 2,200원으로서 목표주가에 도

3) 가격변화시 공급량의 변화만을 '공급량의 변화'라 하는 것은, 앞 강에서 언급한 바와 같이, 구체적인 가격이 전제될 때의 공급되는 양을 공급량이고 했기 때문이다. 가격 이외 요인이 변할 때는 그 재화의 가격이 변하지 않으므로 공급량의 변화라고 하지 않고 '공급의 변화'라고 하는 것이다.

달하였다. 이 경우 그는 그 주식을 매도할 것인가? 일반적인 경우라면 목표가 달성되었으므로 매도를 할 것이다. 그런데 주가가 오르면서 동시에 앞으로 그 주식이 더 오를 것이라는 정보가 수집되었다. 이 경우 철수는 매도를 하지 않을 것이다. 예상이 변했기 때문이다. 그 결과가 매도물량이 감소하여 공급은 줄어든다. 이것은 단순히 가격변화가 아니라 그로 인해 판매자(즉, 소유자)의 예상이 변화되어 공급량이 변화된 것이다. 따라서 앞 강에서 밝힌 바와 같이 단순히 가격변화로 인한 '공급량의 변화'가 아닌 판매자의 예상변화로 인한 '공급의 변화'인 것이다. 공급의 법칙은 '공급량의 변화'를 의미하므로 이 현상은 공급법칙의 예외가 아닌 것이다. 땅의 경우도 같은 논리로 설명될 수 있다. 특히 주가나 땅 값이 상승함으로써 그 여파로 그 사회에 투기붐이 일어나는 경우 이런 현상은 더욱 더 부각되어 나타난다.

수요와 마찬가지로, '공급량의 변화'와 '공급의 변화'를 경제학자들이 구분하는 이유 중의 하나가 바로 이것을 설명하기 위해서이다.

이상에서 본 바와 같이, 겉으로는 공급법칙의 예외로 보이는 현상들이 논리적으로 분석해 보았을 때 오히려 공급의 법칙이 어떤 경우에나 적용된다는 것을 보여주고 있다. 공급의 법칙에 예외가 존재한다면 대다수 판매자의 행동이 비합리적이라는 결론이 도출될 수 있는 것이다. 물론 극소수의 판매자가 비합리적으로 행동을 할 수 있더라도, 시장에 나타난 공급은 그 판매자들과 대다수 합리적 판매자들 전체의 공급이므로 공급법칙의 예외가 존재하지 않는 것이다.

공급법칙 예외의 존재여부도 중요하지만, 여러분들은 공급법칙 예외로 보이는 현상이 어떤 경우에 발생할 수 있는지를 파악하고 인식하는 것이 실생활에 도움이 될 것이다. 그것을 파악한다면 가격이 상승했다고 무조건 판매를 하는 어리석은 행동을 삼가함으로써 더 많은 부를 획득할 수 있을 것이다.

공급법칙 예외로 보이는 현상이 발생할 수 있는 경우는 "가격상승으로 앞으로도 더 가격이 높아지리라 예상이 될 때"이라는 점을 명심하여 부자되세요!

요약

1. 가격과 공급량 간에 비례관계가 있는 것을 '공급의 법칙'이라 한다. 공급의 법칙이 성립하는 근본 이유는 생산이 증가함에 따라 한계비용이 체증하기 때문이다. 기회비용에는 '정상이윤'이 포함된다. 정상이윤이란 그 제품을 생산하지 않고 그것으로 다른 것을 했더라면 얻을 수 있는 이윤으로서 그 사회의 평균적 이윤을 의미한다. 따라서 경제학에서 이윤(수입-비용)이 0이라고 이윤이 없는 것이 아니라 정상이윤만큼 존재하는 것이다. 이윤이 양(+)이면 정상이윤을 초과한 부분이 그만큼 있는 것이다.
2. 가격을 포함하여 공급에 영향을 주는 것들을 '공급결정요인'이라고 한다. 대체생산관계에 있는 재화의 가격이 하락하게 되면 공급은 증가하게 되고, 그 역이면 반대로 된다. 보완생산관계에 있는 재화의 가격이 상승하면 공급은 증가하고, 그 역이면 반대가 된다. 생산요소의 가격은 공급에 역으로 영향을 미친다. 기술수준이 향상될수록 공급이 증가하는 경향이 있다. 예상가격과 공급량 간에는 역의 관계가 존재한다. 생산업체의 수와 공급은 비례관계가 있다. 가격변동으로 공급량에 영향을 주는 것을 '공급량의 변화'라 하고, 가격 이외의 요인변동으로 공급량에 영향을 주는 것을 '공급의 변화'라 한다. 그래서 그 재화가격이 하락하여 공급량이 감소하는 것은 '공급량의 감소'이고, 가격 이외 요인변동으로 공급량이 감소하는 것을 '공급의 감소'라고 한다.
3. 공급법칙 예외로 보이는 현상이 발생할 수 있는 경우는 가격상승으로 앞으로도 더 가격이 높아지리라 예상이 될 때이다.

제 4 장

가격의 결정 및 역할

1강 가격은 어떻게 결정되나?

시장에서 가격이 수요(양)와 공급(량)이 일치하는 곳에서 결정[1]된다는 점은 모두들 잘 알고 있을 것이다. 그러나 왜 그곳에서 가격이 결정되는 이유는 잘 모르는 것 같다. 그 이유를 아는 것이 매우 중요하다. 이것을 알지 못하면 시장환경변화에 따른 대응을 적절히 할 수 없기 때문이다.

생수공급자가 5병을 100원에 팔기 위해 시장에 내놓았다. 그런데 1병만 팔렸다. 이것은 100원에 공급량은 5병, 수요량은 1병이라는 것을 보여주고 있는데, 이와 같이 공급량이 수요량을 초과하는 것을 '초과공급'이라고 한다. 초과공급은 생각만큼 물건이 팔리지 않고 재고가 생기는 것으로서, 이 경우 답답한 쪽은 공급자들이다. 공급자들은 소비자가 더 많이 구매하도록 유도해야 하는데, 어떻게 할까?

여러 가지 방법이 있겠지만 서로 가격을 낮추어 팔려고 할 것이다. 수요의 법칙에 따라 가격이 낮아지면 수요량이 증가하기 때문이다. 가격

1) 이때 수요와 공급은 각 개인의 수요와 공급이 아니라 시장전체의 수요와 공급이다. 시장의 가격은 개별수요나 공급에 의해 결정되는 것이 아니라 시장전체 수요와 공급에서 결정되는 것이기 때문이다.

을 90원으로 하락시키니 2병만 수요되고, 80원으로 낮추니 3병, 70원에는 4병, 60원에 드디어 5병 다 팔렸다.

이와 같이 초과공급이 발생하면 공급자들 간의 경쟁으로 가격이 하락하는 것이다.

그런데 공급자도 수지를 맞추어야 한다. 제3장 1강에서 본 바와 같이, 적어도 생산비용만큼은 받을 수 있어야만 공급을 할 것이다. 생수 생산비용은 최초 1병 생산에 60원, 한계생산체증의 법칙에 따라 1병씩 더 추가로 생산할 때마다 10원씩 추가된다.2) 따라서 60원에 1병, 70원에 2병, 80원에 3병, 90원에 4병, 100원에 5병을 공급하려고 하는 것이다.

그러면 60원의 가격에서는 공급은 1병 수요는 5병으로서 물건이 부족하게 된다. 이와 같이 수요량이 공급량을 초과하는 것을 '초과수요'(excess demand)라고 한다. 초과수요는 생각보다 물건이 잘 팔리어 모자라는 것으로서, 이 경우 답답한 쪽은 소비자들이다. 소비자들은 공급자가 더 많이 공급하도록 유도해야 하는데, 어떻게 할까?

여러 가지 방법이 있겠지만 서로 가격을 높여 구입하려고 할 것이다. 공급의 법칙에 따라 가격이 높아지면 공급량이 증가하기 때문이다. 이와 같이 초과수요가 발생하면 수요자들간의 경쟁으로 가격이 상승하는 것이다.

70원으로 상승하면 수요는 4병으로 줄고 공급은 2병으로 늘어나나 아직도 초과수요가 발생하여 가격이 더 상승한다. 80원으로 상승하면 수요는 3병으로 줄고 공급은 3병으로 늘어나서, 이제 수요와 공급이 일치하여 초과공급과 초과수요가 없고, 가격하락 및 상승요인이 없어져 이 수준에서 가격이 결정되는 것이다.

이와 같이, 초과공급이 발생하면 가격이 하락하고 초과수요가 발생

2) 기업들의 생산규모는 1병이며 기업마다 여건이 달라서 A기업은 60원, B기업 70원, C기업 80원 … 등으로 생각해도 된다.

하면 가격상승이 발생하여, 수요와 공급이 일치하는 곳에서 가격이 결정되는 것이다. 이것을 '수요 · 공급의 원리'라고 한다.

이 원리를 알면 3강부터 언급될 수요와 공급변동이 가격에 어떻게 영향을 주는지를 알 수 있으므로 실생활에 도움을 얻을 수 있는 것이다.

2강 다이아몬드 값이 물값보다 왜 비쌀까?

"아주 유용하고 인간생활에 필수불가결한 물은 싼 값으로 팔리는데, 없어도 살아갈 수 있는 다이아몬드는 왜 비싼 값으로 팔리는가?"라는 문제에 대해 경제학의 시조인 아담 스미스는 해결을 시도했는데, 결국 해결하지 못했다.

그래서 그는 이 현상을 '가격의 모순'으로 보았다. 사용가치(즉, 효용: 사용으로부터 얻는 만족감)가 높으면 교환가치(즉, 가격)가 높은 것이 순리적으로 볼 수 있는데, 다이아몬드와 물의 경우에서는 사용가치가 낮은 다이아몬드가 사용가치가 높은 물보다 높은 가격으로 팔리고 있기 때문에 그 현상을 가격의 모순으로 보았다.

물의 사용가치가 1병일 때 100, 2병일 때 90, 3병일 때 80,… 8병일 때 30,… 10병일 때 10이라고 한다면, 다이아몬드의 사용가치는 1캐럿일 때 50, 2캐럿일 때 40,… 5캐럿일 때 10이라 할 수 있다. 물의 사용가치가 다이아몬드보다 높고, 물이든 다이아몬드든 소비량이 증가함에 따라 앞에서 설명된 것처럼 한계가치체감의 법칙에 따라 가치가 감소하기 때문이다.

만약 물도 1병 다이아몬드도 1캐럿만 존재한다면, 사람들은 그것의 가치만큼 대가를 지불하고자 하므로 물의 가격은 100, 다이아몬드의 가격은 50이 되어 사용가치가 높은 물이 다이아몬드보다 비싸다. 그러나 물은 10병, 다이아몬드는 1캐럿 존재한다면 물 가격은 10, 다이아몬드 가격은 50이 되어, 사용가치가 낮은 다이아몬드가 사용가치가 높은 물보다 비싸진다.

이 사례에서 가격은 존재량에도 영향을 받는다는 것을 알 수 있다. 물이 10병일 경우 한계가치는 10이고 다이아몬드가 1캐럿일 경우 한계가치가 50인데, 그 때 물 가격은 10, 다이아몬드 가격은 50으로 결정되고 있다.

이와 같이 가격은 단순히 (사용)가치[3]에 의해 결정되는 것이 아니라, 그것의 한계(사용)가치에 의해 결정된다는 것을 알 수 있다. 이것은 가격이 수요뿐만 아니라 공급에도 영향을 받는다는 극명한 사례인 것이다.

아담 스미스가 해결되지 못한 문제가 해결이 된 후, 이 현상을 '가치의 모순'이 아니라 '가치의 역설'(paradox of value)이라고 한다. 역설이라는 것은 겉으로 보기는 모순인 것 같지만, 논리적으로 분석해 볼 때 모순이 아니라 올바른 것을 지칭하기 때문이다.

만약 앞으로 다이아몬드를 아주 낮은 비용으로 공급할 수 있다든지, 물이 아주 희소하게 된다면 물 가격이 다이아몬드보다 훨씬 비쌀 수도 있다. 사막 한가운데서 물과 다이아몬드의 가격을 생각해 보라!

3강 소 공급이 감소했기 때문에 쇠고기 가격이 오르는가?

통상적으로 쇠고기 가격이 상승하면 공급업자들이 비난을 받는다. 일

3) 보통 가치라고 하는 것은 사용가치를 말한다.

반적으로 가격상승의 원인을 공급이 감소한 것으로 생각하기 때문이다.

하지만 공급업자들이 억울하게 비난을 받는 경우가 많다. 왜 그런가? 가격상승요인에는 공급감소뿐만 아니라 다른 원인도 있기 때문이다.

어느 날 쇠고기가 다른 육류에 비해 건강에 좋다는 뉴스가 나왔다. 각 가정에서 쇠고기 수요가 증가하여 정육점에서는 일주일에 팔리던 양이 이제는 5일 만에 팔리는 것이다. 따라서 물량이 달리는 것이다. 이것은 시장에서 초과수요가 발생하는 것으로서 가격은 상승할 수밖에 없다. 이와 같이 가격은 수요가 증가하더라도 상승할 수 있는 것이다.

따라서 가격변화의 요인을 좀더 상세하게 파악해 볼 필요가 있다.

가격상승은 공급이 감소하거나 수요가 증가할 때 발생한다. 그러므로 공급감소 요인이 발생하거나 수요증가 요인이 발생하면 가격이 상승하는 것이다. 공급감소 요인으로는 어떤 것들이 있었나? 대체생산관계에 있는 재화의 가격상승, 보완생산관계에 있는 재화의 가격하락, 생산요소의 가격상승 등이다. 돼지고기 가격상승은 쇠고기의 공급을 감소시켜 쇠고기의 가격이 상승하게 된다. 닭고기 가격이 하락하면, 닭 공급이 줄어들면서 닭똥집의 공급도 감소하여 닭똥집의 가격이 오르는 것이다. 소사료비가 상승하면, 쇠고기 생산비용이 높아져 쇠고기 공급이 감소하여 쇠고기 가격이 오른다.

수요증가 요인으로는 어떤 것들이 있었나? 대체재 재화의 가격상승, 보완재의 가격하락, 소득의 증가(열등재인 경우 소득의 감소), 선호의 변화 등이 있다. 돼지고기 가격상승, 소득의 상승, 쇠고기가 건강에 좋다는 뉴스로 인한 소비자 선호의 변화 등은 쇠고기의 수요를 증가시켜 쇠고기의 가격이 상승하게 된다.

똑같은 논리로, 가격하락은 수요가 감소하거나 공급이 증가할 때 발생하며, 수요감소 요인이 발생하거나 공급증가 요인이 발생하면 가격이 하락하는 것이다.

이와 같이 수요는 증가하면 가격을 상승시키고 감소하면 하락시키므로 가격과 비례관계가 있는 반면, 공급은 증가하면 가격을 하락시키고 감소하면 상승시키므로 가격과 반비례관계가 있다는 것을 알 수 있다.

따라서 수요증가와 공급감소라는 가격상승요인이 동시에 발생하면 분명히 가격은 상승한다. 그러면 수요증가와 공급증가라는 가격상승요인과 하락요인이 동시에 발생하면 어떻게 되는가? 변하지 않을 것이라고 생각할지 모르지만, 그렇지 않다. 나도 모른다! 상승할 수도, 하락할 수도, 변하지 않을 수도 있다. 수요증가에 따른 가격상승의 힘이 공급증가라는 가격하락의 힘보다 크면 가격이 상승하고, 작으면 하락하고, 같으면 변하지 않는 것이다.

마찬가지로, 수요감소와 공급감소라는 가격 하락요인과 상승요인이 동시에 발생하면 그 사실로만으로는 그 결과를 역시 모른다. 둘 중 어느 쪽의 힘이 강한가에 달려 있다.

4강 쇠고기에 대한 수요가 증가하면 축산업자의 반응은?

쇠고기의 수요가 증가하더라도 즉시 가격은 상승하는 것은 아니다. 그러면 가격은 언제부터 상승하게 되는가?

쇠고기 수요가 증가하여 정육점에서 일주일에 다 팔리는 양이 5일만에 팔린다고 하자. 정육점 주인은 도매업자에게 더 많은 양을 구입해 올 것이다. 그 때까지 정육점 주인은 전과 동일한 가격으로 구입해 왔으므로 가격을 상승시키지 않고 팔 것이다. 그런데 그 다음 주에 도매상에 가서 구입하려고 하니 가격이 높아졌다고 한다. 왜 그런지를 물어 보니 도매상은 도살장 쇠고기 경매장에서 가격이 높게 낙찰되더라는 것이다. 즉, 이것은 소비자들의 수요증가로 정육점의 수요증가 따라서 도매상의 수요증가로 가격이 높게 된 것이다. 이제 정육점 주인은 높은 가격으로 구입할 수밖에 없어, 그도 수지를 맞추기 위해 어쩔 수 없이 소비자들에게 높은 가격을 부르게 되는 것이다. 이런 과정을 거쳐 가격이 상승하는 것이다.

이 과정에서 소비자들은 공급업자들이 가격을 높여 자신들이 비싸게 사 먹게 되었다고 오해를 할 수 있다. 왜냐하면, 자신들의 수요증가로 즉시 가격이 상승하지 않고 도매업자와 도살장까지 그 여파가 전달된 후에 그 때부터 가격이 상승하기 때문이다. 비난 받아야 할 사람은 공급업자들이 아니라 소비자 자신들인데도 불구하고….

한편 도살장 쇠고기 경매장에서 가격이 상승함으로서 소시장에서는 소 가격이 상승한다. 소 가격이 상승하면 축산업자들은 돼지 등 다른 동물을 키우는 것보다 수지가 좋아지므로 소를 더 많이 키울 것이고, 다른 동물 양육에 이용되던 자원들이 소 양육에 이용된다. 이렇게 됨으로써 소비자들이 더 원하는 쇠고기가 더 많이 생산되고 덜 원하는 돼지고기 등은 적게 생산되는 것이다. 이 과정에서 가격은 자원배분자로서의 역할을 하고 있는 것이다. 즉, 무엇을 얼마나 생산할 것인지를 유도하면서 그것에 맞춰 자원이 이용되도록 하는 역할을 하는 것이다. 시장경제에서는 앞서 언급한 바와 같이, 가격이 누구의 지시도 없이 보이지 않는 손으로서 무엇을 얼마나 생산할 것인지를 유도하면서 그것에 맞춰 자원이 이용되도록 유도하고 있다.

5강 가뭄이 오면 물 부족사태가 발생하나?

흔히 "가뭄이 들어 물 부족사태가 발생했다"고 한다. 과연 그런가?

가뭄이 들면 처음에는 물 부족사태가 발생한다. 가뭄으로 공급이 감소되어 물 부족사태가 벌어지는데, 이것은 물 시장에서 공급감소로 초과수요현상이 발생한 것이다. 초과수요는 가격상승을 초래하며, 가격이 상승하면 우선 소비자들부터 수요량을 감소시킬 것이다.

아울러 가격이 상승하면 공급자들은 비용이 좀더 높아지더라도 수지를 맞출 수 있으므로 타 지역의 물을 그 지역으로 이전하거나 더 많은 지하수를 개발, 정수하여 공급할 것이다.

언제까지 수요량 감소와 공급량 증가가 발생하는가? 초과수요가 사라질 때까지. 따라서 가뭄 전보다 소비자들이 물을 적게 사용하지만[4] 물 부족사태는 발생하지 않는다.

하지만 가뭄 등으로 공급이 감소하여 물 부족사태가 발생할 경우, 정부가 물 가격의 상승을 허용하지 않는다면 수요량이 감소하지 않고 공급량도 증가할 수 없으므로 물 부족사태는 지속될 것이다.

이와 같이 공급이 감소한다고 부족사태가 발생하는 것이 아니다. 부족사태가 지속되는 것은 공급감소가 아니라 가격통제인 것이다.[5] 가격을 통제하는 국가들(이전의 사회주의 국가들)에서는 물건들이 항상 모자라고 가게 앞에는 항상 긴 줄의 행렬이 나타나는 것이 다반사다. 시장경제 국가에서도 어떤 것에 부족사태가 지속되는 것은 바로 가격통제에 그 주원인이 있는 것이다.[6]

위의 예에서 가격상승으로 수요량이 감소하면서 물 부족사태가 해결되고 있다. 이 과정에서 가격은 가뭄으로 줄어든 물을 소비자들에게 과부족 없이 분배하고 있는 것이다. 높아진 가격으로도 전과 같이 사용

4) 가뭄 때보다 공급량은 증가하지만 가격상승으로 수요량이 감소하므로 공급량은 가뭄 전만큼 증가하지 않는다.

5) 가격통제의 다른 문제점은 다음 강에서 보다 상세하게 다루어진다.

6) 서장 4강에서도 언급했듯이, 대가가 드러나지 않거나 타인에게 전가시킬 때도 부족사태는 발생하고 지속되는 것이다.

할 사람은 전과 동일한 양을 소비할 수 있게 해주고, 가격부담을 느끼는 사람은 소비량을 줄이도록 수요량을 조절하고 있는 것이다. 이와 같이 가격은 부족사태가 발생하더라도 상승하면서 누구의 지시도 없이[7] 누가 그 상품을 사용할 것인지(즉, 분배문제)를 해결하는 분배자[8]로서 역할을 하고 있는 것이다. 물론 가격 이외 하락할 경우에도 가격은 분배자로서 역할을 하는 것이다.

6강 임대료 규제가 무주택자들의 주거비용을 낮추는가?

저소득층의 무주택자(즉, 세입자)의 주거비용을 낮추기 위해 정부는 서민주택의 임대료를 규제하고 있다. 도시로의 전입과 핵가족화 및 독신화로 수요가 증가하여 임대료가 상승해야 하는데도 불구하고, 상기 목표를 달성하기 위해 임대료의 상승을 규제[9]하는 것이다.

이와 같이 정부가 어떤 목표를 달성하기 위해 가격결정을 시장에 맡겨놓지 않고 간섭(즉, 통제)하는 것을 '가격통제'(price control)라 한다. 임대료 규제이외에도 휘발유가격, 음식숙박 요금, 목욕요금, 이 · 미용 요금의 규제 등 여러 가지가 있다. 이 모든 규제들은 서민들의 생활안정이라는 목적을 추구하기 위해 실시되고 있다. 이런 점에서 가격통제는 서

---

7) 앞에서 언급했듯이 가격은 보이지 않은 손으로 역할을 하는데, 그 중 하나가 분배자로서 역할을 하고 있는 것이다.

8) '배분'과 '분배'를 사회에서는 같은 의미로 사용하고 있지만, 경제학에서는 구분하여 사용하고 있다. 배분은 자원이용에 대해서 분배는 생산물에 대해서 사용한다.

9) 임대료 규제는 전혀 가격을 못 올리게 하는 것뿐 아니라 시장에 맡겨 놓을 경우 상승할 수 있는 수준까지 못 올리게 하는 것도 포함된다. 후자의 경우 효과의 정도가 조금 약할 뿐 질적인 측면에는 같은 효과를 나타낸다.

민들에게 인기가 높다. 그런데 이런 규제들이 과연 그 목표를 실현시키는가?

바로 앞 5강의 내용을 올바르게 이해한 독자는 그렇지 못할 것이라는 답을 할 것이다. 초과수요 발생시 가격이 상승하지 못하거나 상승하더라도 시장가격수준만큼 상승하지 못한다면, 초과수요는 해소되지 못하고 부족사태가 발생하는 것이다. 서민주택에 대한 임대료 규제가 실시되면 서민임대주택에 대한 초과수요가 해소되지 못하여 서민임대주택의 부족사태(즉, 서민임대주택난)가 지속될 것이다. 따라서 새로 입주하려는 사람들은 기존 세입자가 다른 지역으로 이사를 가거나, 자기 집을 사서 이사를 할 때까지 입주를 하지 못하고 대기하면서, 임대료 규제를 받지 않는 고급임대주택에서 보다 높은 비용으로 입주를 해야 한다. 물론 기존 세입자들은 임대료가 상승하지 않거나 시장가격수준으로 상승하지 않음으로써 득을 본다. 하지만 이것은 서민임대주택의 이용측면에서도 비효율적이다. 보다 높은 임대료수준에서 이용하려는 자가 사용하는 것이 '효율적'(efficiency)[10]인데, 그들이 배제될 가능성이 높기 때문이다.[11] 주택난의 지속과 비효율적인 이용이라는 결과는 바로 가격이 통제됨으로써 분배자로서 역할을 못하는 사례인 것이다.

기존 세입자가 이사를 하여 빈 곳이 발생할 때, 어떤 사람이 입주를 하게 되는가?

먼저 입주 신청한 사람이 입주할 것이라 생각할 수 있다. 이 방식이 선착순에 의한 분배방식이다. 이 방식에서는 입주신청자간에 웃돈 거래가 이루어지는 암시장(black market)[12]이 발생할 가능성이 있다. 후순위

10) 제1장 2강 참조.

11) 새로 입주할 사람들 중에 보다 규제가 없다면 형성될 높은 가격수준에서 입주하고자 하는 사람들이 입주하지 못함으로써 또한 기존 세입자 등 중에서 그 높은 가격에서는 이사를 가려는 사람들이 계속 입주해 있음으로써, 주택의 이용측면에 있어서 비효율적이다.

12) 암시장이란 규제된 가격보다 높은 가격으로 거래하는 시장을 말한다. 극장, 야구장 등에서의 암표거래가 전형적인 예이다.

입주자가 선순위 입주자에게 웃돈을 주고 자기가 입주할 수도 있다.

주인의 취향에 맞는 사람이 입주할 것이라고도 생각할 수 있다. 주인은 임대료를 더 높게 받을 수 없으므로 자신의 취향에 맞는 사람을 입주시키려고 한다. 세를 얻으려고 할 때 주인은 예비세입자에게 "애들이 몇이 있습니까? 그리고 몇 살이지요?"라는 질문을 흔히 던진다. 주인은 자신의 집에 흠집이 나지 않기를 원하며, 애가 많거나 어리면 싫어하는 경향이 있다. 따라서 이런 사람은 집을 구하기가 힘들어진다.

또한 질의 변화가 초래할 수 있다. 질이 나쁜 것으로 도배를 해 주거나 흠집이 있더라도 고쳐주지 않고 그대로 입주하라고 한다. 세입자들은 초과수요로 예비세입자들이 많기 때문에 어쩔 수 없이 그대로 입주할 수밖에 없다. 따라서 자기가 울며 겨자 먹기 식으로 새로 도배하거나 수리를 하여 초과비용을 부담하거나 불량한 상태로 거주를 하게 된다. 침대를 비롯한 가구와 냉장고를 비롯한 가전제품 등이 완비되어 있던 곳에서는 이제 그것의 사용료를 따로 지불하라고 하여 역시 초과비용을 부담하게 된다.

이와 같이 임대료 규제는 새로운 세입자들에게 초과비용을 치르게 하여, 원래 목적인 주거비용의 하락은커녕 오히려 규제가 없을 때보다 더 높은 주거비용을 치르게 하고 있다.

앞서 기존 세입자들은 이사 갈 때까지 임대료가 상승하지 않거나 시장가격수준으로 상승하지 않음으로써 득을 본다고 했지만, 거주할 동안 새로운 입주자가 치르는 것과 같은 질의 변화에 따른 대가를 치르게 된다. 즉, 앞서 언급한 것처럼, 집에 흠집이 생겨나도 주인이 수리를 하지 않을 것이고, 따라서 세입자 자신이 직접 비용을 부담하거나 불량한 상태로 거주를 하는 대가를 치르는 것이다.

그러므로 중기적으로는 서민임대주택의 슬럼화를 초래하며, 나아가서 장기적으로는 서민임대주택의 공급이 감소하여 서민들의 임대주택난은 더욱 더 심화된다. 서민임대주택의 소유자들은 노후화되면 규제를 받지 않아 수익성이 상대적으로 높은 고급임대주택으로 새로 짓거나 리모델링을 하기 때문이다. 이런 결과는 미국의 빈민가나 홍콩 등 여러 곳에서 현실로 나타났다. 이것을 두고 어느 학자는 "임대료 규제의 위력은 폭격과 같다"라고 했다. 아울러 주택건설업체들도 서민임대주택의 건설보다는 상대적으로 수익성이 높은 고급임대주택 등을 건설할 것이다.

이와 같은 현상은 가격이 통제됨으로써 배분자로서 역할을 하지 못한다는 것을 나타내고 있는 것이다. 임대료가 규제되지 않았다면 서민임대주택이 그 사회가 필요한 만큼(즉, 초과수요나 초과공급이 없도록) 생산이 되었을 것인데, 그렇지 못함으로써 서민임대주택 보수 및 건설에 사용될 자원이 고급임대주택 등에 과도하게 사용되었기 때문이다. 이로 인해 임대료 규제가 있었던 시기에 미국이나 홍콩 등에서 자재난이 심각하여 물가가 폭등한 경험을 갖고 있다.

가격통제의 이러한 문제점에도 불구하고 정부가 실시하는 이유는 무엇인가?

하나는 서민들이 이런 문제점을 잘 모르고 있다고 여기거나, 알고 있더라도 당장 혜택을 보는 사람들이 많아서 우선 그들로부터 지지를 받을 것이라 생각하고, 문제가 발생할 때는 그 때가서 다른 대책을 강구하면 된다는 정치적 논리 때문이 아닐까!

다른 하나는 일시적인 가격통제는 물가를 안정시킬 수 있기 때문이다. 집세와 휘발유가격, 음식숙박 요금, 목욕요금, 이 · 미용 요금 등의 상승은 소비자들로 하여금 물가가 앞으로 더 오를 것이라는 심리를 자극하여 물가상승을 더욱 더 부채질할 수 있다. 이런 경우 일시적으로 통제하는 것이 물가를 안정시킬 수 있기 때문이다. 그러나 일시적으로 통제를 해야지 물가상승심리가 낮아졌는데 불구하고 지속적으로 통제를 하면 위와 같은 나쁜 결과를 초래하게 되는 것이라는 점을 명심하자!

그래서 우리나라에서는 현재 임대료 규제보다는 무주택 서민에게 임대료를 부분적으로 보조하는 방식을 취하고 있다. 즉, 전세자금 저리

융자를 통해 임대료를 부분적으로 보조하고 있다.

가격통제는 가격상승을 저지하는 것뿐만 아니라 가격하락을 막는 것도 해당된다. 예를 들면, '최저임금제'(minimum wage system)나 농산물가격지지제 등이다. 이것들은 공급자를 보호하기 위해 시행되고 있다. 최저임금제는 노동의 공급자인 노동자들의 안정적인 생활을 보호하기 위해 시장임금 수준보다 높게 설정하여 그 이하로 임금을 지불하지 못하도록 통제하는 것이고, 농산물가격지지제도 농산물의 공급자인 농부들의 안정적인 생활을 보호하기 위해 시장가격 수준보다 높게 설정하여 그 이하로 거래하지 못하도록 통제하는 것이다. 가격통제는 소비자를 보호할 목적으로 시장가격수준보다 낮게 거래하도록 통제하는 것과 공급자를 보호할 목적으로 시장가격수준보다 높게 거래하도록 통제하는 것으로 구분할 수 있는 것이다. 전자를 '최고가격제'(price floors) 또는 가격상한제[13]라 하며, 후자를 '최저가격제'(price ceillings) 또는 가격하한제[14]라 한다.

그러면 최저가격제는 과연 원래의 목적을 실현할 수 있을까? 이 역시 가격을 통제함으로서 가격이 분배자 및 배분자의 역할을 하지 못하는 것이 아닐까? 이에 대한 답은 제7장 4강에서 살펴볼 것이다.

7강 풍년이 들었는데도 왜 농가소득이 감소할 수 있나?

농부들로부터 "올해는 풍년인데 내 수입은 오히려 줄어들었어!"라

13) 거래할 수 있는 최고가격 또는 상한가격이 정해져 있다는 의미에서 그렇게 명명되었다.
14) 거래할 수 있는 최저가격 또는 하한가격이 정해져 있다는 의미에서 그렇게 명명되었다.

는 푸념을 들어봤을 것이다. 왜 그런 현상이 일어날 수 있을까?

경제학에 이제 막 눈을 뜬 초보자인 철수는 "풍년이 되어 공급이 증가하여 가격이 하락했기 때문이지!"라고 힘차게 답을 한다. 주위에서 그 답을 들은 많은 사람들이 "아하! 그래 맞아, 역시 배운 사람이 낫군!" 그 때 한명이 "가격은 하락했지만 판매량은 늘어났잖아!"라고 대꾸를 한다. 그러자 철수는 당황되어 한동안 더 이상 말을 잇지 못하다가, "아 그래! 생각이 나는 것 같아! 박리다매 전략으로 가격을 하락시켜 수입의 증대를 꾀했는데 판매량은 늘어났지만 오히려 수입이 감소하는 경우와 똑같은 상황이네! 그 때 수입이 감소한 이유는 바로 수요가 비탄력적인 것이었어. 그럼 이런 현상이 발생하는 것은 농산물의 수요가 비탄력적이기 때문이구나!"라고 했다.

그러자 주위의 사람들이 "뭐라고?"라고 일구동성으로 외치니까, 철수는 "농산물의 수요가 비탄력적이기 때문에 다시 말하면, 농산물의 수요는 가격에 민감하지 못하고 둔해서 그런 것이야!"라고 재차 답을 했다. 이에 대해 사람들이 "농산물의 수요가 비탄력적 즉 가격에 민감하지 못하고 둔해서 그렇다고 치자. 그러면 왜 농산물의 수요는 비탄력적인데?"라고 다시 물었다.

철수는 이에 대한 답을 수요탄력성의 결정요인으로 설명했다. "농산물은 생필품으로서 가격이 하락한다 하더라도 수요량이 별로 많이 증가하지 않으며 마찬가지로 가격이 상승하더라도 수요가 별로 많이 감소하지 않으므로, 가격변화에 수요가 큰 반응을 나타내지 않는 특성을 갖고 있어. 그래서 농산물은 수요가 비탄력적인 것이야! 이와 같이 수요가 비탄력적이면 가격이 하락하더라도 그것을 충당할 만큼 수요량이 증가하지 않아서 수입이 적어지는 것이야. 따라서 흉년이 들어 공급이 감소하면, 가격이 상승하더라도 수요량이 별로 감소하지 않아 오히려 수입이 높아질 수 있지!"

모두들 철수의 설명에 감탄하면서 이구동성으로 "경제학은 조금 힘들어도 배울 만한 것이여!"라고 했다. 이에 철수는 한술 더 떠서 "그렇게 힘드는 것도 아니야. 우리 일상생활을 잘 연관시켜 보면 경제학을 이해하기 쉬워!"라고 한다.

이와 같이, 풍년이면 농가수입이 감소할 수 있고, 흉년이면 증가할 수 있는 현상을 경제학자들은 '농부의 역설'이라고 한다. 농부의 수입이 상식과 모순되는 식으로 나타지만 논리적으로 타당하기 때문에 그렇게 명명되었다.

이상에서 본 바와 같이, 수요가 비탄력적일 때는 가격이 상승하면 수입이 증가하고 하락하면 감소하며, 탄력적일 때는 그 반대가 성립되는 것이다.

이런 특성을 이용하여 '매점매석'(買占賣惜)으로 돈을 벌려고 시도하는 사람들이 있다. 매점매석이란 사서 쌓아두고 팔기를 꺼리는 행위로, 이것은 공급물량을 조절하여 가격을 오르게 한 후에 팔려는 전략으로 이용된다. 따라서 매점매석은 가격이 오르더라도 수요가 별로 감소하지 않는 비탄력적인 특성을 지닌 상품에 효과가 있다. 앞서 본 바와 같이 생필품은 수요가 비탄력적이므로 매점매석 전략의 주 대상이 된다. 명절 때 제수용품에 대한 매점매석행위도 제수용품은 아무리 비싸도 사용할 수밖에 없는 수요비탄력적 특성 때문에 흔히 발생하는 것이다. 이와 같은 생필품에 대한 매점매석은 가격을 폭등시켜 서민들의 생활을 불안정하게 하므로 단속대상이 되는 것이다. 가뭄 등으로 인한 여건의 변동으로 공급이 감소되었을 때 그 부족현상을 가격상승으로 해소하는 것은 당연하지만, 인위적인 공급조절로 부족현상을 발생시켜 가격상승을 유도하는 것은 독점이윤의 획득, 그로 인한 불공정한 소득이전, 물가상승 초래 등을 발생시키므로 반드시 저지해야만 하는 것이다.

8강 판매자에게 세금을 부과하면 판매자가 다 부담하나?

통상적으로 판매자에게 세금을 부과하면 그 자신이 다 부담하는 것으로 생각할 수 있는데, 과연 그런가?

신문지상이나 TV토론에서 부담능력이 큰 사람들에게 세금을 징수하자는 의도로 토지나 주택의 소유자에게 임대소득세를 부과하는 것에 대해 다루면서 "조세가 전가된다! 그렇지 않다!"라는 표현이 등장한다. 그 말은 "당사자가 다 부담하지 않는다! 그렇지 않고 다 부담한다!"는 의미를 경제학적 용어로 표현한 것이다. 경제학자들은 조세를 당사자가 다 부담하지 않고 타인에게 그 부담의 일부 혹은 전부가 이전되는 것을 '조세의 전가'(tax shifting)라 한다.[15]

전가가 발생하는지 그렇지 않는지 경제논리에 입각해 분석해 보자.

정부는 주택소유자에게 10%의 임대소득세를 부과하기로 했다.[16] 임대소득세가 부과되기 이전에 33평의 임대료는 연 1,000만원이었다. 10%의 세금이 부과됨으로써 집주인의 실제 임대소득이 100만원 감소하여 900만원이 되었다. 집주인은 일단 그 부분을 보충하기 위해 세입자에게 계약기간 만료 1달 전 1년 더 거주하려면 임대료를 100만원 올려달라고 요구한다. 그러자 세입자는 올려줄 수 없고 다른 곳에 이사를 할 것 이라고 한다. 그래서 집주인은 A부동산에 세를 내놓았는데 그 높은 1,100만원으로 들어올 사람이 없고, 전의 수준인 1,000만원이면 들어오겠다는

15) 판매자에게 부과되는 판매세가 소비자에게 판매세의 일부 혹은 전부가 소비자에게 이전되는 것뿐 아니라, 소비자에게 부과한 소비세의 일부 혹은 전부가 판매자에게 이전되는 경우도 포함된다.

16) 조세는 부과하는 방식에 따라 '종가세'와 '종량세'로 구분된다. 종가세는 가격에 따라 부과하는 것으로서 가격에 몇 %라는 식으로 부과된다. 종량세는 양에 따라 부과하는 것으로서 개당 얼마라는 식으로 부과된다. 전가의 크기 정도에 약간의 차이가 있을 뿐 효과는 동일하다.

얘기만 있다는 것이다. 주인은 어쩔 수 없이 원 세입자에게 그대로 1년 더 지내라고 한다. 이렇게 되면 집주인은 세금을 다 부담하면서 조세를 전가시키지 못한다.

그러나 A부동산으로부터 누가 상가로 개조해 주면 1,100만원에 들어오겠다는 얘기가 있었다고 하자. 그래서 집주인은 개조비용을 알아보니 30만원이었고 세금 110만원까지 제하면 실질수입이 960만원으로서, 현 세입자에게 1,000만원을 받아 실질수입이 900만원 되는 것에 비해 득이 된다는 생각이 들었다. 그래도 예의상 먼저 현 세입자에게 이 사실을 전하면서 67만원만 올려주면 이사 갈 필요가 없다고 한다. 왜 60만원이 아니고 67만원을 요구하는가? 60만원을 올려 1,060만원을 받으면 세금 10%인 106만원을 제하면 실질소득은 954만원밖에 되지 않지만, 1,067만원을 받으면 세금 10%인 약 107만원을 제하면 실질소득이 약 960만원이 되기 때문이다. 현 세입자는 그 제안을 받아들일 수밖에 없을 것이다. 다른 집주인들도 전환하면 60만원 더 벌 수 있다는 것을 알게 되므로 마찬가지로 그 수준을 요구할 것이기 때문이다. 이렇게 되면 집주인은 임대료 상승분만큼 세입자에게 조세를 전가한 것이다.

전자의 경우에 왜 전가가 나타나지 않고 후자의 경우에 나타나는 것일까?

전자와 후자의 차이는 과세로 인한 비용증가[17]에 따른 임대주택의 공급의 변화에 있다. 임대소득세부과로 비용이 증가함으로써, 임대주택이 다른 용도로 전환될 수 있는 후자는 공급이 감소하는 반면, 전환될 수 없는 전자는 공급이 변하지 않는다. 공급이 감소하면 가격이 상승하므로 가격상승분만큼 조세의 전가가 일어나지만, 공급이 변동하지 않으면 가격이 변하지 않으므로 조세의 전가가 일어날 수 없는 것이다.

---

17) 집주인은 전에 비해 임대소득세를 더 납부해야 하므로 임대주택의 공급자로서 비용이 그만큼 증가한 것이다.

제3장 2강 공급의 변화에서 본 것처럼, 경제원리에 따라 비용이 상승하면 공급이 감소하므로 조세의 전가가 일어나는 것이 보편적인 현상인 것이다. 그런데, 전자의 경우처럼 비용이 상승하더라도 공급을 감소시킬 수 없는 특수한 경우는 전가가 발생되지 않는 것이다. 그 특수한 경우는 타 용도로 전환이 불가능한 재화(또는 자원)에서 나타나는 것이다. 전형적인 예로서 토지를 들고 있다.[18] 이런 재화는 가격이 변하더라도 공급이 변하지 않으므로 공급이 완전 비탄력적이다.[19] 반면 통상적인 경우는 즉 가격의 변화에 따라 다른 용도로 전환이 이루어져 공급량이 변화하므로 공급이 완전히 비탄력적인 것은 아니다. 전환이 많이 일어날 수 있으면 공급량의 많이 변하므로 공급탄력성은 커질 것이다.

공급이 완전 비탄력적인 경우 조세가 부과되더라도 전가가 일어나지 않고 그렇지 않은 경우 전가가 발생한다는 점에 비추어 볼 때, 공급이 탄력적일수록 전가는 많이 일어난다는 결론을 내릴 수 있다.

공급탄력성이 조세의 전가에 영향을 미친다면 수요탄력성도 영향을 줄까?

그렇다! 수요탄력성에 따라 공급변화에 따른 가격변화가 다르기 때문이다. 생필품 같은 수요가 비탄력적인 상품은 가격이 상승하더라도 수요량을 별로 줄일 수 없다. 따라서 공급이 감소하여 초과수요가 발생하면 가격이 큰 폭으로 상승할 수 있다. 그리고 조세전가는 가격상승분만큼 발생하므로 따라서 수요는 비탄력적일수록 전가가 많이 발생한다는 결론을 내릴 수 있다.

임대소득세 부과시 전가가 일어날 것인지의 여부는 임대주택의 공급탄력성과 수요탄력성에 달려 있는 것이다. 전가가 발생하지 않는다고

18) 그러나 토지도 주택용, 상업용, 공업용, 농업용으로 세분하면 각각의 토지는 다른 용도로 전환될 수 있는 것이다.

19) 공급이 비탄력적이라는 것은, 수요가 비탄력적이라는 개념과 같이, 공급량이 가격변동에 별 반응이 없는 것을 의미하며, 완전 비탄력적인 것은 전혀 반응이 없다는 것을 의미한다.

주장하는 사람은 임대주택 공급이 완전 비탄력적이라 보는 것이다. 반면 전가가 발생한다고 주장하는 사람은 공급이 완전 비탄력적이지 않다고 보는 것이다. 심지어 그들은 수요도 상당히 비탄력적이어서 전가의 정도가 아주 심하다고 주장한다. 즉, 주거에 대한 수요는 물과 같이 다른 것을 포기하고서도 소비하려고 할 정도로 강력하여, 집주인이 높은 집세를 부르더라도 조금 낮추어달라고 요청을 할지언정 적은 평수나 환경이 나쁜 곳으로 이사를 하는 경우는 아주 드물다고 한다. 일반적으로 토지나 주택의 경우 단기간에 용도전환이 이루어지기 어려우므로 공급이 완전 비탄력적인 것으로 볼 수 있으나 중장기적으로는 전환이 이루어지므로 완전 비탄력적인 것이 아니다.

공급이 완전 비탄력적이거나 수요가 완전 탄력적인 재화(또는 자원)가 존재하지 않으므로, 조세의 전가가 일어난다는 것은 분명한 사실이다. 다만 그 정도와 시기에 차이가 있을 뿐이다. 소비자에게 과세하는 소비세를 부과할 경우에도 판매자에게 전가가 이루어진다. 수요탄력성과 공급탄력성에 따른 효과는 판매세와 똑같다. 그래서 정부는 판매세와 소비세 중 어느 것이 직접적인 조세저항이 낮은가와 세수확보가 용이한가를 고려하여 그 둘 중 하나를 택하는 것이다.

요약

1. 초과공급이 발생하면 가격이 하락하고 초과수요가 발생하면 가격상승이 발생하여 수요와 공급이 일치하는 곳에서 가격이 결정되는 것이다. 이것을 '수요 · 공급의 원리'라고 한다.
2. 단순히 (사용)가치에 의해 결정되는 것이 아니라 그것의 한계(사용)가치에 의해 결정된다는 것을 알 수 있다. 그러므로 사용가치가 낮은 다이아몬드가 사용가치가 높은 물보다 높은 가격으로 팔릴 수 있다.

3. 수요는 증가하면 가격을 상승시키고 감소하면 하락시키므로 가격과 비례관계가 있는 반면, 공급은 증가하면 가격을 하락시키고 감소하면 상승시키므로 가격과 반비례관계가 있다.

4. 가격은 자원배분자로서의 역할을 하고 있다. 무엇을 얼마나 생산할 것인지를 유도하면서 그것에 맞춰 자원이 이용되도록 하는 역할을 한다.

5. 공급이 감소한다고 부족사태가 발생하는 것이 아니다. 부족사태가 지속되는 것은 공급감소가 아니라 가격통제인 것이다. 가격은 부족사태가 발생하더라도 상승하면서 누구의 지시도 없이 누가 그 상품을 사용할 것인지(즉, 분배문제)를 해결하는 분배자로서 역할을 하고 있다.

6. 임대료 규제는 단기적으로는 새로운 세입자들에게 초과비용을 치르게 하여, 원래 목적인 주거비용의 하락은커녕 오히려 규제가 없을 때보다 더 높은 주거비용을 치르게 하고 있다. 중기적으로는 서민임대주택의 슬럼화를 초래하며, 나아가서 장기적으로는 서민임대주택의 공급이 감소하여 서민들의 임대주택난은 더욱 더 심화된다. 이런 문제점 때문에 우리나라에서는 현재 임대료 규제보다는 무주택 서민에게 임대료를 부분적으로 보조하는 방식을 취하고 있다. 즉, 전세자금 저리 융자를 통해 임대료를 부분적으로 보조하고 있다.

7. 농산물은 수요가 비탄력적이어서 풍년이 들었는데도 농가수입이 감소하고, 흉년일 때 오히려 농가수입이 증가할 수 있다.

8. 조세를 당사자가 다 부담하지 않고 타인에게 그 부담의 일부 혹은 전부가 이전되는 것을 '조세의 전가'라 한다. 공급이 탄력적일수록 전가는 많이 일어나고, 수요는 비탄력적일수록 전가가 많이 발생한다.

제 5 장
정보비용 및 교환비용

1강 시장에 관한 정보는 공짜로 얻을 수 있는가?

당신이 구두를 구입할 때 어떻게 하는가? 아마도 친구들이나 가족들에게 어디가면 싸고 좋은 구두를 구입할 수 있느냐고 물어보기도 하고, 그동안 신문의 광고란을 나름대로 정리를 했다면 그것을 들춰보기도 하고, 아니면 아침에 배달된 신문 속의 광고나 전단지를 읽으면서 세일기간을 찾아내거나, 인터넷의 다양한 쇼핑몰에 들어가 종류, 디자인, 가격 등을 검색하거나, 직접 대리점에 가보거나, 대형할인점에도 가서 가격 등을 확인해 볼 것이다.

이런 정보수집 활동에 우리는 노력과 시간 등을 투입하고 있다. 이와 같이 구두 하나를 구입하는 경우에도 상당한 대가를 지불하고 있다. 혹자는 거기에 소요된 노력과 시간이 상당한 대가라고 보지 않을 수도 있다. 그러나 거기에서 소요된 노력과 시간은 서장 4강에서 본 것처럼 기회비용의 관점에서 보면 대가이다. 마찬가지로 취업을 원하는 구직자들도 좋은 직장을 구하기 위한 취업정보를 얻기 위해서 많은 시간과 노력이 수반되고 있다.

이런 점에 비추어 볼 때 우리가 구입하고자 하는 상품이 고가일수록 보다 정확하고 많은 정보에 대한 욕구가 높아질 것이므로 정보를 획득하기 위해서는 더 많은 대가를 지불해야 할 것이다.

어느 날 필자의 친구가 "A도시의 구별 · 동별 인구분포, 소득분포, 진료과목별 개원 병의원 수 등을 알 수 있는 방법이 있느냐"고 물어 왔다. 그래서 내가 알 수는 있는데 "왜 필요하냐"고 물었더니, 그 친구는 "실은 내가 개원하기 위해서 그런 정보가 필요해서"라고 대답했다. "필요한 자료를 찾아줄 수도 있지만 그 내용을 찾을 수 있는 자료집과 소장기관을 알려 줄 테니 네가 필요한 내용들을 찾아보는 것이 더 좋을 것 같다"고 말했다.

이와 같이 병의원을 개업하기 위해서도 환자들에 대한 정보파악에 많은 시간과 노력을 기울여야 한다. 마찬가지로 음식점을 개업하고자 하는 경우에도 맛과 서비스에 대한 정보를 얻기 위해 현재 잘 되고 있는 여러 음식점들을 찾아다니는 등의 노력과 시간, 수고를 마다하지 않는다.

이런 점에서 사업의 규모가 커질수록 보다 정확하고 많은 정보에 대한 욕구가 높아질 것이므로 정보를 획득하기 위해서는 역시 더 많은 대가를 지불해야 할 것이다.

시장에서 수요자는 구입하고자 하는 상품의 생산자가 누구이고, 또 품질은 어떠하며 얼마에 팔려는지 등에 관한 정보를 필요로 하고, 공급자는 자기상품에 대한 수요자가 누구이며 얼마에 구입하려는지에 대한 정보를 갖기를 원한다. 그런데 현실경제에서 시장정보는 앞의 예에서 본 것처럼 공짜로 얻어지는 것이 아니라 시간, 돈 그리고 노력이 수반된다. 즉, 시장에 관한 정보는 공짜로 얻을 수 있는 자유재가 아니다.

2강 소비자나 생산자에게 중개인은 기생충인가?

앞 강에서 살펴본 바와 같이 시장에 관한 정보는 공짜로 얻어지는 것이 아니라 비용을 지불할 수밖에 없다는 점을 알았다. 그러면 이러한 시장정보를 미끼로 소비자와 생산자에게 시장정보를 제공하는 중개인은 과연 어떤 존재인가? 평소 우리는 아파트를 사거나 전세를 구할 때 보통 부동산 중개인을 통한다. 그러나 계약이 성사된 후 막상 중개인에게 수수료를 줄 때에는 아까운 생각이 들 때가 허다하다. 그렇다면 정말로 중개인은 가만히 앉아서 거래당사자간에 끼어 거래 성사를 위해 적당히 훈수나 두면서 흥정을 붙여 운좋게 거래가 이루어지면 양쪽에서 수수료나 챙기는 밉상인가? 다시 말하면 중개인은 양쪽에 빌붙어서 기생하는 존재인가?

이를 파악하기 위해 우리는 중개인이 왜 존재하는지를 탐구해 보자. 그 존재이유를 파악하는 가장 간단한 방법은 그들이 없다면 과연 어떤 일들이 벌어지는지를 상상해 보는 것이다. 만약 중개인이 없는 경우, 소비자와 생산자는 직접 거래를 해야 할 것인데, 집을 매매하는 경우를 생각해 보자. 만약 우리가 아파트를 구매하려고 한다면 아파트 가가호호를 다니면서 물어보아야 하고, 만약 팔 사람을 찾았다고 하더라도 그 사람이 어느 정도 신용이 있는지? 설사 계약을 하더라도 계속 유효하게 지속될 수 있는지, 등기소에 가서 또 다른 사람과 이중계약을 해서 다른 사람이 먼저 등기이전을 하지는 않았는지 등의 감시 · 감독을 내 스스로 해야 하니, 계약을 한 이후로 온갖 걱정으로 밤잠을 이루지 못할 것이다.

이와 같이 직접 거래를 할 경우에는 많은 비용과 노력을 치르게 된다. 그런데 중개인을 통하게 되면 그런 노력과 걱정을 덜게 될 뿐만 아니라 비용도 상당히 절감하게 된다. 비용을 절감할 수 있는 이유는 중개인들이 매매 물건에 대한 정보수집에 있어서 전문성과 '규모의 경제'(economies of scale)[1]를 통해 보다 낮은 비용으로 획득할 수 있기 때문이다. 이와 같이 중개인을 통하면 우리가 직접 거래하는 것보다 보다 적은 노력과 보다 낮은 비용으로 거래를 할 수 있기 때문에 중개인이 오라고 하지 않아도 우리 스스로가 찾아가는 것이다. 만약 그들을 통하는 것이 더 많은 수고와 보다 높은 비용을 치르게 된다면, 우리가 그들을 찾지 않을 것이고 이 세상에는 중개인이 존재하지 않을 것이다. 중개인을 통해서만 거래를 해야 한다는 법이나 강제규정이 없는데도 불구하고, 그들이 존재한다는 사실은 중개인이 소비자나 생산자에게 기생하는 존재라기보다는 그들에게 도움을 주면서 살아가는 존재라는 것을 입증하고 있는 것이다.

물론 농수산물인 경우 대부분 경매시장을 통해 거래가 되고 있어 소비자나 생산자가 불만을 토로하는 경우들이 많다. 하지만 경매시장을 통하지 않고서도 거래를 할 수가 있다. 예를 들어, 아파트 부녀회와 생산자가 직거래를 하는 경우이다. 그러나 이런 직거래는 흔하지가 않다. 왜 그럴까? 직거래를 하게 되면 생산자는 직거래를 위해 또 다른 시간과 비용을 투입해야 되고 그것으로 인해 생산에도 지장을 받을 수 있고 소비자는 물품을 구입하기 위해 지정된 시간을 지켜야 하는 불편이 따르기 때문이다.

이와 같이 중개인들은 정보비용(거래비용)[2]을 절감시키는 '생산적인' 경제활동을 수행하면서 경제적 기여를 하고 있는 것이다. 우리는 단순히 제조업자(공장사장)만이 생산적이라는 편견에서 벗어나야 한다. 제

1) 규모의 경제란 규모의 증가와 더불어 산출량이 증가할 때 평균비용이 낮아지는 것을 말한다.

2) 거래비용이란 거래를 행하는 데 소요되는 모든 비용으로서 다음과 같은 것들이 있다. ① 시장거래를 위해서는 거래하고 싶은 사람이 누구인지를 발견하고(탐색비용), ② 거래하고 싶은 사람에게 거래조건을 알려주고(정보비용), ③ 교환이 이루어지도록 하기까지 협의하고(협상비용), ④ 계약서를 작성하고(의사결정비용), ⑤ 계약조건이 준수되는가를 확인하는 데 필요한 검사 등을 수행하는 데 들어가는 비용(감시 · 감독비용과 이행비용).

조업자가 원료를 가지고 완제품을 만들어 부가가치를 창출하기 때문에 생산적인 것과 마찬가지로 중개인들도 부가가치를 창출하기 때문에 생산적이라는 것이다. 중개인들은 누가 가장 값싸게 판매하려는지, 누가 가장 값비싸게 구매하려는지에 대한 정보를 수집해서 상품을 가장 싸게 공급하려는 생산자로부터 가장 비싸게 구입하려는 소비자에게 이동시킴으로써 해당 상품의 가치를 높여 부가가치를 증대시킨다. 이 경우 매매당사자들이 중개인을 이용하는 것이 얼마나 더 이득을 얻을 수 있을 것인지를 생각해 보면 중개인들의 고마움을 이해할 수 있으며, 긍정적인 경제적 역할을 인정할 수 있을 것이다.

결국 일반사람들이 중개인에 대해 부정적인 시각으로 보는 이유는 그 시장정보가 얼마나 가치가 있는 것이며, 이를 수집하는 데 중개인들도 시간과 노력 그리고 비용을 투입했다는 것을 너무 과소평가하는 데 있다.

우리는 가끔 매스컴에서 중간상인의 농간 혹은 착취 등의 타이틀로 보도되는 뉴스를 접할 수가 있다. 마치 중개인들은 모두 생산자나 소비자의 불완전한 시장정보를 악용하여, 중간에서 부당한 이득을 챙기는 부정직하고 부패한 인간상으로 세인들의 눈에 비치기도 한다. 그러나 우리의 이러한 인식에는 편견이 존재하고 있음을 깨달아야 한다. 물론 일부 중개인 또는 중간상인 가운데는 그러한 사람들이 존재하는 것도 엄연한 현실이다. 그렇지만 일부 중개인 내지 중간상인들의 잘못으로 인해 전체 중개인 내지 중간상인들의 시장에서 순수한 경제적 기여도를 폄하해서는 안 된다. 특히 농수산물유통과정(예를 들면, 농수산물 시장 경매)에서 문제는 경매시장의 독점적 구조에 있는 것이다. 서울의 경우, 가락동농수산물 시장 1개소만 있으므로 모든 농수산물은 가락동시장을 거치게 되어 있는 이러한 독점적 구조이다. 따라서 중개인의 농간은 경쟁시장의 독점구조로 인하여 중개인들의 초과이윤(정상이윤 이상)을 획득할 가능성이 커지게 되고, 나아가서 중개인들간의 경쟁이 제한되어 있으므로 매

시장경제의 중개인

요즘 대학 졸업생의 취업이 어려운 현실 속에서 취업기회에 대한 정보를 수집하는 데 시간과 돈이 든다는 것을 안다. 그러나 정보탐색비용은 그런 구직자들이 자신들의 능력에 대한 최선의 대안을 찾지 못하도록 할 수도 있다. 구매자들은 차를 몰고 돌아다님으로써 가장 싼 식품을 발견할 수 있다는 것도 안다. 그러나 그것은 쇼핑에 소비된 가솔린의 비용과, 소요되는 시간의 대안적인 용도를 고려하면 효율적인 행동이 되지 못할 수도 있다.

하지만 어떤 사람이 정보를 획득할 수 있는 비용이 절감된다면 추가적인 교환기회는 늘어나게 될 것이다. 그래서 중요한 문제는 여러 가지 제도적 장치가 정보수집비용을 절감시키는 경향이 있는 행위를 고무시키느냐 아니냐 하는 것이다. 그런 점에서 자본주의 제도가 이상적이라고 할 수 있다.

구매자는 신문광고를 봄으로써 혜택을 볼 수도 있다. 대학 졸업생은 스카우트 담당자를 찾아감으로써 직업에 대한 더 많은 정보를 얻을 수 있을 것이다. 추가적인 정보로부터 획득되는 이익이 있고 그 이익은 정보생산자들과 정보구입자들이 획득하며, 이로 인한 교환정도의 증가는 보다 효율적인 자원배분 때문에 사회전체에도 이익이 된다.

자유시장 경제에서 교환기회에 관한 정보를 수집하고 판매하는 데는 자원이 소모된다. 부동산 중개소, 농산물경매시장, 증권거래소시장, 취업중개소, 광고, 결혼상담소, 연예인중개소, 그리고 암표상은 교환의 기회에 관한 정보를 판매함으로써 살아간다.

점 · 매석이 가능하고 부당한 이익을 취하는 기생충 같은 존재로 비쳐지는 것이다.

따라서 중개인은 소비자나 생산자에게 기생하는 존재가 아니라 정보비용을 절감시켜 소비자와 생산자에게 득을 주고 있는 것이다. 이런 점에서 시장정보를 공짜로 제공받으려고 해서도 안 되고 당연히 정보제공에 대한 비용을 중개인에게 지불해야만 한다.

3강 상인은 낭비적으로 보이는 재고를 왜 둘까?

일반적으로 가게를 운영하는 주인의 입장에서는, 재고를 어떻게 처분을 할까에 항상 신경을 곤두세우곤 한다. 재고의 보유는 무조건 비용이고 나아가서 손해라는 선입견을 가지기 십상이다. 그러나 보통 상인들은 낭비적으로 보이는 재고를 왜 보유하려고 하고, 보유해야만 할까?

재고는 판매되지 않아 보유하고 있으므로 낭비적으로 보이는데, 사실은 재고의 보유가 수요의 일시적 변동에 관한 정보를 얻는 데 상대적으로 낮은 비용으로 수요정보를 획득하는 방법이기 때문에, 오히려 기업으로서는 이익이 된다는 것이다. 일상생활에서 어떤 상품에 대한 수요는 하루 중에도 시간별로 차이가 있으며, 일주일간에도 요일별로 차이가 있고, 한 달 동안에도 월초 중순 월말 등에서 차이가 있다. 만약 어떤 기업이 자사의 상품 수요에 대한 일시적 변동에 관한 정보를 수집하려고 하면 소비자에 대한 설문조사방법 등을 통해 할 수 있다. 하지만 이를 통한 상품에 대한 수요의 대략적인의 예측은 가능할지 모르지만, 그날그날의 정확한 수요에 대비하여 적절한 재고보유에 대한 명확한 해답을 주지는 못한다. 따라서 그러한 정보수집을 위해 들이는 비용에 비해 오히려 지금까지의 판매추세에 대한 경험에 비추어, 적당한 재고를 보유하는 것이 수요의 일시적 변동에 보다 쉽게 대처할 수 있다는 것이다. 왜냐하면 일시적인 수요변동에 따라 바로 설비를 늘리거나 줄여서 상품생산량을 쉽게 늘이거나 줄일 수가 없는 것이다. 생산량이 수요변화에 대처하기 위해서는 어느 정도의 시차(time lag)가 필요하기 때문이다. 우선 수요변동이 일시적 변동인지 아니면 상시적 변동인지, 단기적 변동인지 장기적 변동인지를 잘 파악하여 재고를 적절하게 보유하여야 한다. 잘못하면 재고의 미비로, 단골손님까지도 놓칠 수가 있는 것이다.

이와 같이 수요변화에 대처하는 한 가지 방법으로 재고역할은 중요하다. 만약 일시적으로 수요가 변하는 경우, 바로 생산설비를 변동하여 생산량을 즉시 증가 또는 감소시킬 수는 없는 것이다. 수요량의 증감에 따라, 근로자의 증원(비용문제, 미래수요의 불확실성 등)이나 해고가 쉽지 않는 상황에서 재고의 보유는 그러한 위험 부담으로부터 벗어날 수 있는 기업이 선택할 수 있는 해결책이다.

따라서 재고는 기업이 예상할 수 없는 수요의 일시적 변화에 대한 정보를 얻는 데 상대적으로 적은 비용으로 대처할 수 있는 최선의 방법인 것이다. 재고는 일시적 변화의 충격을 완화하는 역할을 하고 있다. 즉 자동차의 추돌사고시 그 직접적인 충격을 조금이라도 완화하는 장치인 자동차의 범퍼(bumper)와 같은 역할을 한다. 예를 들면, 식당이나 야구장 등의 수용인원을 수요에 비해 다소 많은 좌석을 유지(재고 보유)하는 것은 수요의 일시적 변동에 대처하는 합리적인 최선책이며, 나아가서 손님을 놓치지 않는 방법이 될 수 있기 때문이다. 따라서 적정한 재고의 보유는 수요의 일시적 변동에 대처하는 가장 합리적인 선택인 것이다.

4강 구태여 손님이 북적거리는 복잡한 음식점에만 왜 찾아갈까?

평소 시내 식당가를 지나가다 보면 유독 한 음식점에는 많은 사람들이 줄지어 순서를 기다리며 문전성시를 이루고 있고, 반면에 옆에 같은 종류의 음식점은 파리만 날리는 한가한 풍경을 종종 목격하는 경우가 있다. 그러면 왜 낯설지 않는 이러한 풍경들이 우리 앞에 전개될까?

우리가 어떤 상품을 구매하려고 할 때, 거래당사자 간에는 상품에 대한 시장정보가 필요하다. 생산자는 생산자 나름대로 소비자들의 구입가격정보 등에 대해 궁금하고, 마찬가지로 소비자도 구입하고자 하는 상품의 생산자, 상품의 품질, 판매가격 등에 대한 정보를 얻고자 한다.

예를 들어, 특히 음식점을 선택할 때 소비자인 우리는 이와 같이 더욱 민감해진다. 점심이나 저녁을 가족과 함께 외식을 할 경우 오랜만에 가족에게 봉사하는 가장의 입장에서는 음식이 맛있고 분위기도 좋고 주인의 후덕한 인심도 느낄 수 있는 곳을 찾고자 하는 것은, 세상 속에 한 가정을 짊어진 모든 가장들의 지상목표일 것이다. 그러면 이러한 과제를 어떻게 해결할 것인가? 위의 좋은 조건들을 갖춘 음식점을 찾기 위해 음식점마다 돌아다니며 음식을 먹어보고 분위기도 느껴보고, 주인의 인심을 모두 파악하기란 아무리 시간과 돈이 많다고 하더라도 결코 쉬운 일이 아니다. 그래서 가까운 친척이나 친구들에게 추천할 만한 곳을 묻거나, 아니면 인터넷 등을 통해 검색을 하여 음식점을 결정하곤 한다. 이렇게 정보를 수집하는 것도 좋은 방법이긴 하지만 이러한 정보의 수집에도 노고가 있어야 한다. 따라서 우리는 아무런 사전 정보 없이 음식점을 찾아 나설 경우, 위의 조건에 어느 정도 부합하고 그나마 위험부담(음식이 맛이 없다거나, 분위기가 좋지 않다거나, 주인이 불친절하다거나)이 가장 적은 확률을 가진 선택(choice)의 한 방법으로 바로 손님이 많고 복잡한 음식점으로 가는 것이 최선의 대안(alternative)일 수가 있는 것이다.

그 외 일상생활에서 생활필수품인 가전제품을 구입할 때도 소비자는 우선 망설일 수밖에 없다. 왜냐하면, 내구연수가 십년이 넘는 내구소비재(냉장고, TV)와 같은 경우, 오래전의 광고문구와 같이 "순간의 선택이 10년을 좌우"하는 수도 있기 때문이다. 비전문가인 소비자로서는 상품의 품질을 쉽게 알 수가 없기 때문에 구입을 꺼릴 수밖에 없다.

따라서 소비자의 입장에서 이러한 위험 부담에서 벗어 날 수 있는 대안으로 손쉽게 정보를 판별할 수 있는 제조회사의 품질보증(warranty)이나 상표(brand), 광고 등을 통해 정보를 수집하여 구매의사를 결정하는 것이다.

요약

1. 시장에 대한 정보획득을 위해서는 많은 대가(노력, 시간 등)를 필요로 한다. 시장에 관한 정보는 공짜로 얻을 수 있는 자유재가 아니다.
2. 중개인은 상품을 가장 싸게 공급하려는 생산자로부터 가장 비싸게 구입하려는 소

비자에게 이동시킴으로써 해당 상품의 가치를 높여 부가가치를 증대시킨다. 중개인은 소비자나 생산자에게 기생하는 존재가 아니라 정보비용을 절감시켜 소비자와 생산자에게 득을 주고 있으므로 당연히 정보제공에 대한 비용을 중개인에게 지불해야만 한다.

3. 재고의 보유는 기업이 예상할 수 없는 수요의 일시적 변화에 대한 정보를 얻는 데 상대적으로 적은 비용으로 대처할 수 있는 합리적인 최선의 방법이다. 따라서 재고는 일시적 변화의 충격을 완화하는 자동차의 범퍼와 같은 역할을 한다.

4. 어떤 상품을 구매하려고 할 때, 거래당사자 간에는 상품에 대한 시장정보가 필요한데, 아무런 사전 정보 없이 찾아 나설 경우 위험부담이 가장 적은 확률을 가진 선택의 한 방법으로 바로 손님이 많고 복잡한 음식점으로 가는 것이 최선책이다. 소비자는 보다 손쉽게 정보를 수집할 수 있는 제조회사의 품질보증이나 상표, 광고 등을 통해 구매의사를 결정한다.

제 6 장
불확실성의 세계

1강 자동차보험에 든 무사고운전자는 손해만 보는가?

항상 도처에 생명의 위험에 노출되어 있는 복잡한 세상에서 우리들은 삶을 영위하고 있다. 따라서 항상 '몸조심하거라', '차조심하거라' 등 하루에도 수십 번 주위 사람들로부터 인사말로 귀가 따가울 정도로 들었던 말들이다. 이러한 위험 속에서 우리를 보호해 주며 안정된 미래를 다소나마 보장해 주려는 제도적 장치가 바로 '보험'이다.

이러한 보험에는 뜻밖의 사고를 당하여 경제적 손실을 입는 것에 대비하여 사람들이 가입하는 손해보험과, 갑자기 사망하여 입게 될 경제적 손실이나 유족들의 경제적 안정을 대비하여 가입하는 생명보험 등이 있다. 이러한 손해보험이나 생명보험서비스를 제공하는 경제주체가 바로 보험회사이다. 이러한 보험서비스를 받는 가격이 보험료이다. 보험서비스를 판매하고 구매한다는 것은, 소비자가 평소에 보험료를 내고 보험회사는 해당 사고가 일어났을 때 입게 된 경제적 손실 또는 그 이상에 해당하는 약정된 금액을 보상하겠다고 약속하는 계약을 맺는 것을 말한다. 이와 같이 소비자는 보험료를 지불함으로써 보험회사에 위험을 전가시키는 형식으로 위험을 회피하고 생활의 안정을 추구하는 것이다.

물론 보험회사가 이러한 위험을 떠맡을 수가 있는 것은 '대수의 법칙'(law of great numbers)[1] 때문이다. 예를 들면, 어느 한 운전자가 자동차사고를 낼 확률은 잘 예측할 수가 없다. 그러나 1,200만대의 자동차에서 사고가 날 확률은 과거의 사고 통계에서 분석하면 어느 정도 예측을 할 수가 있다. 한편, 보험료와 보험거래량도 보험시장에서 보험서비스 수요와 보험서비스 공급이 일치하는 수준에서 결정하게 된다.

우리나라의 경우 요즈음 거의 한집당 자동차 1대꼴로 보유하고 있는 실정이다. 그래서 대부분의 자동차소유자들은 자동차보험에 가입해 있다. 책임보험과 종합보험 그 외 특약에 가입하여 사고로부터 위험을 미리 회피하려고 하고 있다. 특히 뺑소니사고도 많아 이에 대한 대비까지 해야 하는 경우도 많다. 그러나 보험적용기간중 사고가 있었던 경우에는 보험에 대한 고마움을 충분히 느끼게 될 것이지만, 만약 그동안 사고경력이 없는 운전자의 경우 한편으로 보험금에 대해 아깝다는 생각이 충분히 들 수가 있다. 우리가 여기서 인식해야 할 것은 우선 우리는 '미래의 불확실성'에 살고 있다는 점이다. 만약 전번에 사고가 없었기 때문에 다음에는 보험을 들지 않았다가 다행히 사고가 없었다면 별 문제야 없겠지만, 사고가 났다면 그 사고를 처리하는데 정신적인 부담은 물론이거니와 경제적으로도 치명적인 손해를 초래할 수 있다. 주위에 무보험으로 사고가 나서 상대방에 대해 형사상의 책임뿐만 아니라 민사상의 보상으로 가산을 탕진하는 경우를 간혹 볼 수가 있다.

따라서 우리의 주위에는 항상 사고의 위험이 도사리고 있고 미래의 불확실성 속에 살고 있는 인간들의 세상에서, 보험은 이 세상을 살아가는

1) 개별 경제주체들의 행태에는 많은 차이가 있다 하더라도 사회전체로 나타나는 행태에는 어느 정도의 규칙성을 가지고 있다. 이것을 통계학에서 대수의 법칙 또는 평균의 법칙이라고 한다. 동전을 단 한번만 던질 경우에는 앞면이 나올지 뒷면이 나올지 알 수가 없다. 그러나 동전을 적어도 100회 이상 던지면 던질수록 앞면과 뒷면이 거의 반반에 가깝게 나온다. 이와 같이 실험횟수가 커질수록 평균치에 가까운 결과가 나오는 것이다. 불확실성의 세계에서 경제법칙은 다만 평균적으로 성립할 뿐인 것이다.

데 부담해야 하는 일종의 '준조세'(quasi-tax)라고 인정하는 것이 오히려 세상을 재미있게 사는 지혜라고나 할까? 보험이란 불확실성 또는 위험을 없애기 위한 수단이다. 그러나 불행하게도 완전한 보험은 없다. 즉, 불확실성이나 위험을 완전히 없앨 수 있는 보험(예를 들어, 사업실패에 대한 보험 등)을 만들어 현실 경제에 제공하는 것은 거의 불가능에 가깝다.

2강 사업실패에 대한 보험상품은 왜 없을까?

앞에서 본 바와 같이 경제현실에는 무수한 위험요소가 산재해 있어서 예기치 못한 재난으로 경제적 손실을 입은 데 대한 보상을 받기 위해 사람들은 보험에 가입하려고 한다. 따라서 현실에서 대부분의 경제주체들은 온갖 위험에 대비하여 보험에 들고 싶어 하지만, 보험회사들은 모든 위험에 대비한 보험서비스를 공급하지는 않는다. 예를 들면, 기업의 경우 특히 자기회사 신제품을 개발하여 판매하려고 할 때 신제품의 판매에 대한 전망은 더욱 불투명하다. 신제품에 대한 수요가 감소하면 제품가격이 하락하고, 판매량이 감소하여 기업이 손해를 보기 때문에 기업은 자기 제품에 대한 수요가 감소할 위험에 대비하여 보험을 들고 싶어 할 것이다. 이런 경우 당연히 기업주의 입장에서는 이에 대한 보험가입이 무엇보다 간절하다. 결론부터 말하자면, 이런 종류의 보험 상품을 공급하는 보험회사는 지구상 어느 곳에도 없다.

왜냐하면 첫째로, 만약에 기업이 이에 대한 보험에 가입하면 기업은 구태여 판매에 최선을 다해 제품수요 감소를 방지하려는 노력을 기울이지 않는다는 것이다. 이와 같이 보험가입자가 사고를 방지하려는 유인이 약해지게 된다. 일단 보험에 가입한 사람이라면 위험이 실제로 자기에게 닥치는 사고를 미연에 방지하려고 최선을 다하지 않는 것을 말한다. 이것을 우리는 '도덕적 해이'(moral hazard)라 부르는데, 이러한 요인 때문이다.

둘째로, 이러한 보험상품을 공급하면 제품수요가 감소할 위험이 가장 큰 기업들이 우선적으로 보험에 들기 때문에 상대적으로 위험이 높은 기업들만 궁극에는 가입하여 보험회사에 손해를 끼치는 기업들만 잔뜩 고객으로 보유하여 보험회사는 당연히 손해를 보게 된다. 이처럼 위험도가 크므로 보험금을 탈 가능성이 높은 기업들만 보험에 가입하게 되는 경향이 나타난다. 위험도가 낮은 기업들은 보험에 별로 가입하지 않아서, 보험회사의 입장에서 보면 불리하게 하는 기업들을 더 선택하게 되는 것을 말한다. 이것을 '역선택'(adverse selection)이라고 하는데, 이러한 연유에서도 이에 대한 보험은 존재하지 않는다.

따라서 보험시장은 일부의 위험을 회피하고자 하는 일반사람들의 욕구를 충족시켜 주지만, 도덕적 해이와 역선택 때문에 모든 위험을 회피할 수 있게 해주는 '만능'이 되지는 못한다.

3강 자동차보험금에 왜 자기면책금이 있을까?

앞 강에서 언급한 바와 같이 보험시장은 모든 위험을 피할 수 있게 해 주지는 못한다. 왜냐하면 화재보험에 가입한 가입자는 불이 나더라도 실질적인 피해를 전혀 입지 않기 때문에 화재예방에 크게 신경을 쓰지 않을 수도 있다. 신경을 쓰지 않게 되는 가입자의 태도까지 보험회사가 미리 파악할 수 없기 때문에 완전한 보험이 있을 수가 없다. 보험회사는 그렇다고 가만히 앉아서 당할 수만은 없다. 이러한 현실에서 과연 '도덕적 해이'를 방지하는 방법은 없을까? 보험회사는 이를 연유로 해서 발생할 수 있는 손해부분을 가입자에게 부담하도록 하여 그 가능성을 최대한 줄여 가입자가 최대한 주의를 기울이도록 유인한다. 또한 고용관계에 있어서 기업은 주인이고 근로자는 대리인인 이른바 '주인-대리인의 문제'(principal-agent problem)이므로, 도덕적 해이로 인해 기업이 근로자들의 행동을 완벽하게 감시할 수 없으므로, 언제나 근로자들은 직무에 태만할 수 있는 유혹에서 벗어날 수가 없다. 하지만, 근로자가 태만히 하다 해고당할 때의 기회비용이 커지면 열심히 일할 유인이 생기게 된다. 기업주의 입장에서 근로자의 근로의욕을 높이고 생산성을 향상시키기 위해서는 시장평균임금보다 더 높은 임금을 지급함으로써 직무태만을 억제하려고 한다. 임금이 높을수록 직무태만이 적발될 경우 근로자는 잃는 것이 많기 때문이다. 시장평균임금보다 높은 임금이나 옵션(option)을 주던지 성과급제도 등은 이러한 도덕적 해이를 미연에 방지할 수 있는 제도적 장치가 될 수 있다.

이러한 경향은 자동차보험에서도 그 예를 살펴볼 수 있다. 자동차보험 가입자가 보험에 가입하여 사고에 대한 보상책임을 보험회사가 떠안게 되면 그만큼 운전시 부주의하게 되어 사고의 확률이 높아지게 된다. 따라서 보험회사는 유인(incentive)을 제공함으로써 도덕적 해이가 생기지 않도록 제도적 장치를 하게 된다. 바로 이 제도가 '자기면책금 부과제도'이다. 자동차사고에 대한 보상금의 일부분을 가입자가 책임지도록 하여 도덕적 해이를 해소하는 방법이다.

현행제도에는 자기차량의 충돌, 접촉, 화재, 도난 등에 대해 보험가입 한도 내에서 보상하며 입은 손해에 대해 자기면책금으로 5만원, 10만원, 30만원, 50만원 등의 종류가 있다. 자기면책금이 높을수록 보험료는 싸게 하여, 되도록이면 사고에 대한 도덕적 해이를 방지하고 사고예방에도 사전에 주의를 기울이도록 하고 있다.

4강 사고율에 따라 보험료를 왜 차등 부과할까?

상품이나 서비스를 거래할 때 필요로 하는 정보가 불완전하여 발생할 수 있는 역선택 문제를 앞에서 언급한 바 있다. 이 문제는 거래당사자 사이에 가지고 있는 정보가 동일하지 않을 때에 발생한다. 우선 이에 관해, 중고차시장에서 판매되는 중고자동차의 품질에 대한 사례에서 찾아볼 수 있다. 판매되는 중고자동차의 품질에 관해 구매자는 이 차를 사용해온 판매자보다 해당중고차의 정보에 대해 당연히 잘 모른다. 이러한 경우 거래당사자가 거래하는 상품에 관한 정보를 동일하게 갖지 못하여 거래 쌍방 중 한쪽이 다른 쪽보다 더 많은 정보를 가지고 있는 경우를 정보가 비대칭적이라고 하고, 거래 당사자 사이에 '정보의 비대칭성'(asymmetry of information)이 존재한다고 말한다.

이러한 정보의 비대칭성에 따른 역선택 문제는 중고자동차시장과 같은 상품시장에서뿐만 아니라, 자동차보험시장과 같은 서비스시장에서도 발생할 수 있다. 예를 들어, 자동차보험시장에서 보험회사들은 개별 고객의 불가피한 교통사고에 대한 정확한 정보[2]를 당연히 잘 알 수가 없다. 그래서 보험회사와 고객 사이에는 정보의 비대칭성이 존재하며 보험회사는 이른바 역선택을 할 확률이 점점 더 높아진다. 보험회사가 사고발생률이 낮은 고객을 자기의 고객으로 끌어들일 수만은 없는 노릇이고, 보험회사로서는 사고발생에 대한 고객의 부담보험금에 대한 적정선을 찾기가 어렵다. 게다가 보험부담의 사고발생은 전적으로 개별고객의 행위에서 비롯되므로 보험회사로서는 사고발생에 대해 개입의 여지가 전

2) 물론 그동안 개별고객의 사고일지에 대한 과거정보는 어느 정도 파악할 수가 있지만, 가입한 후 교통사고에 대한 미래정보에 대해서는 더더욱 알 수가 없다.

혀 없고 다만 사고결과에 대한 보험책임을 져야 하므로 보험회사로서는 경영수지를 맞추기란 여간 어려운 일이 아니다. 보통 보험회사는 사고 발생 위험의 평균값을 기준으로 하여 보험가입료와 보험금을 산정할 수 밖에 없다.

이렇게 되면 평균보다 높은 사고 발생위험을 가진 고객은 보험에 가입할 유인이 크고, 평균보다 낮은 사고 발생 위험을 가진 고객들은 보험에 가입할 유인이 작아진다. 그러므로 위험이 높은 고객들이 주로 보험에 가입하게 되어 결국에는 위험의 평균값과 보험가입료가 더 높아지고 이러한 악순환이 계속되면 보험자체가 없어질 수도 있다. 이러한 우려에서 벗어나기 위해 사고율에 따라 보험료를 인상하여 역선택으로 인한 보험회사의 경영압박요인을 고객의 보험료에서 보전하자는 것이다. 최근 보험가입자의 연령이 26세 이하일 때는 보험가입을 회피하는 보험회사도 나타나고 있는데, 그만큼 나이가 젊을수록 평균보다 사고 발생위험이 높아 보험회사로서는 손해율이 높다는 것을 반증하고 있다. 따라서 이렇게 역선택을 할 확률이 높은 고객은 회피하여 보험회사 경영상의 애로를 미리 차단하려고 할 것이다. 혹시 가입을 허락하더라도 높은 보험료를 요구할 가능성이 높다. 따라서 보험회사는 역선택의 우려에서 가능한 한 벗어나기 위해서 사고율에 따라 보험금을 차등 부과하게 되는 것이다.

그러면 중고차시장에서 구매자나 자동차보험회사는 이에 대한 대응책을 강구하지 않을 수 없다. 역선택 문제의 발생원인이 정보의 비대칭성에 있으므로 역선택 문제를 방지하기 위한 대책으로 정보수집을 강화해서 비대칭성을 축소 또는 해소하는 길이다. 예를 들면, 중고자동차 구입자가 품질보증서를 요구하여 선별을 한다든지, 자동차보험회사는 고객에 대한 정보를 될 수 있으면 많이 수집해서 축적하여 사고율에 따라 보험금을 차등 부과하는 것도 회피의 한 방법이다. 이 밖에도 기업이 신입사원을 채용할 때 인턴십 제도를 활용하여 인턴기간 동안 지원자의 자질에 관한 정보를 수집하는 것도 정보의 비대칭성을 줄이고 역선택을 방지할 수 있는 한 방법이 된다. 그 외, 도덕적 해이와 역선택 방지를 위한 제도적 장치가 추가되면서 농산물보험, 일기예보보험, 삼성우승보너스 보험, 지역별 보험료의 차등 등의 여러 가지 보험상품과 제도들이 등장하고 있다.

5강 입도선매하는 투기꾼은 농부의 피를 빨아먹고 사는가?

우리가 보통 시장에서 거래가 이루진다는 것은 거래계약이 성립되면 동시에 상품을 인도하는 '현물시장'(spot market)에서 이루어진다. 그런데 거래는 일정한 가격조건으로 현재에 이루어지지만 상품은 미래 일정기간(예를 들면: 3개월, 6개월) 이후에 대금결제와 상품의 수수가 이루어지도록 약정하는 시장이 존재한다. 이것이 바로 '선물시장'(forward market)[3]이다. 선물시장에서 이루어지는 거래를 '선물거래'라 하는데, 주로 국제곡물시장에서의 곡물(밀, 콩, 옥수수 등), 원자재(구리, 주석 등) 등의 상품과 주식 · 채권 · 외환 등의 금융자산을 선물거래의 대상으로 하고 있다.

이와 같이 선물거래는 구매자와 판매자 사이에 서로 정한 뒷날(결제시점)에 대금과 상품을 넘겨주기로 약속만 할 뿐 당장은 대금이나 상품을 바꾸지 않는다. 그러나 결제시점이 되어 그 사이에 상품가격이 두 배로 급등하든 절반으로 떨어지든 상관없이 약속대로 거래계약을 이행해야 한다. 자연히 결제시점에 가서는 가격의 변동에 따라 희비가 엇갈리기 마련이다.

3) 선물시장의 종류 및 역할에 대해서는 14장 6강 참조.

그러면 이러한 선물거래의 예를 포도 판매업자(A)와 포도 재배자(농부)를 통해 살펴보자.

A가 포도 재배농가들에게 올 여름에 수확예정인 포도를 톤당 500만원씩에 구매하기로 하는 선물계약을 봄에 포도밭을 인수하면서(즉, 입도하면서) 맺었다. 그런데 뜻하지 않은 태풍으로 수확이 감소하는 바람에 포도시세가 톤당 800만원으로 급등하였다. 그러나 입도선매로 선물계약을 한 A는 당초의 계약대로 톤당 500만원으로 구입한다. 선물계약을 한 후 수확기에 시세가 뛰는 바람에 A는 톤당 300만원씩의 이익을 챙긴 셈이 된다.

그런데 만일에 포도가 너무 풍작이어서 시세가 톤당 300만원으로 폭락을 했다면 어떻게 되었을까? A는 큰 손실을 입었을 것이다. 선물계약을 맺은 A는 계약대로 포도 톤당 500만원씩의 값을 지불해야 하기 때문이다.

이와 같이 A처럼 행동을 하는 사람을 '투기꾼'(speculator)이라 한다. 그러면 입도선매하는 투기꾼은 돈이 급한 농부의 피를 빨아먹고 사는 존재인가? 그러나 방금 살펴본 것처럼, 투기는 미래에 가격상승을 기대하고 어떤 것을 현물 또는 선물로 구입하는 행위이지만, 미래에 가서 값이 오를 수도 있고 내릴 수도 있다.[4] 위의 예처럼 내리면 손해를 보는 것이다. 농부가 A에게 입도선매하는 것은 수확기보다 지금 당장 돈이 필요해서 A와 선물거래를 하는 것처럼 보이지만, 실제로는 수확기에 가격이 내릴 경우 손해(즉, 위험)를 회피하고자 하는 것이다. 대신 그 위험을 맡아주는 A(즉, 투기꾼)는 오르면 그 대가를 보상받는 것이다. 물론 내리면 대가는커녕 손실을 본다. 그러므로 입도선매하는 투기꾼은 돈이 급한 농부의 피를 빨아먹고 사는 존재라기보다 농부의 미래가격 불안정에 대

4) 미래에 가격이 반드시 오르는 것(예, 시세보다 낮은 아파트 분양)은 투기가 아니다. '땅 집고 헤엄치기'인 것이다.

한 위험을 대신 맡아주는 역할을 하는 것으로 볼 수 있다.

따라서 투기꾼은 우리가 생각하듯이 나쁜 역할을 하기보다는 기본적으로 미래가격 불안정에 대한 위험을 대신 맡아주는 역할을 하는 것이다. 물론 우리 사회에 투기꾼으로 인해 집값 상승, 부의 불평등 등이 초래하고 있으나, 이 역시 근본원인은 투기보다는 땅 집고 헤엄치기 하는 식이 통하도록 정부가 토지 및 주택정책을 하는 데 있을 것이다.

특히 농산물에 선물시장이 있으면 농부가 수확기에 현물로 공급하는 수량이 적어지기 때문에 수확기의 농산물 가격이 지나치게 하락하는 것을 막아 준다. 또한 선물거래로 단경기에 공급하는 물량이 많아지기 때문에 단경기의 농산물가격이 지나치게 높아지는 것도 막는다. 이와 같이 수확기와 단경기간의 가격변동폭을 줄여주어 농산물 가격의 안정에 많은 도움을 주고 있는 것이다. 본래 농산물, 금속, 에너지 등의 상품을 대상으로 했지만 오늘날에는 채권, 주식, 외환 등 금융상품을 대상으로 한 선물거래도 널리 이루어지고 있다.

때로는 투기는 현물에 대해서 법적으로 고정가격을 부과함으로써 회피될 수 있다고 잘못 인식되고 있다. 이것은 고열을 피하기 위하여 체온계의 눈금을 바꾸는 것과 같다. 제4장 5강과 6강에서 본 것처럼, 가격통제가 수요 혹은 공급의 변화를 막을 수 없다. 대신에 가격통제는 위험들간뿐만 아니라 재화들간의 개인간의 가치차이를 교환함으로써 조정하도록 하는 개인들의 능력을 단지 제한할 뿐이다.

따라서 A와 같은 투기꾼의 유익한 투기가 이루어지면 시장위험을 분산시켜 주고 가격변동이 줄어들기 때문에 생산자와 소비자 모두 이익을 볼 뿐만 아니라 시장이 효율적으로 작동하도록 도와주는 긍정적 역할을 수행한다. 돈이 급한 농부의 피를 빨아먹고 사는 '흡혈귀'는 아니다.

요약

1. 생명의 위험에 노출되어 있는 현실에서 우리를 보호해 주며 안정된 미래를 다소나마 보장해 줄려는 제도적 장치가 바로 '보험'이다. 보험료를 지불함으로써 보험회사에 위험을 전가시키는 형식으로 위험을 회피하고 생활의 안정을 추구한다. 보험은 세상을 살아가는 데 부담해야 하는 일종의 '준조세'이다.

2. 보험회사들은 모든 위험에 대비한 보험서비스를 공급하지는 않는다. 실제로 신제품 판매가 감소할 위험에 대비한 보험은 존재하지 않는다. 보험에 가입하면 기업은 구태여 판매에 최선을 다해 제품수요 감소를 방지하려는 노력을 기울이지 않는다는 것이다. 위험이 실제로 자기에게 닥치는 사고를 미연에 방지하려고 최선을 다하지 않는 것을 '도덕적 해이'라 한다. 위험도가 높은 기업들만 보험에 가입하고 위험도가 낮은 기업들은 별로 가입하지 않아서, 보험회사를 불리하게 하는 기업들을 더 선택하게 되는 것을 '역선택'이라 한다.

3. '도덕적 해이'를 방지하는 방법은 발생할 수 있는 손해부분을 가입자에게 부담하도록 하여 그 가능성을 최대한 줄여 가입자가 최대한 주의를 기울이도록 유인한다. 도덕적 해이가 생기지 않도록 한 제도적 장치가 '자기면책금 부과제도'이다. 자기면책금이 높을수록 보험료는 싸게 하여, 되도록이면 사고에 대한 도덕적 해이를 방지하고, 사고를 예방하는 데 주의를 기울이도록 한다.

4. 거래당사자가 거래하는 상품에 관한 정보를 동일하게 갖지 못하여 거래 쌍방 중 한쪽이 다른 쪽보다 더 많은 정보를 가지고 있는 경우를 정보가 비대칭적이라고 하고, 이런 경우 거래 당사자 사이에 '정보의 비대칭성'이 존재한다. 정보의 비대칭성에 따른 역선택 문제는 역선택의 우려에서 가능한 한 벗어나기 위해서 사고율에 따라 보험금을 차등 부과한다. 도덕적 해이와 역선택의 문제를 해결하기 위한 제도적 장치가 추가되면서 농산물보험, 일기예보보험 등의 여러 가지 보험상품과 제도들이 등장하고 있다.

5. 거래는 일정한 가격조건으로 현재에 이루어지지만, 상품은 미래 일정기간 이후에 대금결제와 상품의 수수가 이루어지도록 약정하는 시장이 '선물시장'이다. 입도선매하는 투기꾼은 선물거래로 농부의 피를 빨아먹고 사는 존재라기보다, 농부의 미래가격 불안정에 대한 위험을 대신 맡아주는 역할을 하는 것이다. 투기꾼의 유

익한 투기가 이루어지면 시장위험을 분산시켜 주고, 가격변동이 줄어들기 때문에 생산자와 소비자 모두 이익을 볼 뿐만 아니라, 시장이 효율적으로 작동하도록 도와주는 긍정적인 역할을 수행한다.

제 7 장

자원이용과 소득분배

1강 자급자족을 하지 않고 왜 분업(전문화)을 할까?

최근에 판사직에서 물러나 변호사 사무소를 개업한 A라는 변호사가 있는데, 그는 변호사로서 유능할 뿐 아니라 워드프로세스 실력도 아주 좋다. 그렇다면, 그는 자기가 직접 문서도 작성하면서 변호업무를 하는 것이 득이 될까? 아니면 자기보다 워드프로세스 능력이 떨어지는 B에게 문서작업을 의뢰하는 것이 득이 될까?

결론부터 말하자면 A가 직접 문서를 작성하면서 변호업무(즉, 자급자족)를 하는 것보다 B에게 의뢰하는 것이 훨씬 득이 된다는 것이다. A는 변호업무에 시간당 100만원을 받으며, 변호업무를 위한 문서작성에 소요되는 시간은 1시간이며, 그의 워드프로세스 능력은 B의 2배라고 하자. B는 변호업무에 시간당 10만원을 받으며, 변호업무를 위한 문서작성 건당 40만을 받는다고 하자. 만약 A가 문서작성을 B에게 의뢰하고 그 시간에 변호업무를 한다면 60만원을 더 벌 수 있다. 이와 같이 A가 모든 부문에서 능력이 뛰어나더라도(즉, 생산성이 높더라도) 모든 부문에 능력이 다소 떨어진 B와 분업을 하는 것이 훨씬 득이 되는 것이다.

그러면 누가 무엇을 해야 하는가? A는 문서작성의 생산성은 B의 2

배이나 변호업무의 생산성은 10배로서 훨씬 높다. B는 문서작성의 생산성은 A의 1/2배이나 변호업무의 생산성은 1/10로서 훨씬 낮다. 따라서 A의 경우 변호업무가, B의 경우 문서작성이 상대적으로 생산성이 높으므로, A는 변호업무에, B는 문서작성업무에 특화[1]해야 한다는 것이다. 그러므로 상대적으로 생산성이 높은[2] 부문에 특화를 하는 것이다.

단순히 생산성이 높은 것을 '절대우위'(absolute advantage)에 있다고 하고, 상대적으로 생산성이 높은 것을 '비교우위'에 있다고 한다. 그러므로 모든 면에 절대우위 또는 절대열위가 있더라도 비교우위가 반드시 발생하므로, 자급자족을 하지 말고 비교우위가 있는 부문에 특화하는 것이 모두가 득이 되는 것이다. 이것이 리카도(D. Ricardo)가 제시한 '비교우위의 원리'(principle of comparative advantage)이다.

이 원리는 단순히 국내에서만 적용되는 것이 아니라 국가 간에도 적용되는데, 바로 이것에 의해 국가 간에 무역이 발생하는 것이다. 이제 가끔 우리와 비교하여 거의 모든 상품생산에 생산성이 낮을 것으로 보이는 아프리카의 저개발국이나 이웃 북한과 무역을 하는 것, 아니면 우리보다 생산성이 높을 것으로 보이는 일본이나 미국과 무역하는 것에 대한 의문이 어느 정도 해소될 것이다. 무역발생의 근본원인인 생산성의 차이가 왜 발생하는지에 대한 설명은 제13장 1강에서 다시 다루어질 것이다.

---

1) 특화한다는 것은 자기가 필요한 것 이상으로 생산하여 남에게 공급하는 것으로서, 이것을 '전문화'라고도 한다.

2) 이것은 상대적으로 (기회)비용이 낮다는 것을 의미한다.

2강 누가 높은 연봉을 받는가?

누구나 이 세상에 태어나서 한평생 동안 걱정 없이 무병장수하기를 원한다. 그래서 될 수 있으면 돈을 많이 벌어 부자가 되어 살기를 바란다. 그러나 인간 세상에 자기가 뜻한 바대로 다 되지는 않는다. 유능한 CEO나 프로운동선수(타이거우즈, 이승엽)나 톱 클래스의 대중가수나 유명한 오페라 가수(조수미 등)나 피아니스트 등은 보통 사람들에 비해 엄청나게 높은 연봉을 받는다. 이들은 왜 높은 연봉을 받을까? 이러한 문제에 대한 실마리를 차액지대와 결부하여 그 해답을 찾아보려고 한다.

리카도에 의하면, 지대(地代)의 발생은 인구 증가에 따라 점차 질이 나쁜 토지까지 경작되기 때문에 상대적으로 비옥한 토지(우등지)와 열등한 토지(열등지) 사이의 생산성 격차만큼의 지대가 발생한다. 만약 지대가 없다면 자본가들 사이에 비옥한 토지를 구하기 위한 경쟁이 발생하므로 결국 비옥도가 다른 토지 사이의 생산성 격차만큼 지대로 납부되고 이윤율이 균등화된다는 것이다. 따라서 동일한 노동과 자본을 각 토지에 투입했을 때 지대가 발생하지 않는 한계지의 산출량과 그것보다 더 비옥한 토지의 산출량 간의 차액이 지대로 납부된다. 이것이 '차액지대론'(differential rent)이다. 또한, 지대와 지대분배율이 장기적으로 어떻게 변화하리라고 보았는가? 그는 농업의 개량과 곡물수입이 없다면, 진보하는 사회에서 경작이 보다 열등한 토지로 확대되면서 곡물지대가 증가함과 동시에 곡물가격이 상승하기 때문에 이윤은 틀림없이 감소하는 반면 지주는 이중으로 유리하게 된다고 주장하였다. 따라서 그는 곡물수입의 자유화를 강력하게 옹호하였다. 자본축적과 인구증가에 의해 더 열등한 토지로 경작이 확대되므로 지대가 증가하는 경향이 있는 반면에, 기술진보는 지대를 감소시키는 경향이 있다고 보았다. 기술진보의 결과 우등지에서만 경작을 해도 곡물수요를 충족시킬 수 있어서 열등지에서 경작할 필요가 없어지므로 지대가 감소하는 경향이 있다는 것이다. 그러나 장기적으로는 지대 감소에 의한 이윤 증가로 자본축적의 증가→임금의 상승→인구의 증가→자연생산물에 대한 수요의 확대→경작의 확대를 거쳐 지대가 이전 수준으로 회복된다. 기술진보가 일시적으로 지대를 감소시키지만 장기적으로는 증가경향을 저지시킬 수 없다는 것이다.[3] 그리고 지대가 발생하는 것은 곡물가격이 상승하여 지대가 발생하는 것이지, 지대의 발생으로 곡물가격이 올라가는 것은 아니다. 즉 지대는 가격의 결과이지 원인이 아니라고 한다.

이러한 차액지대론에서 우등지는 곡물생산에 우선적으로 기여를 하게 되며, 차후 인구가 늘어나 식량증가의 필요성이 대두되었을 때 열등지로 생산이 확대되면서 우등지에서 지대가 발생한다. 따라서 곡물생산과정에서 생산에 기여한 정도에 따라, 즉 그 생산성의 정도에 따라 지대가 발생함을 의미한다. 이러한 토지에서 지대의 발생은 생산물의 생산과정에서의 그 기여도 여하에 따라 일어난다. 물론 이것은 토지에 대한 관찰이긴 하지만, 우리는 경제생활에서 일반 사람들은 자기 나름대로 사회내의 어떤 생산과정에 어떤 형태(다양한 직업)이든지 개입되어 있다. 말하자면 자기의 일정한 직업을 가지고 전체 사회의 일원으로서 기여를 하고 있는 셈이다. 그 기여의 대가인 임금내지는 이윤 등을 획득하여 사회생활을 영위하고 있는 것이다. 그 보상은 일차적으로 그 생산과정에서의 기여도에 따라 결정되고, 이것은 나아가서 바로 그 사회에서 기여도의 여하에 따라 결정되는 것과 같다. 아울러 이러한 보상이 정확하게 이루어지는 사회가 되어야 한다. 만약 그렇지 못하다면, 이를 위해 많은 노력을 해야 할 것이다. 노력한 대가만큼의 보상이 돌아가는 그러한 사회가 바로 건전한 사회이며 발전의 가능성을 가진 사회가 되는 것이다.

---

3) 파키스탄에서 녹색혁명이 도입된 후 30여년 동안 농업지대가 증가됨을 보여 주었다.

따라서 그 사회에서 상대적으로 생산성이 높은 사람, 즉 기여도가 높은 사람에게 높은 보상이 돌아가는 사회가 되어야 하며 또한 부자가 되어야 하는 것이다. 남보다 더욱 노력하고 스스로의 자기계발을 게을리 하지 않는 사람이 부자가 될 가능성이 높은 사회로 나아가야 할 것이다. 이것은 서장 7강에서 언급된 '남에게 봉사하는 자만이 부자가 되어야 한다'는 논리를 보강하는 것이다.

3강 기업이 없으면 생산을 할 수 없나?

우리의 인식 속에는 지금까지 생산문제는 단지 기업을 통해서만 이루어진다고 생각한다. 따라서 기업이 없으면 생산이 불가능 할 것이라고 믿는다. 기업은 이윤을 쫓아 합리적인 생산요소의 결합을 통해서 생산에 임하고 있다고 보고 있다. 그러나 생산은 기업이란 조직이 있어도 이루어지지만, 사실은 기업조직을 이용하면 더 효율적인 생산을 할 수 있다.

기본적으로 생산은 두 가지의 방법으로 조직된다고 할 수 있다. 첫째로, 시장을 통한 계약(contracting across markets)으로 생산을 조직하는 방법이다. 예를 들면, 내가 재배업자로 밀을 생산하려고하는 자라고 한다면, 우선 밀을 경작하기 위하여 어떤 영농법인과 계약을 맺고, 밀을 추수하기 위해 어떤 사람과, 추수한 밀을 저장하기 위하여 또 다른 사람, 그리고 밀을 판매하기 위해서 그 이외의 다른 사람과 계약협정을 맺어 내가 생산하고자 하는 밀을 생산할 수 있다. 다시 말하면 내가 계약상대자들과 각각 분리하여 협상을 하고 그들 각자에게 구체적인 경제적인 성과에 대해 그 대가로 계약된 합의금액을 지불하면 된다.

둘째로, 팀 생산방법으로 보통 우리가 말하는 기업을 통한 생산조직

방법이다. 예를 들어 내가 신발제조업자라면 나 자신을 위하여 신발제조에 필요한 사람들을 네 사람 고용할 수 있다. 이때 나는 팀 생산과정에 있어서 중심계약자이다. 내가 고용인들과 그들에게 무엇을 하고, 언제 그것을 하고 그리고 어떤 방법으로 할 것인가를 지시할 수 있는 권리에 대한 대가로 구체적인 금액(임금)을 지불한다. 이러한 생산조직의 방법을 기업이라고 한다. 따라서 팀 생산에도 계약협정들은 여전히 존재하지만 시장을 통한 계약에서의 계약협정과는 다르다.

현실세계에는 이 두 가지 방법이 공존한다. 예를 들면, 현대자동차 회사는 자동차를 만드는 데 필요한 많은 부품들을 직접 생산하기도 하지만 일부는 계약담당자들로부터 구입하여 조립 생산한다. 위의 두 가지 생산조직 방법을 혼합하여 가장 이윤을 최대로 하는 조직형태를 추구하고 있음을 알 수 있다.

그러면 이 두 가지 생산방법 조직 중에서 어느 것이 더 효율적인가? 이에 대한 해답은 우리가 비용면을 검토하면 그 답은 명백해질 것이다. 생산을 조직하는 두 가지 방법 모두 비용이 많이 소요된다. 먼저 시장을 통한 계약생산방법을 살펴보면, 시장을 통한 계약에서 가장 낮은 비용의 계약상대를 확인하고 계약협상을 시작한다. 또한 시장상황의 변화에 적응하기 위해 재계약하고, 기회주의적 행위의 가능성을 줄이는데 비용이 소요된다. 그러나 시장을 통한 계약에서 중요한 이점은 해태행위(태만, shirking)의 비용을 그 행위의 당사자들이 직접 부담한다는 것이다. 해태당사자는 협정에서 자신에게 한번 맡겨진 일을 5시간에 완수하든 5일 동안에 완수하든 똑같은 액수를 받는다.

팀 생산방법 즉 기업을 통한 생산조직으로 생산하는 방법도 역시 비용이 많이 소요된다. 고용인들은 자신들의 실질적인 성과(개별 생산성)와 관계없이 고용주와 계약된 시간당 계약 임금을 받는다. 그것은 해태비용(기업의 감소된 생산물)을 그 고용인 이외의 다른 사람(고용주 혹은 팀 생산조직 내의 다른 고용인)이 부담한다는 것을 의미한다. 그래서 팀 구성원(고용인)들은 해태(태만)를 할 유인을 가지며, 따라서 기업을 통한 생산을 하는 고용주는 고용인들을 감시하는 비용이 반드시 소요된다. 또한 팀 생산방법(기업)은 생산공정의 전 부문에 걸친 분업을 통괄하여 지휘할 전문경영인(경영자)을 필요로 한다. 그리고 팀 생산방법은 많은 협력투입물(인적 · 물적자원)들에 의해 생산된 분리할 수 없는 하나의 완제품으로 구성되어 있어, 개별 투입물의 그 기여도를 알기 위해 성과를 측정하는 데 많은 비용이 소요된다. 거기다가 경쟁시장에서 기업은 살아남기 위해 반드시 개별 투입물의 생산성과 최종생산물에 의한 보상 간에는 정(+)의 관계(이윤존재)를 필요로 한다. 이러한 팀 생산방법의 중요한 장점은 투입물을 가장 가치있는 용도로의 배치를 향상시킨다는 것이다. 기업은 일종의 시장으로서, 그 내부에서 최고경영자가 자원들을 조사하고 그들의 잠재력을 추정하고, 나아가 여러 가지 생산기술들을 평가한다. 이러한 기업 내부의 자원배치가 일반경쟁시장에서 보다 효율적인 경향이 있기 때문에 성공하는 기업들이 존재하는 것이다. 이러한 내부 생산조직방법의 상대적인 비용에 따라 일반경쟁시장에서 보다 나은 생존의 기회를 갖게 되기 때문이다.[4)]

4강 고용주(사용자)는 왜 잔여소득을 받나?

잔여소득이란 모든 비용이 지불되었을 때 수입 중에서 남아 있는 부

4) 이러한 생산조직방법의 비용은 산업에 따라 다르다. 예를 들어 레스토랑에서 100명의 웨이터를 관리하는 데 수반될 비용은, 제조공장의 제조라인에 있는 100명의 근로자를 관리하는 데 수반되는 비용을 초과한다. 따라서 내부의 비용과 외부의 경쟁시장에서의 다른 기업과의 비용경쟁상황에 따라 그 존폐(기업의 존재)가 결정된다.

분이다. 그렇다면 구성원 중 누가 잔여소득을 받아야 하는가?

이를 파악하기 위해 하나의 가상의 예를 들어보자. 대한이와 민국이 둘이서 동업을 한다고 하자. 그들이 맡은 업무는 다음과 같다. 대한이는 생산물의 종류, 가격, 생산량, 생산방법, 판매방법 등에 대한 결정을 하고 민국이는 단지 그 결정에 따라 생산에 종사할 뿐이다. 그러면 누가 잔여소득을 받아야 할까?

여러분이 민국이라면 잔여소득을 받는 데 동의하는가? 아마도 잔여소득 대신 노동에 대한 대가인 임금과 투자금액에 대한 수익을 보장해 달라고 할 것이다. 시장상황은 불확실하기 때문에 생산물 종류, 가격, 생산량, 생산방법, 판매방법 등에 대한 결정이 수입에 따라서 잔여소득에 영향을 준다. 민국이는 이런 결정에 참여를 하지 않기 때문에 그로 인한 득실에 대해 책임을 지고 싶어 하지 않는다. 반면 대한이는 자신의 결정으로 득실이 좌우되므로 잔여소득의 청구권자가 되는 것에 반대하지 않을 것이다.

이와 같이 생산물의 종류, 가격, 생산량, 생산방법, 판매방법 등에 대한 결정을 하는, 즉 경영을 하는 고용주는 그 결정에 대한 책임(즉, 득실)을 질 수밖에 없다. 그 결정에 참여하지 않는 고용인에게 그 득실을 넘기는 것은 책임을 전가하는 것과 같다. 이것은 권리는 없고 책임만 지우는 격이다.

이상에서 본 바와 같이 고용주는 가격, 생산량 등 경영에 대한 결정권자이므로 그에 대한 책임으로서 잔여소득(즉, 이윤)을 받는 것이다. 그래서 우리는 흔히 어떤 회사와 문제가 발생했을 때, 그 회사의 직원이 나와서 보상을 해주겠다고 하더라도 "당신 말고 사장이 나와서 얘기하라"고 한다. 이것은 소비자나 문제 제기자가 사장이 손실을 떠맡는 책임자, 즉 잔여소득 청구권자라고 인식한다는 것을 시사하고 있다.

이런 잔여소득(즉, 이윤)은 어떤 경제적 기능을 하는가?

첫째, 이윤은 생산의 효율성을 제고한다. 비효율적인 생산방식을 이용하거나 최적생산량을 산출하지 못하는 기업은 손실을 입어 도태되지만 효율적인 생산방식과 적정한 생산량을 유지하는 기업은 이윤을 향유할 수 있다. 자본주의 체제하에서 재화를 생산하기 위하여 자원을 사용한다. 그렇지만 자원의 공급은 유한하고, 자원은 여러 가지 대안적인 용도를 가지고 있다. 그래서 어떤 재화라도 한 단위 생산하는데 드는 비용은 포기된 다른 재화의 가치와 동일하다고 할 수 있다. 사회는 각 재화들마다 얼마만큼 생산하며 그리고 누가 무엇을 생산해야 하는 가를 결정해야만 한다. 전자의 문제는 산출물 구성(output mix)과 관련한 것이고, 후자는 생산의 효율성(efficiency)에 관한 것이다. 생산은 어떤 재화의 산출도 다른 재화의 산출을 감소시키지 않고서는 증가될 수 없을 때 우리는 이것을 기술적으로 효율적이라고 한다. 생산에 있어 효율성의 개념은, 각 재화는 그 재화를 최소비용 생산자에 의해 생산되며, 그 재화의 매 추가적인 생산은 연속적으로 그 다음으로 보다 낮은 비용으로 생산하는 생산자에 의해 생산되도록 하는 것인데 이윤은 바로 생산에 필요한 자원을 낮은 가치를 지닌 용도에서 보다 높은 가치를 지닌 용도로 이전시키는 문제뿐만 아니라 자원에 대한 높은 가치를 지닌 용도를 확인하는 역할을 한다. 따라서 효율적인 생산방식과 적정한 생산량을 유지하면서 경쟁시장 상황에 잘 적응하고 있는 기업만 살아남고 또한 이윤을 향유할 수 있다. 사회주의 국가에서는 중앙계획당국이 이 문제를 다루지만 자본주의 국가에서는 이윤이 이 기능을 담당한다.

둘째, 기업가는 미래의 불확실성에 대한 위험부담을 감내해야 한다는 점이다. 기업가가 신상품과 서비스를 시장에 공급할 때, 이것들이 시장에서 소비자의 취향이나 기호에 잘 맞아 제값을 받고 판매될 수 있을지는 대단히 불확실한 상태에 놓이게 된다. 그럼에도 불구하고 기업가는 자본을 투입하여 공장을 세우고, 기계설비를 갖추고 노동자를 고용해서 신상품을 제조 판매하려고 한다. 그 이유는 위험을 무릅쓰고 불확실성에 도전하여 성공한 기업가에게 시장은 이윤을 보상해 주기 때문이다. 즉 대박을 터트릴 수도 있기 때문이다.

셋째, 이윤은 기술혁신의 동기를 제공함으로써 미래의 산업발전에 크게 기여할 수 있다. 즉, 이윤은 기업가로 하여금 새로운 생산기술을 개발하도록 하는 촉진제 역할을 한다. 물론 잘못된 기술혁신으로 기업은 손실을 입거나 나아가서 도산할 수도 있는 대가를 치를 수도 있다. 기업이 새로운 생산방법 발견, 신시장 개척, 혹은 새로운 공급원의 개발을 통한 혁신(innovation)으로 기업은 시장점유율을 확대시킬 수 있는 새로운 계기를 마련하게 된다. 성공적인 혁신은 기회비용이상의 이윤을 버는 독점적인 지위를 가진다. 그러나 머지않아, 혁신은 독점적 지위를 상실하게 된다. 왜냐하면 혁신으로 인해 존립의 위협을 받는 경쟁관계에 있던 경쟁기업들도 성공적인 혁신의 전철을 밟게 되기 때문이다. 경쟁기업도 기술개발에 투자를 늘리거나 아니면 기존 기술을 모방함으로써 유사한 대체재를 생산해 내려고 노력하기 때문이다. 궁극적으로 혁신으로부터 일시적으로 누렸던 독점이윤은 점차 사라지게 됨에 따라 기업들은 또 다른 혁신에 골몰하게 될 것이다. 이러한 과정이 반복될 때 기술혁신으로부터 발생하는 이윤은 소비자들에게 보다 우수한 품질의 상품들을 보다 낮은 가격으로 제공함으로써 사회후생(social welfare)을 증진시키는 역할을 한다. 실제로 컴퓨터, 휴대전화, 가전제품 등과 같은 수많은 상품의 품질이 혁신에 의해 성능이나 디자인이 향상되었음에도 불구하고 실질가격은 변화가 없거나 도리어 하락한 것은 바로 이러한 기업가의 끊임없는 모험 덕분이다.

넷째, 이윤은 저축되고 재투자되어 자본축적을 통해 노동자들의 생산성을 제고시키는 데 활용되어, 사회적 재생산을 지속하게 하여 더 많은 노동자를 고용하고, 노동자들이 더 많은 임금을 받을 수 있는 토대를 마련한다. 이와 같이 기업의 생산활동을 지휘하고 있는 기업가는 불확실한 미래에 대해 위험부담이 큰 모험을 감행하여 그에 대한 보상으로 이윤을 획득하는 것인데, 일부 이론에서 노동자의 노동에 대한 착취로 이해하기로는 무리가 있다[5]고 생각된다. 기업가는 이윤을 먼저 가져가는 것이 아니라 최종생산물에서 나온 수입 중에서 생산에 소요된 비용[인적자원(임금 등), 물적자원(원자재, 설비)]을 제외하고 남은 잔여분을 가져가는 것이다. 왜냐하면 이윤추구 이전에 기업의 생존이 더 우위에 있기 때문이다. 기업의 생존 없이는 이윤을 추구할 수 없다.

이상에서 살펴본 바와 같이 기업가는 미래의 불확실에 대한 위험을 부담하며 끊임없는 혁신을 추구하며 생산의 효율성 추구에 기여하면서 전체 사회의 재생산의 토대를 마련하여 사회적 기여를 하고 있는 것이다. 자본주의 사회의 꽃이고 바로 원동력인 것이다.

5강 최저임금제는 저임금근로자들을 돕는 제도인가?

우리나라는 1988년 1월부터 최저임금제의 실시로 고용주와 근로자간에 '담합'(collusion)하여 최저임금보다 낮은 임금을 지급한다고 별도의 특약을 하더라도 이는 무효가 되며, 고용주는 반드시 최저임금의 하한을 지켜야 한다. 한편으로 1997년부터 고용보험제도를 도입하여 고용안정을 기하고 있다. 최저임금제는 국가가 임금의 최저수준을 정하고 고용주에게 그 수준 이상의 임금을 지불하도록 법으로 정하는 제도이다. 원래 이 제도의 목적이 정부의 개입을 통해 비상근 근로자의 임금인상을 도모하여 최저생활을 보장함과 동시에, 근로자 전체 임금의 수준을 끌어

5) 옛 유고의 경우 사회주의 체제하에서 근로자들은 잔여소득을 싫어한다. 왜냐하면 잔여소득을 취하면 모든 비용을 제하고 취득할 부분이므로 소득이 불안정하다. 근로자들은 안정적인 소득을 더 선호하기 때문이다.

올리는 효과를 통한 사회보장제도이다. 임금의 최저한도를 법률로 정하기 때문에 기업 상호간에 공정한 경쟁을 유도하고 노동시장의 근대화를 꾀하도록 하는 데 있다. 최저임금제의 실시로 경제적으로 어떤 효과를 가져오는가? 과연 저임금근로자들에게 이익을 가져다 줄 것인가?

노동시장에 최저임금제가 실시되면 노동시장에서 임금이 상승함에 따라 노동공급은 증가하나 인건비의 상승으로 기업의 노동수요는 감소한다. 그 결과 노동력의 초과공급이 발생하는데, 이것은 일부 근로자는 실직을 하거나 일자리를 구하지 못해 실업이 발생한다는 것을 의미한다. 이런 상황이 전개될 때, 만약 최저임금제가 시행되지 않으면 실업자들간 그리고 실업자와 취업자들 간의 경쟁으로 더욱 임금이 하락하여, 노동공급의 감소와 노동수요의 증가로 초과공급이 해소되면서 실업은 사라진다. 그러나 최저임금제로 인해 기업은 임금인하가 불가능함으로 만성적인 실업이 지속될 가능성이 크다.

그러면 어떤 사람이 실직을 하게 되거나 일자리를 얻지 못할까?

여러분이 기업체의 사장이라면 어떤 사람을 해고시킬까? 아마도 생산성이 낮은 사람을 해고시킬 것이다. 생산성이 낮은 사람은 기술수준이 낮은 미숙련공이나 경험이 적은 청소년 및 예비인턴사원들이다.[6] 이들 대부분 저소득 근로자이거나 직업훈련기회를 얻어야만 하는 자들로서 현실적으로 최저임금제에 의해 최우선적으로 보호받아야 할 대상인 것이다. 하지만 오히려 이들이 그 제도로 인한 피해자가 되고 있는 것이다.

그래서 실직위기에 놓인 사람과 구직자들은 명목상으로 시장가격수준보다 높은 최저임금을 받는 것으로 하고 실질적으로는 그 보다 낮은 시장가격수준을 수령하려고 시도하게 된다. 이것도 바로 '암거래'이다. 실질적으로 허용한 임금수준보다 낮은 수준으로 거래를 하는 것이다.

6) 숙련공들은 논리적으로도 최저임금제 실시로 해고당할 가능성이 희박하지만, 실제적으로도 그들은 생산성이 높아 이미 정부가 정하는 최저임금수준을 초과하는 것을 받고 있으므로 이 제도에 영향을 전혀 받지 않는다.

따라서 정부는 암거래가 발생하지 못하도록 단속과 처벌을 강력하게 시행할 수 있다. 이에 따라 사업주는 최저임금 미만의 수준에 대해 불만을 토로하지 않을 가족 및 친인척이나 지인으로 대체하거나, 근로자와 다른 식으로 거래를 할 수 있다. 근로자들은 최저임금을 수령하되 노동강도가 높게 일을 수행하거나, 원래 주어진 임무 외에 다른 부가적인 일들을 수행하거나, 임금을 제때에 받지 못할 수 있다. 물론 이것에 대한 단속과 처벌을 할 수 있지만, 약자인 근로자가 이에 따른 고발 등은 쉽지 않다.

이런 문제점에도 불구하고 정부는 최저임금제를 강력히 시행하는 이유는 무엇일까? 아마도, 이 제도로 미숙련공들이 모두 실직하는 것이 아니라 일부만 실직하므로, 해고자에 대한 대책만 강구되면 단점을 보완하면서 장점을 발휘할 수 있다고 생각하기 때문일 것이다. 계속 근무를 하는 그들은 높은 노동강도와 다른 부가적인 업무가 수반되더라도 전보다 높은 소득을 획득할 수 있으며, 실직을 당하는 근로자나 구직자들에게는 실업수당 및 무상의 취업훈련기회를 제공하여 숙련공으로 전환할 기회를 제공하여 중장기적으로 더욱 더 큰 혜택을 보게 할 수 있다는 것이다. 이 기회로 그들이 숙련공으로 전환이 되면 사회적으로도 생산성이 높아져 국가가 더욱 성장할 수 있다고 생각하는 것이다.

그러나 이 제도로 실업을 발생시키는 업체의 생산물은 그 사회가 필요로 하는 것보다 적게 생산되므로 자원이 비효율적으로 이용된다.[7] 이것은 가격이 통제됨으로써 배분자의 역할을 하지 못한다는 것을 보여 주고 있다. 이러한 자원의 비효율적인 이용이라는 문제를 발생시키지 않고, 저소득근로자들의 소득을 향상시킬 수 있는 방법이 더 나은 대안이 아닐까?

7) 앞에서 이미 언급했듯이, 사회가 필요로 하는 수준, 즉 수요와 공급이 일치하는 곳에서 생산될 때 자원이 가장 효율적으로 이용되는 것이다.

저소득자들에게 일정 소득을 유지할 수 있도록 세금을 감면하거나 보조금을 지급하고, 특히 미숙련공들에게 기업자체의 현장훈련의 강화, 연수기회의 증대 등 숙련공으로 전환할 기회를 많이 제공하는 기업에게 보조금 지원과 세금감면의 혜택을 주는 것이다.

참고로 정치적인 고려와 관련된 문제이다. 최저임금제도는 정치적으로 매우 인기가 높은 정책대안이다. 정치가들의 입장에서는 비용을 들이지 않고 지지 표를 얻을 수 있는 손쉬운 방안의 하나이다. 이 제도의 도입이나 최저임금의 인상문제를 정치적 이슈로 삼을 경우 많은 정치적 계산이 가능하기 때문이다. 만약 도입이나 인상에 반대하면 정치적으로 궁지에 몰리거나, 선거에서 큰 비용을 치루거나, 패배를 자초할 수 있다. 그러나 이 제도가 시행되거나, 인상되면 실업이 증가하지만 당장의 해고보다는 장기적인 신규인력을 채용하지 않는 방법으로 나타나, 청년취업자나 예비 청년취업자들이 피해를 입을 뿐 현직근로자들 즉 유권자들은 경제적 혜택을 받을 수 있다. 이러한 정치적 선택에도 관심을 가져야 할 부분이다.

6강 '동일노동 동일임금'이 여성에게 도움을 주는가?

흔히 여성들은 똑같은 일을 하고서도 보다 낮은 임금을 받는 등 차별을 받고 있다. 물론 생산성의 차이 때문에 보다 낮은 임금을 받을 수도 있지만, 그런 차이보다는 단지 여자라는 이유만으로 보다 낮은 임금을 받고 있다.

이와 같이 생산성에 차이가 없는데도 불구하고 여자이기 때문에 차별을 받고 있는 현실에 대해 여성단체들은 '동일노동 동일임금'[8]을 요구하고 있다. 이런 요구사항이 시행된다면 과연 전반적으로 여성들에게 도움이 될까?

이에 대한 답을 구하기 위해서는 고용주가 왜 여성을 차별하는지 그 이유부터 살펴볼 필요가 있다. 고용주의 입장에서는 각 개인의 생산성도 중요하다고 보지만, 생산은 주로 구성원들의 협력으로 이루어지므로 조직의 생산성에 초점을 두기 마련이다. 가부장적 관습으로 인해 남성이 생계부양자라는 이데올로기와 남성우월의 사상이 깊이 뿌리박혀 있다. 이것은 우리나라를 비롯한 동양에서 뿐만 아니라 서구사회도 마찬가지다. 따라서 여성이 남성과 같은 대우를 받는 것에 대해 남성들은 꽤 부정적이다. 만약 고용주가 여성을 남성과 같은 대우를 해준다면, 구성원들 중 상당부분을 차지하는 남성들의 사기가 저하되어 조직의 생산성이 낮아질 가능성이 높다. 그러므로 고용주들은 동일노동에 대해서도 여성을 차별하는 것이다. 청소년을 차별하는 것이나 인종차별, 외국인 차별도 다 같은 맥락에서 연유되는 것이다.

이와 같이 사회관습에 따라 고용주들이 어쩔 수 없이 여성 등에게 차별을 할 수밖에 없다면, '동일노동 동일임금'이 그들에게 도움을 줄까?

아마도 대부분의 여성들은 오히려 상황이 악화될 가능성이 높다. 만약 여러분이 고용주라면 여성들이 '동일노동 동일임금'을 요구한다면 남성지원자와 여성지원자 중 누구를 고용하겠는가? 거의 대다수는 남성을 고용할 것이다. 물론 고용되는 여성은 전에 비해 훨씬 나아지지만…. 심지어 이런 점을 잘 파악하고 있는 남성들은 역설적으로 오히려 '동일노동 동일임금'을 지지한다. 왜냐하면 그 제도가 실행되면 남성들에게 더 많은 일자리가 생기기 때문이다. 그러므로 가부장적인 관습에 따른 남성의 사고가 변화되지 않는 한, 오히려 여성에 대한 임금차별이 대부분의 여성들에게는 도움이 되는 결과를 초래하는 것이다. 마찬가지로 인종차

8) 만약 생산성에 차이가 있다면 그러한 차이만 고려한 동일노동 동일임금도 포함된다.

별 및 외국인에 대한 차별적 사고가 변화되지 않는 한 그들에 대한 임금 차별이 오히려 그들에게 도움이 되는 것이다.

물론 임금에 대한 성, 인종, 외국인의 차별이 바람직한 것이라는 결론을 내리는 것은 아니다. 다만 '동일노동 동일임금'이 실현되기 위해서는 먼저 사회인식의 전환이 반드시 필요하다는 점을 지적한 것일 뿐이다.

7강 회사의 수입이 감소하면 어떤 근로자가 타격을 받나?

가격이 하락하거나 조세의 부과로 회사의 수입이 지속적으로 감소하면 어떤 근로자가 타격을 받을까? 수입이 감소하여 수지를 맞추기 어려우면 임금을 낮출 수밖에 없는 것이다. 이 경우 임금하락을 받아들일 수밖에 없는 근로자들은 어떤 특성을 지니고 있을까?

이를 파악하기 위해 하나의 가상사례로 생각해 보자. 고속철의 등장으로 항공기 이용에 대한 수요가 격감되어 항공회사의 수입이 격감하여 종사자들의 임금을 하락시켜야 한다면, 조종사와 승무원 중 누구의 임금이 더 많이 하락할까?

아마도 조종사의 임금이 더 큰 폭으로 하락할 것이다. 그들의 기술은 항공사에만 필요한 것으로 다른 곳에서는 그 기술을 거의 활용할 수 없다. 만약 그들이 해고된다면 다른 곳에서 받을 수 있는 임금은 조종사의 임금에 비해 굉장히 낮아질 것이고, 따라서 항공사는 그 수준까지 임금을 낮출 수 있기 때문이다. 반면에 승무원이 지닌 기술은 조종사에 비해 다른 곳에서 활용할 가능성은 상대적으로 높다. 따라서 그들의 임금을 많이 하락시키면 그들은 다른 곳으로 이직하게 되므로 그들의 임금은 조종사에 비해 덜 하락하게 되는 것이다.

이와 같이 그 직종에만 특유한 기술을 보유한 근로자들이 보편적인 기술을 갖고 있는 근로자에 비해 더 많은 임금하락을 겪게 될 것이라는 것을 알 수 있다. 그렇다면 병원의 의사와 간호사 중에서 누가, 정비공장의 정비사와 경리 중에서 누가 더 많은 임금하락을 겪을까? 같은 맥락에서 의사와 정비사가 더 많은 타격을 받을 것이다.

이상에서 본 바와 같이 특유한 기술을 가진 전문가는 정상적인 경우 많은 소득을 획득하지만, 자신이 속한 업종의 경기가 나쁠 때는 굉장히 큰 소득감소를 겪을 수 있다는 것을 알 수 있다.

8강 한 국가의 소득불평등 수준을 나타내는 대표적인 지표는?

앞의 2강에서 본 바와 같이 그 사회에서 상대적으로 생산성이 높은 사람, 즉 기여도가 높은 사람에게 높은 보상이 돌아가는 사회가 되어야 한다는 점을 언급한바 있다. 그러나 전체 사회구성원들 사이에는 다양한 능력의 소유자가 존재하면서 다양한 삶을 영위하고 있다. 모든 구성원은 각자의 사회적 맡은 바의 책임을 완수하면서 주어진 임무에 충실히 종사하고 있다. 문제는 인간의 보편적 상위가치 즉 선(善), 사상, 자유, 가족애 등의 정신적 가치의 추구도 중요하지만, 유기체인 인간으로서는 물질적 풍요를 무시할 수 없는 데 있다. 시중 작금 인사말에 속에 '부자되세요!'와 같이 모두가 다 부자가 되고 싶다. 현실은 각자 능력의 차이에서 오는 소득의 격차를 어떻게 축소시킬 것인가가 경제정책적 화두가 되고 있다.

이러한 소득격차는 어디서 오는 걸까? 그 불평등의 근본적인 문제는 당연히 자본주의체제 본질에서 출발하고 있다. 자본주의체제를 벗어던

지지 않는 한 이 문제는 항상 부딪치게 된다. 그렇다면 그 차선책은 무엇인가?

경제생활에서 필요한 물질적 욕구충족의 척도인 경제적 후생(economic welfare)이 일차적인 분배의 대상이다. 그러나 경제적 후생은 주관적인 가치판단에 따라 좌우되므로 그 객관적인 측도인 소득의 측면에서 고찰할 수밖에 없다.[9] 여기서 다룰 수 있는 부분은 경제적 후생과 밀접한 관련이 있고 또한 측정이 비교적 용이한 '소득'면에서 살펴보자.

제기되는 문제는 무엇이 공정한 소득분배이고, 어떤 조건에서 분배하는 것이 공정한 것인가이다. 먼저 공정한 분배가 이루어지기 위해서 사회적으로 필수적인 몇 가지 조건이 존재한다. 첫째로, 모든 구성원에게 균등하고 정당한 권리가 보장되어야 한다. 둘째로, 공평성이 확립되어야 한다. 셋째로, 모든 구성원이 동등한 기회를 갖는 평등성의 원칙에 입각해야 한다. 넷째로, 각자 사회에 기여한 만큼 공정성의 원칙에 따라 분배받아야 한다는 것이다. 이러한 조건하에서 분배가 이루어지면 공정한 소득분배는 달성될지 몰라도 분배의 결과 소득불평등에서 파생된 불균형이 심각하게 노출된다. 왜냐하면 구성원 각자의 능력의 차이에서 오는 본질적인 격차까지 평등할 수는 없기 때문이다.

그러면 이러한 격차의 파생이전에 소득분배가 어떻게 결정되는가 하는 문제를 좀더 추구해 볼 필요가 있다. 이것이 우리가 궁극적으로 알고자 하는 분배의 실상이고, 나아가서 그 불평등을 완화할 수 있는 실마리를 찾을 수 있기 때문이다. 분배의 실상을 파악하기 위한 이론으로 기능별 소득분배이론과 계층별 소득분배이론이 있다. 먼저 기능별 소득분배이론은 소득이 토지, 노동, 자본의 생산요소의 소유자에게 어떻게 분배되는가인데, 이것에 대해서는 앞의 4강에서 언급한 것과 관련을 가지

9) 세계에서 개인당 국민소득(GNP)이 높은 나라(선진국)와 인간생활 자체의 만족도가 높은 나라(방글라데시)는 서로 일치하지 않는다.

고 있다. 한 사회의 전체 소득은 토지에 대한 지대, 노동에 대한 임금, 자본에 대한 이윤으로 구성되고, 그 분배는 먼저 지대의 몫을 결정하고, 나머지가 임금과 이윤의 몫으로 나누어진다. 그리고 임금과 이윤의 분배는 우선 생존수준을 유지할 수 있는 만큼 주어지는 임금률에 따라 결정되고 그 나머지가 이윤이다. 이러한 기능별 소득분배방법은 지주, 노동자, 자본가로 3등분하여 분배의 상태를 파악하고 있어 다양한 구성원이 사회를 구성하고 있는 현실을 너무 단순화함으로써 분배의 양상을 파악하는 데는 일정한 한계가 있다.[10]

따라서 분배의 양상을 파악하는 데는 계층별 소득분배에 초점을 맞출 수밖에 없고 또한 우리의 관심사로 부각된다. 한 나라의 경제적 자원이 계층별(부유층, 중산층, 빈곤층)로 어떻게 분배되고 있는가?

계층간의 소득격차는 여러 가지 요인에 의해서 결정된다. 우선 개인능력의 차이에서 비롯된다. 개인이 가진 정신적, 육체적 차이(유전적 요인, 환경적 요인, 교육)가 그 사람의 생산성을 결정하고, 그에 따라서 소득도 결정된다. 다음으로 부모로부터 물려받은 재산의 차이에서 비롯된다. 상속된 재산의 차이로 소득의 차이로 나타난다. 또한 우연한 사건에서 비롯된다. 복권에 당첨되어 '일확천금'을 획득하여 부자가 되는 경우이다. 하지만 신문지상에 종종 '불행의 씨앗'이 되기도 했다는 기사를 접할 땐 씁쓸한 기분을 떨칠 수가 없다. 마지막으로 개인의 선호에 따른 개인선택 여하에 따라 비롯된다. 단순히 임금이 높은 직업에 종사할 수 있는 능력과 기회가 있음에도 불구하고 임금은 낮지만 명예나 취미, 개성 등의 이유로 자신만의 직업을 선택한 경우에 개인간의 소득격차가 발생된다.

---

10) 예를 들면, 현실경제생활에서 사회구성원의 대부부인 노동자들은 회사에 다니면서 임금을 받고, 나아가 우리사주를 보유하고 있고, 자가주택의 일부를 임대하고 있는 경우도 있다. 이처럼 노동자가 자본가와 지주의 입장을 겸하고 있기 때문에 어떻게 분류하여야 정확한 분배를 파악할 수 있을지가 문제이다.

이러한 연유로 발생한 소득격차의 원인이 단편적으로 작용하는 것은 아니고 상호 연관되어 소득격차를 유발한다. 또한 계층적 소득분배는 소득의 원천이나 형태를 불문하고 다만 소득의 크기만을 고려한다. 우리의 경우 계층별 소득분배는 통계상으로 도시가계와 농촌가계를 구분하여 파악하고, 가계소득의 계층별 분배상태를 측정하는 대표적인 방법인 '로렌츠곡선'(Lorenz curve), '지니집중계수'(Gini coefficient), '10분위 분배율'(deciles distribution ratio) 등으로 소득분배의 불평도를 측정하고 있다.

첫째, 로렌츠곡선에 의한 소득분배 측정방법은 계층별 소득분포자료에서 인구의 누적비율과 소득의 누적점유율 사이의 대응관계를 표시한 곡선이다. 예를 들어 소득이 균등하게 분배되어 있으면 누적인구의 10%가 누적소득의 10%, 누적인구의 20%가 누적소득의 20%,… 등으로 인구의 누적비율과 소득의 누적점유율이 같을 것이다. 이러한 경우는 소득의 완전균등분배의 예로 인구의 누적비율을 가로로 하고 소득의 누적비율을 세로로 한 사각형의 도표에 표시하면 대각선이 된다. 그러나 현실적으로 앞에 언급한 여러 요인들에 의해 소득분배가 완전균등하게 이루어질 수가 없고, 소득분배의 불평도가 심하면 심할수록 아래로 더욱 처지는 곡선 모양이 된다. 따라서 상이한 시점이나 국가간의 소득분배 상태를 비교하기 위해서는 어느 정도 로렌츠곡선이 대각선에서 더 가까운가를 판단하면 된다. 그런데 곡선이 서로 교차한다면 어느 쪽이 더 가까운 것인지를 판단하기 곤란하고, 또한 어느 쪽이 더 불균등한지 아닌지만 판단할 수 있을 뿐 얼마나 더 불균등한 것인지는 판단하기 곤란하다는 단점을 가지고 있다. 이러한 로렌츠곡선의 단점을 보완하고자 한 것이 바로 지니계수이다.

둘째, 지니계수는 로렌츠곡선만으로는 소득분배상태의 변동이나 국가 간의 차이를 한 눈에 파악하기 어려운 단점을 보완하기 위해 로렌츠곡선이 나타내는 바를 하나의 단순한 숫자로 표시한 것이다. 소득분배의 불균등정도가 클수록 소득의 완전균등분배를 나타내는 대각선과 로렌츠곡선 사이의 면적이 없어지는데 이 면적(S)을 완전균등분배를 나타내는 대각선을 포함한 직각삼각형(T)의 면적으로 나눈 값(S/T)을 지니계수라 한다. 따라서 지니계수는 0에서 1까지의 값을 가지게 되며 그 값이 클수록 소득분배가 불균등함을 나타낸다. 일반적으로 지니계수 값이 0.5 이상이면 고불균등분배, 0.5 이하 0.4 이상이면 중불균등분배상태, 0.4 이하이면 저불균등분배상태로 분류된다. 우리나라의 지니계수 값은 0.34(2004년)이므로 저불균등분배상태에 있다고 할 수 있다.

셋째, 10분위 분배율로 표시할 수 있다. 한 나라의 전체 가계소득을 소득수준에 따라 저소득에서 고소득 순으로 배열하고 배열된 가구를 10등분하여 첫번째 10%를 제1십분위, 다음 10%를 제2십분위,…라 한다. 이러한 계층별 소득분포자료에서 최하위 40% 소득계층의 소득점유율이 최상위 20% 소득계층의 소득점유율에서 차지하는 비율을 말한다. 최근에는 최하위 20% 소득계층의 소득점유율이, 최상위 20% 소득계층의 소득점유율에서 차지하는 비율로 5분위 분배율을 발표하기도 한다. 10분위 분배율은 측정하기가 간단하며 소득분배정책의 주요대상이 되는 하위 40% 계층의 소득분배상태를 직접 나타낼 수 있고, 상위계층의 소득분배상태와 비교할 수 있다. 또한 5분위 분배율과 같이 소득계층을 분석의 편의에 따라서 조정하여 사용할 수 있다는 점에서 큰 장점이 있다. 이 때문에 세계적으로 가장 널리 쓰이는 소득분배측정방법이다. 10분위 분배율은 그 값이 클수록 소득분배가 균등하다는 것을 나타낸다. 일반적으로 10분위 분배율의 값이 0.45 이상이면 고균등분배, 0.35~0.45이면 저균등분배, 0.35 이하이면 불균등분배로 분류된다.

이상에서 살펴본 로렌츠곡선, 지니계수, 10분위 분배율의 방법들 중 어느 것이 최선의 방법이라고 단정하기에는 어렵다. 다만 각각의 방법이 나름대로의 장 · 단점을 가지고 있기 때문이다. 로렌츠곡선이나 지니계수는 국민전체의 소득분배상태를 표시하는 것이고, 10분위 분배율은 특정소득계층의 소득점유율에 중점을 두어 소득분배상태를 나타내는 것이다. 현실경제에서 소득분배정책의 주요 대상이 하위 저소득계층이라는 점을 고려하면 10분위 분배율에 의한 측정방법이 보다 현실적인 대표적 지표라고 할 수 있다.

요약

1. 모든 면에 절대우위 또는 절대열위가 있더라도 비교우위가 반드시 발생하므로, 자급자족을 하지 말고 비교우위가 있는 부문에 특화하는 것이 모두가 득이 되는 것이다. 이것이 '비교우위의 원리'이다. 이로 인해 국가 간에 무역이 발생한다.
2. 리카도(D. Ricardo)의 차액지대론에서 토지에서 지대의 발생은 생산물의 생산과정에서의 그 기여도 여하에 따라 일어난다. 우리는 사회 내의 일정한 직업을 가지고 전체 사회의 일원으로서 기여를 하고 있다. 그 기여의 대가로서 보상(補償)인 임금 내지는 이윤 등을 획득하여 사회생활을 영위하고 있는 것이다. 그 보상은 생산과정에서의 기여도에 따라 결정되고, 나아가서 기여도의 여하에 따라 결정된다. 사회에서 즉 기여도가 높은 사람이 부자가 되어야 하는 것이다.
3. 생산은 시장을 통한 계약으로 생산을 조직하는 방법과 팀 생산방법으로 기업을 통한 생산조직 방법이 있다. 현실 세계에는 이 두 가지 방법이 공존하고 두 가지 생산조직 방법을 혼합하여 가장 이윤을 최대로 하는 조직형태를 추구하고 있다.
4. 잔여소득이란 모든 비용이 지불되었을 때 수입 중에서 남아 있는 부분이다. 고용주는 가격, 생산량 등 경영에 대한 결정권자이므로 그에 대한 책임으로서 잔여소득(즉, 이윤)을 받는 것이다. 잔여소득(즉, 이윤)은 생산의 효율성을 제고하고, 미래의 불확실성에 대한 위험부담을 감내, 기술혁신의 동기를 제공, 저축되고 재투자되어 자본축적을 통해 사회적 재생산을 지속하게 하는 등의 경제적 기능을 한다. 기업가는 사회의 재생산의 토대를 마련하여 사회적 기여를 하고, 자본주의 사회의 꽃이고 바로 원동력이다.
5. 최저임금제는 임금의 최저수준을 정하고 고용주에게 그 수준 이상의 임금을 지불

하도록 법으로 정하는 제도이다. 근로자의 최저생활을 보장과 근로자 전체 임금의 수준을 끌어올리는 효과를 통한 사회보장제도이다. 최저임금제가 실시되고 노동시장에서 임금이 상승함에 따라 노동수요는 감소하고, 최저임금제로 임금상승이 불가피하므로 만성적인 실업이 지속될 가능성이 크다. 이 제도의 피해자는 기술수준이 낮은 미숙련공이나 경험이 적은 청소년 및 예비인턴사원들이다. 최저임금제도는 정치적으로 매우 인기가 높은 정책대안이다.

6. 여성들은 생산성의 차이보다 '동일노동 동일임금'이 대부분의 여성들은 오히려 고용상황이 악화될 가능성이 높다. 남성들은 역설적으로 오히려 '동일노동 동일임금'을 지지한다. 왜냐하면 그 제도가 실행되면 남성들에게 더 많은 일자리가 생기기 때문이다. '동일노동 동일임금'이 실현되기 위해서는 먼저 사회인식의 전환이 반드시 필요하다.

7. 기업이 수입이 감소하여 수지를 맞추기 어려우면 임금을 낮출 수밖에 없는 것이다. 특유한 기술을 가진 전문가는 정상적인 경우 많은 소득을 획득하지만 자신이 속한 업종의 경기가 나쁠 때는 굉장히 큰 소득감소를 겪을 수 있다.

8. 소득불평등의 근본적인 문제는 당연히 자본주의체제 본질에서 출발하고 있다. 공정한 분배가 이루어지기 위해서 사회적으로 필수적인 몇 가지 조건이 존재한다. 균등하고 정당한 권리가 보장, 공평성이 확립, 기회 평등성의 원칙, 공정성의 원칙 각자의 능력의 차이에서 오는 본질적인 격차까지 평등 가계소득의 계층별 분배상태를 측정하는 대표적인 방법으로 '로렌츠곡선', '지니집중계수', '10분위 분배율' 등으로 소득분배의 불평도를 측정한다. 10분위 분배율에 의한 측정방법이 보다 현실적인 대표적 지표라고 할 수 있다.

제 8 장
시장구조와 판매자(공급자)의 행동

1강 이윤을 극대화하기 위해 얼마나 생산해야 하나?

판매자들은 누구든지 궁극적으로 이윤의 극대화를 추구하고 있다. 그렇다면 이윤을 극대화하기 위해 얼마나 생산하여 판매하고자 할까?

이를 파악하기 위해 가상적인 예를 들어보자. 사과의 가격은 8원이고 사과를 생산하는 한계비용(MC)[1]이 다음의 표와 같다고 하자. 표에서 보는 바와 같이 이윤이 극대화되는 생산량은 3개이다. 이때 한계수입(MR)과 한계비용(MC)이 같다는 것을 알 수 있다. 따라서 이윤극대화조건은 한계수입과 한계비용이 일치하는 것이다. 만약 생산량이 1개일 때처럼 MR〉MC(즉 8〉6)이면 생산증가에 따른 추가수입이 추가비용보다 크므로 그 양을 생산하면 그 차이(2=8−6)만큼 이윤이 증가한다. 반면 생산량이 4개일 때처럼 MR〈MC(즉 8〈9)이면, 생산증가에 따른 추가수입이 추가비용보다 작으므로 그 양을 생산하면 그 차이(1=9−8)만큼 이윤이

1) 한계비용은 한 단위 더 추가 생산할 때마다 추가되는 비용으로서 점차 증가하는데, 이것을 한계비용 체증의 법칙이라고 한다. 이 법칙이 지배하는 이유는 생산을 증가시키기 위해서는 다른 곳에 이용되고 있는 자원을 끌고 와야 하는데, 그렇게 하기 위해서는 그 자원에 대해 더 높은 가격을 지불해야 하므로 추가생산비용이 높아지는 것이다.

사과생산의 수입, 비용 및 이윤 (가격 : 8원)

생산량	한계비용 (MC)	총비용 (TC)	총수입 (TR)	한계수입 (MR)	(초과)이윤 (TR-TC)	MR≧MC
1	6	6	8	8	2	8〉6
2	7	13	16	8	3	8〉7
3	8	21	24	8	3	8=8
4	9	30	32	8	2	8〈9
5	10	40	40	8	0	8〈10

* 총비용 : 한계비용(즉 추가비용)을 모두 합한 것
* 총수입 : 가격×판매량(즉 생산량)
* 한계수입 : 판매증가(즉 생산증가)에 따른 추가수입으로서 총수입간의 차이, 역으로 한계수입을 모두 합하면 총수입이 된다.
* 이윤 : 총수입-총비용, 경제학에서 이윤은 초과이윤임. 즉 정상이윤을 초과한 이윤임

감소한다. 그러므로 이윤이 극대화되는 생산량은 MR=MC가 되는 생산량이다.

2강 손해가 발생하는 데도 왜 생산을 할까?

가끔 우리는 업자들로부터 "손해를 보는 데도 조업을 중단하지 못하고 생산하고 있다"는 얘기를 듣는다. 그들은 손해를 보는데도 왜 조업을 중단하지 않을까?

그 이유를 사례를 통해 파악해 보자. 철수는 중앙상가에 점포를 얻어 초상화 가게를 운영하고 있다. 임대료로 보증금 1,000만원에 1년간 월 50만원을 지급하기로 가게주인과 계약을 했으며, 화가에게 월 150만원을 지급하되 언제든지 해고할 수 있는 조건으로 계약하였다. 첫달을 운영해 보니 수입이 180만원이어서 20만원의 손해가 발생하였다. 2~3달 계속

해서 똑같은 결과가 나타났다. 앞으로도 수입이 계속 그 정도로 예측되었다. 그렇다면 남은 계약기간 동안 또는 새로운 세입자가 들어올 때까지(즉, 단기적으로) 화가를 해고하고 문을 닫는 것(즉, 조업을 중단하는 것)이 현명한 방법일까? 결코 아니다!

만약 조업을 하지 않으면 임대료를 무조건 지급해야 하므로 월 50만의 손해를 보게 된다. 그러나 조업을 계속하면 단지 20만원만 손해를 본다. 따라서 이 경우 손해를 보더라도 조업을 하는 것이 손해를 덜 보게 되므로 조업을 하는 것이 현명한 처사이다.

그러면 왜 조업하는 것이 덜 손해 보는가? 조업을 하든 안하든 무조건 지급해야 하는 '고정비용'(fixed cost)이 있기 때문이다. 위의 예에서처럼, 손해를 보더라도 조업을 함으로써만 발생하는 '가변비용'(variable cost)이 수입보다 작으면, 남은 차액으로 고정비용의 일부를 충당할 수 있으므로 손해가 작아진다. 즉, 수입 180만원이 가변비용인 인건비 150만원을 초과하여 차액 30만원이 남는데, 그것으로 고정비용인 임대료 50만원 중 30만원을 충당하므로 손해가 20만원으로 줄어들 수 있는 것이다. 적어도 수입이 가변비용보다 크면 손해를 보더라도 조업을 하는 것이 현명한 처사인 것이다.

만약 수입이 가변비용보다 작으면 조업을 함으로써 손해가 더 커진다. 즉, 수입이 140만원이면 고정비용인 임대료는커녕 가변비용인 인건비 150만원도 충당하지 못하고 그 차액 10만원만큼 더 손해를 보는 것이다. 만약 수입이 가변비용과 같으면 조업을 하는 경우나 하지 않는 경우 둘다 고정비용만큼만 손해를 보는 것이다.

따라서 조업중단조건은 수입이 가변비용과 같거나 적을 경우이다. 그래서 특히 수입이 가변비용과 같은 경우 '조업중단점'(shut-down point)[2]이라고 한다.

---

2) 수입=가변비용의 조건은 가격=평균가변비용으로 대체될 수 있다. 경제학 책들 참조.

3강 자신의 공급량을 줄이면 가격을 높일 수 있을까?

공급자(판매자)들은 자신들이 원하는 가격으로 판매할 수 있는 힘을 갖기를 원할 것이다. 그러면 채소장사, 한전, 자동차회사, 음식점 중 누가 자신들이 원하는 가격으로 판매할 수 있는가?

제4장에서 본 바와 같이 시장공급이 변화하면 가격을 변화시킬 수 있다. 즉 시장공급이 감소하면 물건이 모자라서 가격이 상승할 수 있고, 시장공급이 늘어나면 물건이 넘쳐서 가격이 하락할 수 있다. 따라서 시장공급을 변화시킬 수 있는 힘이 크다면 판매자(공급자)들은 원하는 가격을 받을 수 있는 힘이 커질 것이다. 그러므로 자신들의 공급량이 시장전체의 공급량에서 차지하는 비중이 높다면 가격결정력은 높아질 것이다. 그렇다면 채소장수, 한전, 자동차회사, 음식점들의 각 공급량이 각 시장전체에서 차지하는 비중은 어떠한가?

아마도 한전, 자동차회사, 음식점, 채소장수의 순일 것이다. 한전은 전기 공급에 있어서 100%를 차지하며, 자동차회사는 각자 높은 비중을 차지하고 있으며, 음식점과 채소장수는 아주 미약할 것이다.

따라서 자신의 공급비중 즉 시장지배력은 한전이 가장 크고, 채소장수가 가장 낮을 것이다. 소비자들은 전기료에 대해서는 흥정하기 힘들지만, 채소가격에 대해서는 흥정하기가 쉬운 것이 바로 이것을 나타내는 현상이다.

한국전력과 같이 시장전체의 공급을 혼자서 점유하고 있는 것을 독점시장(monopoly),[3] 승용차시장에서 현대, 기아, GM대우, 르노삼성 등과 같이 시장전체 공급을 소수 몇 개의 회사가 점유하고 있는 것을 과점

3) 독점시장이라는 것은 혼자라는 독(獨)과 점유한다의 점(占)에서 연유한다.

시장(oligopoly),[4] 채소와 같이 각 개별 장사가 차지하는 비중이 아주 낮은 것을 경쟁시장(competitive market),[5] 음식점과 같이 비중은 낮으나 질의 차이가 있는 것을 독점적 경쟁시장(monopolistic competition)[6]이라고 한다.

4강 채소가격과 전기요금은 어떻게 결정될까?

김장을 위해 배추를 구입하러 시장에 가서 채소장사에게 얼마냐고 물으면 1포기에 1,000원이라고 했다. 그런데 왜 자신이 제시한 그 가격보다 더 높게 부르지 않을까?

수요의 법칙에 따라 가격이 높아지면 수요량이 감소하여 수입이 줄어들 수 있기 때문인가? 수요가 탄력적이라면 그럴 수도 있다. 그러나 배추 등 채소는 수요가 비탄력적이므로 높은 가격으로 팔 수 있으면, 수요량이 줄더라도 수입이 오히려 증가한다. 그러므로 수요량 감소에 따른 수입감소 때문에 높은 가격을 제시하지 못하는 것은 아니다. 그러면 무엇 때문일까?

더 높은 가격을 부른다면 소비자들이 다른 가게로 갈 것이기 때문일까? 그렇다. 여러분들이 시장에서 배추를 구입할 때 한 가게만 가지 않고 여러 군데 가서 가격을 물어보고, 그 중에서 가장 저렴한 곳에서 구입을 한다. 즉 채소장사가 더 높은 가격을 부르지 못하는 것은 경쟁자들이 많

4) 과점시장이라는 것은 소수 몇 개 즉, 적을 과(寡)와 점유한다의 점(占)에서 연유한다.

5) 경쟁시장이라는 것은 각 공급자의 비중이 낮아 그만큼 경쟁자가 많다는 점에서 연유한다.

6) 독점적 경쟁이라고 하는 것은 각 공급자의 비중이 낮아 경쟁자는 많지만 질의 차이가 있어 그 질을 좋아하는 소비자에게는 독점력을 가지고 있다는 점에서 연유한다.

기 때문이다. 만약 경쟁자가 없어 자신 혼자만 배추를 팔고 있다면, 가격을 높이더라도 소비자들이 다른 곳에서 구입할 수 없으므로 그 높은 가격으로 팔 수 있다는 것을 생각해 보면 쉽게 이해 될 것이다.

이와 같이 경쟁이 치열한 곳(경쟁시장)에서는 판매자(즉 공급자) 개개인이 가격을 결정할 수 없다. 마찬가지로 구입자(즉 수요자) 개개인도 가격을 결정할 수 없다. 개별 소비자가 시장전체 공급량을 모두 소비한다면 판매자들은 그 외에는 판매할 수 없으므로 그 소비자가 가격을 결정할 수 있지만, 배추 같은 채소에 대한 한 개인의 수요량이 아주 적기 때문에 판매자들이 그 외 소비자들에게 팔 수 있으므로 개별 소비자도 가격을 결정할 수 없다.

이상에서 본 바와 같이 경쟁시장에서는 어느 한 소비자나 판매자에 의해서 가격이 결정되는 것이 아니라, 제4장에서 살펴본 것처럼 시장 전체의 수요와 공급에 의해 결정되는 것이다. 그러므로 개별 판매자나 소비자는 시장에서 결정된 가격을 수용할 수밖에 없다.[7]

위의 예에서 배추장사가 부른 가격 1,000원은 배추시장의 수요와 공급에 의해 결정된 가격이고, 배추장사들은 그 가격을 부를 수밖에 없는 것이다. 따라서 경쟁시장의 개별 판매자는 단지 자신들의 이윤극대화를 위해 주어진 가격에서 얼마나 판매(공급)할 것인가를 결정할 뿐이다.

반면 전기요금은 어떻게 결정되는가? 우리나라에서 전기는 한전이 혼자서 공급하고 있다. 따라서 전기시장은 독점시장이다. 혼자서 공급을 독점하기 때문에 소비자는 다른 곳을 이용할 수 없으므로 한전이 원하는 가격으로 구입할 수밖에 없다. 따라서 독점기업은 원하는 가격으로 판매할 수 있다. 그러므로 독점기업은 경쟁기업과는 달리 이윤을 극대화할 수 있는 가격과 공급량을 탐색하여 결정해야 할 것이다.[8] 시장이 독점이

7) 이와 같은 판매자나 소비자를 가격수용자(price taker)라 한다.

8) 이와 같은 판매자를 가격탐색자(price searcher)라 한다. 다른 책에서는 가격설정자라 하는데, 이 표현

되면 판매자는 원하는 가격으로 결정할 수 있으므로 더 높은 이윤을 얻을 수 있다. 그러므로 판매자는 자신의 제품이 독점화가 되길 원한다.

그러면 독점화의 원인은 무엇일까? 이를 파악하기 위해 현재 독점이 되고 있는 기업을 살펴보자. 현재 우리나라의 독점기업으로는 담배인삼공사, 한전, 도시가스공사 등이 있다. 담배인삼공사의 경우 담배제조판매에 대해 정부가 독점사업권 즉 전매권을 부여한 것이다. 담배인삼공사는 정부가 담배판매를 통하여 많은 조세수입을 얻기 위해 독점권을 부여한 것이다. 인도의 동인도회사도 마찬가지다.

한전과 도시가스공사도 전기와 가스에 대해 정부가 독점사업권을 준 것이지만, 담배인삼공사와는 차이가 있다. 전기와 가스공급을 위해서는 대규모의 기반시설이 요구된다. 이런 경우 생산량이 상당히 크게 증가할 때까지 평균생산비용이 낮아진다. 이와 같이 규모의 증가와 더불어 산출량이 증가할 때 평균비용이 낮아지는 것을 '규모의 경제'(economies of scale)라 한다. 규모의 경제가 작용하는 산업에서는 대규모 시설보유 기업은 생산량을 증가시키면, 단위비용이 하락하므로 낮은 가격을 제시할 수 있어 소규모 기업을 추출할 수 있다. 그 결과 그 산업은 저절로 독점이 되는 것이다. 이것을 '자연독점'(natural monopoly)이라고 한다. 전기와 가스 등 규모의 경제가 상당히 작용하는 산업에서는 결국 어느 한 기업이 독점을 하게 되는데, 경쟁체제로 두면 독점화 과정에서 치루는 비용이 너무 크다. 독점화가 되면 추출된 기업의 시설은 거의 쓸모없게 되는 것이다. 그래서 우리나라의 경우 개발 초기에 이런 점을 고려하여 전기, 통신(전화), 가스 등에 독점권을 부여한 것이다. 이러한 독점을 '법률적 독점'(legal monopoly) 또는 '국가적 독점'(national monopoly)이라고 한다.

은 오해의 소지가 있다. 원하는 높은 가격으로 정하면 무조건 이윤도 극대화된다는 오해를 일으키기 쉽다.

우편서비스를 독점하고 있는 우체국의 장래는 어떨까?

우체국의 우편서비스는 우리나라에서는 가장 오래 지속된 독점의 하나이다. 다른 독점업체도 마찬가지이지만 우체국에 다닌다고 하면 한때 가장 안정적인 '철밥통' 회사에 다니는 것을 인식되었다.

그런데 최근 들어 우체국의 위상이 흔들리고 있다. 첫째, 각종 택배회사의 진입으로 우체국 고유의 업무였던 소포배달이 더 이상 독점이 아니다. 둘째, DHL, FedEx와 같은 국제특급 배달회사의 등장으로 국제우편도 위협받고 있다. 무엇보다도 가장 위협적인 존재는 팩스와 인터넷의 발달로 인한 이메일(e-mail)의 등장이다. 과거 편지봉투에 담아서 우체국을 이용했을 우편물이 이제 팩스와 이메일을 통해 전세계로 순식간에 전송되고 있다. 팩스와 이메일의 등장만으로도 우편서비스가 앞으로 예전과 같은 독점적 지위를 유지할 수 있을지 불확실해진 것이다. 오늘날 우체국에서 볼 수 있는 친절함과 예금과 보험업무의 취급 등 다양한 자구책 강구는 팩스와 이메일이라는 대체재의 등장에 반응하는 결과이다.

그러나 생산량이 너무 증가하면 평균비용이 증가하는 '규모의 불경제'(diseconomies of scale)가 나타난다. 그래서 수요가 증가하여 그에 따른 공급량을 생산할 때 규모의 불경제가 발생하게 되면 독점권을 부여하지 않는 것이 좋다. 이런 취지에서 통신은 지금 독점권이 해체되어 한국통신 외에도 하나로텔레콤, 데이콤 등이 사업을 영위하고 있다.

동아제약의 박카스는 피로회복제로서 상당기간 독점화되고 있다. 그것은 동아제약이 박카스의 독점적인 제조판매를 위해 특허를 얻었기 때문이다. 특허는 더 좋은 제품의 연구개발의 촉진을 위해 일정기간(약 15년) 동안 독점적인 제조·판매권을 부여하는 것이다.

온천은 온천수의 생산이 필수적이다. 누군가 온천수를 장악한다면 다른 사람들은 온천장을 영업할 수 없어 독점화가 된다. 이와 같이 필수 생산요소를 독점한 경우에도 그 요소를 사용하는 산업은 독점이 될 수 있다.

이와 같이 정부의 독점사용권 부여, 규모의 경제가 작용하는 산업, 독특한 기술에 의한 특허, 필수 생산요소의 독점 등으로 독점화가 될 수 있다는 것을 알 수 있다.

5강 음식가격은 어떻게 결정되는가?

칼국수의 가격이 A가게는 3,000원, B가게는 4,000원, C가게는 5,000원 이런 식으로 가게마다 다르게 결정되는 것은 무엇 때문일까?

그것은 다른 가격으로 그 칼국수를 계속 소비하는 고객들이 있기 때문에 각 가게의 가격이 유지가 되는 것이다. 그럼 C가게로 지속적으로 이용하는 고객은 주위의 저렴한 A나 B 가게를 이용하지 않는 것은 무엇 때문일까? C가게의 고객들에게 A나 B 가게를 이용하지 않고 비싼 C가게를 찾는 이유를 물어 보았다.

한 고객은 "이집의 맛이 다른 집보다 좋아요", 다른 고객은 "내 입맛에 맞아요", 또 다른 고객은 "주인아줌마가 좋아요", "친절해요"… 등등. 이 표현들은 고객들이 이 가게의 칼국수가 다른 가게의 칼국수와 질이나 서비스 면에서 차이를 느끼고 있다는 것을 나타내는 것이고, 그 차이에 대해서 더 높은 가격을 지불할 용의가 있다는 것도 나타내고 있다.

C가게는 자신의 칼국수를 선호하는 고객들에게는 유일한 독점공급자가 되는 것이다. 그렇기 때문에 더 높은 가격을 받을 수 있는 것이다. 따라서 제품을 차별화할 수 있으면 독점력이 생기는 것이다. 그러나 독점과는 차이가 있다. C가게가 가격을 8,000원 이상으로 올릴 경우 고객들이 그 가격은 너무 비싸다고 느낀다면 차선의 만족을 주는 A가게나 B가게로 갈 것이다. 그러므로 독점처럼 높은 가격을 부여할 수는 없다.

이와 같이 경쟁을 하면서도 제품의 질과 서비스에 차별화가 이루어지는 것을 독점적 경쟁이라고 한다. 즉 경쟁상황에 독점적 요소가 가미되어 있기 때문에 독점적 경쟁이라고 한다. 이에 해당하는 경우를 우리는 많이 볼 수 있다. 음식점 외에도 이·미용업, 숙박업, 구두, 의류 등 천지에 널려 있다.

독점적 경쟁기업은 제품차별화에 의한 독점력으로 독점처럼 이윤극대화하는 가격과 공급량을 탐색하여 결정하지만, 경쟁기업들이 존재하므로 독점만큼 높은 가격을 설정할 수는 없다.

6강 승용차 가격은 어떻게 결정되나?

현대 산타페, 기아 쏘렌토, 쌍용 렉스턴은 동종급의 RV로서 가격이 비슷하다. 서로간의 경쟁으로 시장전체의 수요와 공급에 의해 결정된 것이라고 생각할 수 있다. 그러나 자동차 회사에서 가격을 발표할 때 보면, 산타페가 3,000만원으로 정해지면 타회사의 쏘렌토나 렉스턴은 그 가격에 동조하여 3,000만원으로 정하고 있는 것을 볼 수 있다. 왜 이렇게 한 기업이 가격을 선도하여 정하면 다른 기업들이 왜 그것에 동조할까?

자동차는 서너 개의 소수 기업만이 공급하고 있다. 소수의 공급자들로 구성된 과점시장에서는 무수한 경쟁자가 있는 경쟁시장에 비해 실제 경쟁은 더 치열하다. 경쟁시장에서는 한 기업의 가격하락이 타기업 각각에 주는 영향은 적지만 과점시장에서는 영향이 매우 크다. 예를 들어 A와 B 두 기업만 있다고 할 때, A가 가격하락을 시도하면 B는 고객을 모두 잃을 수도 있다. 영향을 받은 B도 A에게 더 낮은 가격으로 보복할 수 있다. 결국 치열한 가격경쟁으로 모두 다 무너질 수도 있다. 이와 같이 과점시장에서는 기업간 상호의존성이 굉장히 높으므로 가격경쟁은 피하려고 한다.

또한 그들은 서로 담합(collusion)만 하면 하나의 독점기업처럼 행동할 수 있다. 존재하는 기업의 수가 많으면 담합이 힘들지만 소수인 경우 수월해진다. 그러므로 상호의존성이 높은 과점시장에서는 담합을 할 유

OPEC와 석유생산 담합

카르텔의 대표적인 예로 석유수출국기구(OPEC)가 있다. 1960년 9월에 처음으로 결성된 OPEC은 이란, 이라크, 사우디아라비아, 쿠웨이트, 베네수엘라 5개국이 바그다드 회의에서 석유수출의 안정성확보와 석유가격의 인하저지를 목표로 결성하게 되었다. 1973년 알제리, 나이지리아, 리비아, 가봉, 에콰도르, 카타르, 아랍에미레이트연합, 인도네시아 등 8개국이 추가로 가입하면서 총 13개국이 되었고, 이들 나라들이 생산하는 석유의 양은 세계석유생산량의 40%, 석유매장량의 77%를 차지하는 막강한 힘을 지닌 국제기구가 되었다. 다른 카르텔과 마찬가지로 OPEC도 생산량수준을 회원국간에 할당하는 담합을 통해 유가인상을 꾀하고 있다.

OPEC가 직면하는 문제도 다른 카르텔이 당면하는 문제와 비슷하다. OPEC국가들은 높은 유가를 유지하고 싶어한다. 그러나 각 회원국은 보다 많은 이윤을 차지하기 위해 생산량을 증가시키고 싶은 유인이 존재한다. 따라서 OPEC회원국들은 원유감산에 합의하고도 합의사항을 잘 지키지 않는다.

OPEC가 담합을 가장 잘 유지했던 시기는 1973년부터 1985년까지이다. 당시 유가는 1972년 배럴당 2.64달러에서 1974년 11.17달러로, 그리고 1981년에는 35.1달러까지 치솟았다. 그러나 1980년대 초반 들어 회원국들 사이에 생산량 배당에 대한 다툼이 일고, 담합유지에 금이 가기 시작했다. 그 결과 1986년 유가는 배럴당 12.52달러로 떨어지고 말았다.

오늘날 OPEC회원국들은 1년에 두 차례씩 회의를 개최하고 있다. 1999년에는 회원국간 합의사항이 잘 지켜져 유가가 배럴당 29달러까지 올랐다. 이와 같이 유가가 높은 시기에는 OPEC회원국간의 합의사항이 비교적 잘 지켜지고 있고, 유가가 낮은 시기에는 회원국들이 생산량을 독자적으로 결정하여 보다 많은 이윤을 차지하려고 원유감산에 합의하고도 합의사항을 잘 지키지 않는 경향을 보이고 있음을 알 수 있다.

인이 높다. 담합의 대표적인 것이 카르텔(cartel)인데, 기업들이 공동으로 생산량을 제한하여 높은 판매가격을 책정하는 것이다. 그러나 이런 카르텔은 독점화시도로 여겨지므로 대부분의 나라에서 금지하고 있다. 그래서 과점기업들은 다른 방법으로 경쟁을 피하는 암묵적인 담합을 시도하고 있다. 이때 사용되는 대표적인 방법의 하나가 가격선도로서 어떤 한 기업이 가격결정을 선도하면, 다른 기업들이 그 가격을 따라가는 것이다. 그래서 앞의 RV차의 경우도 한 기업이 가격을 정하면 다른 기업도 그것에 따르는 전형적인 예로 볼 수 있다.

이와 같이 과점시장에서 암묵적인 담합인 선도가격에 의해 설정되고 있는 경향이 높다. 대신에 각 기업들은 제품차별화를 통해 경쟁을 하고 있다. 질, 디자인, 서비스, 판매조건 등의 차별화를 통해 경쟁을 하고 있다. 가전제품, 주류, 정유회사 등이 여기에 해당되는 과점시장이다.

7강 일반보다 학생요금이 낮은 것은 정부규제 때문인가?

우리가 평소에 버스요금이나 박물관의 입장료에서 학생을 할인하는 경우를 흔히 볼 수 있다. 이러한 할인은 공공요금으로서 아직 소득이 없는 학생들에게 요금을 낮게 함으로써 부모님들의 가계살림에 다소나마 도움을 주려는 정부의 의지가 담겨 있지만, 실제로는 가격차별전략을 통해 이윤을 더욱 확대시켜 이윤을 극대화하려는 동기에서 나타나는 시장현상이지, 저소득자나 경제적 약자들을 위해서 하는 자선행위가 아니다. 더욱이 나아가서 정부의 규제 때문만도 아니다.

그러면 학생과 같은 저소득자에게 낮은 가격을, 고소득인 일반인에게 높은 가격을 부여하는 가격차별이 어떻게 이윤을 증가시킬까? 제4장 7강 가격변화와 판매수입에서 본 것처럼, 수요탄력적인 경우 가격을 하락시키면 수입이 증가하고, 수요비탄력적인 경우 가격을 상승시키면 수입이 증가한다. 따라서 소득이 낮아 가격에 민감한 학생들에게는 가격을 하락시키고, 상대적으로 소득이 높아 가격에 상대적으로 둔감한 일반인들에게 가격을 상승시키면 수입이 증대되기 때문이다.

그렇다고 무조건 가격을 차별할 수 있나? 그렇지 않다. 가격차별을 실시하기 위해서는 첫째, 판매자가 독점기업이거나 적어도 어느 정도의 시장지배력, 즉 가격결정권을 가지고 있어야 한다. 둘째, 판매자는 소비자를 가격탄력성이 각기 다른 특성을 가진 소그룹으로 분할할 수 있어 각 그룹에 각기 다른 가격을 책정할 수 있고, 시장을 독립적인 작은 시장으로 분할할 수 있어야 한다. 셋째, 소비자가 구입한 상품을 자신이 소비할 뿐 다시 판매할 수 없어야 한다. 만약 상품을 싼 가격으로 구매한 사람이 비싼 가격으로 쉽게 전매할 수 있다면, 싼 가격으로 살 수 있는 시장에서 사서 높은 가격으로 팔리는 시장에 전매할 것이기 때문이다. 그러면 시장별 가격차별효과가 곧 상쇄될 것이다. 주로 전매가 불가능하도록 수출품시장과 내수시장의 분할처럼 지역적으로 두 시장간의 거리가 멀어 수송비가 많이 들어 전매가 불가능한 경우나, 서비스처럼 생산과 동시에 소비됨으로써 전매가 원천적으로 불가능한 경우에 가능하다.

가격차별은 실제로 우리 주위에 흔하다. 예를 들면, 매달 내는 전기요금도 한국전력이 시장을 분할하고 있다. 낮시간대와 자정이후(심야)의 요금산정률이 다르며, 산업용과 일반가정용에 대한 요금산정률도 서로 다르다. 가정용은 비싸지만 산업용은 상대적으로 낮은 요금률을 적용하고 있다. KTX의 요금이 주중과 주말의 요금이 다른 경우라든지, 국제전화요금이 주간에는 비싼 요금이나 야간이나 주말에는 싼 요금을 적용하고 있다.

그러나 소비자의 입장에서 보면 기업들의 가격차별화전략은 별로 달갑지 않게 생각할 수도 있다. 기업이 가격차별을 통해 이윤을 더 큰 폭으로 확대시키고 있다고 믿기 때문이다. 그러나 꼭 그런 것은 아니다. 예를 들어, 시골병원과 같이 평균비용이 가격보다 위쪽에 위치함으로써 단일가격만 고수하면 병원이 파산할 수 있어 소비자들도 피해를 입을 수도 있다. 이런 경우 가격차별을 통해 의사뿐만 아니라 시골의 환자 모두에게 혜택이 돌아가는 효율적인 가격관리정책이 될 수도 있다.

이와 같이 독점기업이 소비자의 유형에 따라 똑같은 상품에 대해 몇 가지 다른 가격을 받는 행위를 가격차별(price discrimination)이라고 한다. 즉 똑같은 상품인데도 어떤 사람에게는 높은 가격을 받고, 다른 사람에게는 낮은 가격을 받는 행위를 한다. 이와 같은 가격차별을 하는 이유는 그렇게 함으로써 이윤이 더 커질 수 있기 때문이다.

가격차별의 예는 독점이 아닌 다른 시장에서도 많이 볼 수 있으며, 전기, 수도 등 공공요금에서도 볼 수 있다. 공공요금의 경우에는 이윤을 극대화하려는 데 목적이 있는 것이 아니라, 생산물의 사용량을 조절하고자 하는 데 그 목적이 있는 경우도 많다.

에버랜드에서는 왜 입장권 이외에 놀이기구를 탈 때마다 요금을 받을까?: 이부가격제도

독점기업은 경우에 따라서 이부가격제도를 사용하기도 한다. 이부가격제도(two-part tariff system)란 상품을 살 수 있는 권리를 따로 팔고 상품가격을 가급적 낮게 매기는 것이다. 골프장, 헬스클럽, 콘도 등을 이용하려면 회원권을 우선 사고, 이용할 때마다 따로 이용요금을 내야 한다. 에버랜드, 롯데월드 등에 가면 우선 입장권을 사고, 개별 놀이기구마다 따로 이용료를 내야 한다. 왜 회원권이나 입장권처럼 상품을 살 수 있는 권리를 따로 팔까?

그 이유는 이렇게 하는 것이 미지의 많은 소비자로부터 소비자잉여를 흡수하는 한편, 이윤극대화를 추구할 수 있기 때문이다. 해당 상품의 소비로부터 많은 소비자잉여를 얻는 소비자라면, 회원권이나 입장권이 비싸다 하더라도 소비자잉여를 밑도는 한 상품을 살 수 있는 권리인 회원권을 구입할 것이다.

이러한 이부가격제도는 박리다매를 노리는 이마트(Emart), 월마트(Walmart)와 같은 대형할인점, 사전에 수요의 크기를 파악해야 할 필요성이 큰 유기농산물판매점 등에서도 이부가격제도가 활용되고 있다. 이부가격제도가 이윤극대화에 부합된다는 것은 이론적으로 명료하게 보이기가 쉽지 않지만, 위의 사례처럼 현실세계에 폭넓게 보급되고 있다는 사실로부터 이부가격제도를 통해 기업이 이윤극대화를 도모하고 있다는 것을 알 수 있을 것이다.

8강 광고는 가격을 높이면서 불필요한 소비만 촉진시키는가?

"광고는 가격을 높이면서 불필요한 소비만 촉진시킨다"고 비난을 받는다. 광고비용이 고스란히 생산원가에 전가되어 상품판매가격을 인상시키기 때문이다. 그리고 반복되는 광고로 소비자는 세뇌를 당해 상품에 대한 변별력이 떨어지고, 불필요한 구매의 충동을 느끼기도 하여 과소비를 부추기는 경향도 있기 때문이다.

이와 같이 광고는 부정적인 것인가? 그렇지 않다. 긍정적인 측면이 많기 때문에 존재하는 것이다.

기업에서 생산된 좋은 품질의 상품을 판매하려는 사람들은 소비자들로부터 자기가 판매하는 상품이 품질이 좋다는 정보를 구매자에게 전달하려 한다. 자기가 판매하는 상품이 진정으로 제일 좋다는 정보를 설득할 수 있는 좋은 신호(signal)방법을 찾아내야 한다. 이러한 신호방법에는 품질보증, 명품화, 충실한 애프터서비스 등의 방법이 있지만, 그 외로 중요한 것이 바로 광고에 의한 신호방법이다.

상품에 대한 여러 가지 신호방법 중에서 신문이나 텔레비전을 통해 광고하는 것도 좋은 품질을 알리는 한 방법이다. 기업들이 값비싼 광고료를 지불하면서까지 상품광고에 열중하는 이유는 무엇일까? 비싼 광고료를 내면서 신문에 전면광고나 골든아워에 텔레비전 광고를 내보낼 수 있는 기업이 만든 상품은 품질이 틀림없이 좋을 것이라는 신호를 소비자에게 보내 현혹시킨다. 왜냐하면 품질에 자신이 없는 기업은 비싼 광고료를 지불하면서까지 광고를 하지 않을 것이라고 소비자들은 생각하기 때문이다. 이와 같이 기업들이 광고에 '올인'을 하는 까닭은 광고가 좋은 상품이라는 이미지(신호)를 심는 데 가장 효율적인 방법이기 때문이다.

일반적으로 광고는 생산자가 소비자에게 상품의 가격과 품질에 관한 정보를 상대적으로 싼 비용으로 제공할 수 있는 편리한 수단이다. 광고를 통해 소비자들은 신상품이나 다양한 상품들이 시장에 있다는 정보를 제공받는다. 또한 광고는 판매자(공급자)들로 하여금 가격과 품질경쟁에 나서게 한다. 왜냐하면 광고는 유사한 상품들의 가격을 쉽게 비교할 수 있게 하기 때문이다. 그 결과 광고는 유사한 상품이나 서비스 사이의 가격편차를 축소하는 역할도 한다. 물론 광고가 유사한 상품간에 가격편차를 항상 줄이는 것만은 아니다. 어느 기업이 광고를 통해 소비자들로 하여금 자사상품이 여타 대체상품과는 전혀 차원이 다른 품질의 제품임을 설득하는 데 성공한 경우에는 보다 높은 가격을 받을 수도 있어, 오히려 유사상품간에 가격편차를 오히려 확대시킬 수도 있기 때문이다. 즉 가격에 의한 품질신호를 할 수도 있다. 사람들은 대체로 가격과 품질을 일치시켜 생각하는 경향이 있기 때문이다. 일반적으로 품질이 좋은 상품은 고가이고 품질이 조잡한 상품은 가격이 싸다고 인식되기 쉽다.

또한 광고는 상품의 질에 관한 정보가 부족한 상황에서 좋은 질의 상품을 만들어 파는 기업이 처하게 되는 어려움을 극복할 수 있게끔 해 준다는 점에서도 사회에 이득을 가져다 줄 수 있다. 소비자들이 어떤 것이 좋은 상품이고 어떤 것이 나쁜 상품인지 구별하지 못할 경우, 좋은 질의 상품을 생산하는 기업은 상대적으로 손해를 보게 된다. 만약 광고가 상품의 질에 대한 신호를 효과적으로 전달해 주는 기능을 발휘한다면, 좋은 질의 상품을 생산하는 기업은 광고를 통해 이와 같은 어려움에서 벗어날 수 있다. 일반적으로 좋은 질의 상품을 생산하는 기업은 나쁜 질의 상품을 생산하는 기업에 비해 더 많은 광고를 한다고 기대할 수 있다. 소비자들이 자신의 상품을 한 번 써본 다음 반드시 다시 찾게 될 것이라고 믿는 기업은 광고를 통해 소비자들이 그 상품을 써보도록 만드는 것이 매우 중요한 일이라고 생각한다.

그렇지만 광고가 이와 같은 긍정적인 측면만 있는 것은 아니다. 예를 들면 비누나 치약은 대개 성분이 비슷한데도 색이나 향기를 약간 다르게 만든 다음, 자신의 상품만이 독특한 효능을 가진 듯 선전하는 것을 볼 수 있다. 그 광고비의 부담은 결국 비누나 치약을 구입하는 소비자가 지게 될 것이므로 광고는 상품의 가격만 높이는 결과를 가져온다.

또한 광고는 기존 기업이 새로운 기업의 진입을 막는 수단으로 사용할 수도 있다. 새로운 기업이 진입할 기미가 보일 때, 기존 기업이 대대적인 광고활동을 벌여 그 기업의 진입을 어렵게 만들 수도 있다. 새로 들어올 기업이 그렇게 많은 광고비용을 부담하기 힘들 것이라는 예상하에서 일종의 시위를 하는 셈이다. 결국 그 기업이 진입을 포기하면, 그 때 기존 기업은 상품을 가격을 올려 광고비용을 회수하려 할 것이다. 결국 소비자는 더 낮은 가격에 그 상품을 살 수 있는 기회조차 잃어버릴 뿐 아니라, 앞으로 더 높은 가격을 지불해야 하는 결과까지 나타날 수 있다.

마지막으로, 거짓이 섞인 광고로 인해 소비자들이 피해를 입는 것도 문제점의 하나로 들 수 있다. 거짓이 섞인 광고를 규제하는 법률이 있지만, 현실적으로는 '한탕'을 노려 거짓된 광고를 서슴지 않는 기업이 상당히 많다. 이런 광고를 일삼는 기업은 거짓된 광고를 통해 소비자로 하여금 한번 시험해 보게끔 충동하는 효과를 노리고 있다. 예를 들면 입기만 해도 살이 빠지는 옷이라든가, 중한 병을 기적처럼 낫게 하는 특효약이라는 등의 거짓 광고에 속아 큰돈을 날리고 울상을 짓는 소비자들을 우리는 종종 볼 수 있다. 이러한 사례들은 광고의 부정적인 측면이라고 할 수 있다.

요약

1. 이윤극대화조건은 한계수입과 한계비용이 일치하는 것이다.
2. 조업중단조건은 수입이 가변비용과 같거나 적을 경우이다. 그래서 특히 수입이 가변비용과 같은 경우를 '조업중단점'이라고 한다.
3. 전기시장에서 한전과 같이 시장전체의 공급을 혼자서 점유하고 있는 것을 '독점시장', 승용차시장에서 현대, 기아, 대우, 삼성 등과 같이 시장전체 공급을 소수 몇 개의 회사가 점유하고 있는 것을 '과점시장', 채소와 같이 각 개별 장사가 차지하는 비중이 아주 낮은 것을 '경쟁시장', 음식점과 같이 비중은 낮으나 질의 차이가 있는 것을 '독점적 경쟁시장'이라고 한다.
4. 경쟁시장에서는 어느 한 소비자나 판매자에 의해서 가격이 결정되는 것이 아니라 시장전체의 수요와 공급에 의해 결정되는 것이다. 그러므로 개별판매자나 소비자는 시장에서 결정된 가격을 수용할 수밖에 없다. 따라서 경쟁시장의 개별판매자는 단지 자신들의 이윤극대화를 위해 주어진 가격에서 얼마나 판매(공급)할 것인가를 결정할 뿐이다. 독점시장은 혼자서 공급을 독점하기 때문에 소비자는 다른 곳을 이용할 수 없으므로, 판매자가 원하는 가격으로 구입할 수밖에 없다. 따라서 독점기업은 원하는 가격으로 판매할 수 있다. 그러므로 독점기업은 경쟁기업과는 달리 이윤을 극대화할 수 있는 가격과 공급량을 탐색하여 결정해야 할 것이다. 독점화의 원인으로는 정부의 독점사용권 부여, 규모의 경제가 작용하는 산업, 독특한 기술에 의한 특허, 필수 생산요소의 독점 등이 있다.

5. 독점적 경쟁기업은 제품차별화에 의한 독점력으로 독점처럼 이윤극대화하는 가격과 공급량을 탐색하여 결정하지만 경쟁기업들이 존재하므로 독점만큼 높은 가격을 설정할 수는 없다.

6. 상호의존성이 높은 과점시장에서는 담합을 할 유인이 높다. 담합의 대표적인 것이 '카르텔'인데, 기업들이 공동으로 생산량을 제한하여 높은 판매가격을 책정하는 것이다. 그러나 이런 카르텔은 독점화시도로 여겨지므로 대부부의 나라에서 금지하고 있다. 그래서 과점기업들은 다른 방법으로 경쟁을 피하는 암묵적인 담합을 시도하고 있다. 이때 사용되는 대표적인 방법의 하나가 가격선도로서 어떤 한 기업이 가격결정을 선도하면, 다른 기업들이 그 가격을 따라가는 것이다. 대신에 각 기업들은 제품차별화를 통해 경쟁을 하고 있다. 질, 디자인, 서비스, 판매조건 등의 차별화를 통해 경쟁을 하고 있다.

7. 가격차별전략은 이윤을 더욱 확대시켜 이윤을 극대화하려는 동기에서 나타나는 시장현상이지, 저소득자나 경제적 약자들을 위해서 하는 자선행위가 아니다. 더욱이 나아가서 정부의 규제 때문만도 아니다. 가격에 민감한 수요에 탄력적인 사람들에게는 낮은 가격을, 상대적으로 가격에 둔감한 수요에 비탄력적인 사람들에게 높은 가격을 매긴다. 가격차별을 실시하기 위해서는 첫째, 판매자가 독점기업이거나 적어도 어느 정도의 시장지배력, 즉 가격결정권을 가지고 있어야 한다. 둘째, 판매자는 소비자를 가격탄력성이 각기 다른 특성을 가진 소그룹으로 분할할 수 있어 각 그룹에 각기 다른 가격을 책정할 수 있어, 시장을 독립적인 작은 시장으로 분할할 수 있어야 한다. 셋째, 소비자가 구입한 상품을 자신이 소비할 뿐 다시 판매할 수 없어야 한다.

8. 광고는 가격인상, 불필요한 소비촉진 등의 부정적인 측면도 있지만 긍정적인 측면이 많기 때문에 존재한다. 일반적으로 광고는 생산자가 소비자에게 상품의 가격과 품질에 관한 정보를 상대적으로 싼 비용으로 제공할 수 있는 편리한 수단이다. 광고를 통해 소비자들은 신상품이나 다양한 상품들이 시장에 있다는 정보를 제공받는다. 또한 광고는 판매자(공급자)들로 하여금 가격과 품질경쟁에 나서게 한다. 그 결과 광고는 유사한 상품이나 서비스 사이의 가격편차를 축소하는 역할도 한다.

제 9 장
시장실패와 정부실패

1강 독과점 금지법은 왜 존재하는가?

"세계 1위 소프트웨어 업체인 마이크로소프트(MS)는 MS가 시장을 독점해 폭리를 취하고 있다는 법정 소송을 제기한 소비자들과 상품권을 지급해 보상하기로 합의했다. MS는 2003년 1월 10일(현지시각) 미국 캘리포니아주(州)에서 진행되고 있는 반(反)독점 소송을 끝내기 위해 11억달러를 지급하기로 합의했다고 주요 외신(外信)들이 보도했다. MS는 이에 따라 자사의 PC 주변기기와 소프트웨어 등을 구입할 수 있는 11억달러어치의 상품권을 캘리포니아주 소비자들에게 나누어줄 계획이다. 주(州) 소비자들은 MS가 독점적인 지위를 이용, 지나치게 비싼 가격에 제품을 판매하고 있다며 지난 1999년 반독점 소송을 제기했다. 이번 합의안이 올 여름쯤 최종 확정될 경우 지난 1995년 2월~2001년 12월 MS의 윈도우(운영체제), 엑셀(표 계산 프로그램), 워드(문서작성 프로그램) 등을 구입한 소비자들이 혜택을 받게 된다. MS는 그러나 이날 미국 미디어 소프트웨어 업체들이 MS가 운영체제에 윈도우 미디어 플레이어를 끼워 팔아 경쟁사들이 고사(枯死) 위기에 처했다며 제기한 소송을 미국 연방지방법원이 받아들임에 따라 또 다른 반독점 소송에 직면하게 됐다."(조선일보, 2003년 1월 13일)

자동차의 가치, 비용, 사회적 순이익

생산량	한계가치(MV)	한계비용(MC)	사회적 순이익	생산여부
1	10	6	4	O
2	9	7	2	O
3	8	8	0	O
4	7	9	-2	X
5	6	10	-4	X

위의 기사처럼 대부분의 정부는 독과점을 규제하고 있다. 왜 그럴까? 독과점이 경쟁보다 가격이 높아서 그들이 소비자들에게 폭리를 취하기 때문일까? 그렇게 볼 수도 있지만 그것은 논리적인 답이라기보다 감정적인 답에 지나지 않는다.

자원은 희소하므로 가장 가치 있게 이용되어야 한다. 즉 효율적으로 이용되어야 한다. 효율적인 자원이용의 의미를 파악하기 위해 가상의 예를 들어보자. 자동차의 한계가치와 한계비용이 위의 표와 같다고 하자.

첫 번째 자동차에 대해 소비자는 10원의 가치로 평가하고 있고 그것은 생산하는 데 드는 비용은 6원이다. 이것이 생산된다면 사회적으로 얻는 가치는 10인 반면 포기하는 가치(즉, 비용)는 6으로서 4만큼 득이 된다. 따라서 생산되어야 할 것이다. 반면 4번째 자동차의 경우 생산으로 얻는 가치는 7이고 포기한 가치는 9로서 그것이 추가 생산된다면 사회적으로 얻는 가치는 -2가 된다. 따라서 한계가치 값이 한계비용보다 작지 않는 한 생산되어야 한다. 즉 MV=MC가 되는 때까지 생산되어야 자원이 효율적으로 이용되는 것이다. 이 예에서는 3대의 생산이 효율적인 생산이다.

그러면 경쟁시장에서는 몇 단위가 생산될까? 어떤 기업이 1대를 생산하면 소비자가 그것의 가치를 10원으로 평가하므로 10원이라면 생산비용이 6원이므로 그 기업은 4원의 (초과)이윤을 얻는 것이다. (초과)이윤이 발생하면 정상이윤보다 더 벌므로 새로운 기업이 진입한다. 새로운

독점기업의 수입, 비용, 이윤

생산량	MV	MC	P	TR	MR	TC	π	MR≷MC	생산여부
1	10	6	10	10	10	6	4	10〉6	O
2	9	7	9	18	8	13	5	8〉7	O
3	8	8	8	24	6	21	3	6〈8	X
4	7	9	7	28	4	30	-2	4〈9	X
5	6	10	6	30	0	40	-10	8〈10	X

기업은 1대를 더 생산할 때 추가비용은 7인 반면, 소비자는 그 두 번째 가치를 9원으로 평가하므로 9원을 받게 되면 2원의 이윤을 얻게 된다. 또 한 기업이 1대를 더 생산할 때 추가비용은 8원이고 소비자의 평가도 8원이므로 (초과)이윤은 "0"이 된다. 이제는 (초과)이윤이 없으므로 더 이상의 진입이 일어나지 않는다. 그래서 경쟁시장에서는 MV=MC가 되는 3대의 생산이 이루어진다. 이러한 점에서 경쟁시장은 효율적인 시장이다.

이제 독점시장에서는 얼마나 생산되는가를 살펴보자.

진입이 허용되지 않고 한 기업이 생산하는 경우를 살펴보는 것이다. 그 기업은 독점력을 이용하여 이윤이 극대화되는 곳(즉 MR=MC)에서 생산을 할 것이다. 이를 파악하기 위해 이 기업의 MR, MC 및 이윤 등을 도출해 보면 위의 표와 같다.

이윤이 극대화 되는 것은 2단위이므로 2대만 생산된다. 경쟁시장에서는 생산되던 3번째 자동차가 생산되지 않는 것은 초과이윤이 3만큼 발생하더라도 새로운 기업의 진입이 저지되어 있기 때문이다.

이와 같이 독점시장에서는 진입이 제한되어 있으므로 효율적인 생산량보다 적게 생산되고 있다. 이런 점에서 독점은 자원이용에 있어서 비효율적인 것이다. 과점의 경우에도 담합으로 독점기업처럼 행동하거나, (초과)이윤이 발생하더라도 새로운 기업의 진입이 역시 저지되므로 자원이용이 비효율적이다. 독점적 경쟁의 경우에도 질적 차이에 의한 독점력으로 (초과)이윤이 있더라도 새로운 기업의 진입이 어려우므로 자원 이용에 있어 약간의 비효율성을 나타낸다고 볼 수 있다. 그러나 독점적 경쟁은 경쟁에 비해 제품차별화로 다양한 소비자의 욕구를 충족시켜 주는 장점이 있어 비효율성을 상당히 상쇄시켜 준다.

이상에서 본 바와 같이 경쟁시장 이외에서는 자원배분의 비효율성이 발생하고 있는 것이다. 그래서 자원배분의 효율성을 위해 정부는 독과점금지법, 공정거래법 등과 같은 법률을 정해 시행하고 있는 것이다.

한편 시장에 맡겨 놓았을 때 시장이 자원배분을 효율적으로 하지 못하는 것을 '시장실패'(market failure)라고 한다. 위에서 본 바와 같이 시장이 경쟁적이지 못하면 자원배분이 비효율적이 되므로 불완전경쟁은 시장실패의 원인인 것이다.

효율적 자원배분을 위해서 암표시장이 필요한가?

한 경제가 희소한 자원을 효율적으로 배분하기 위해서는 재화와 서비스가 그 가치를 가장 높게 평가하는 소비자에게 돌아가야 한다. 암표는 시장이 어떻게 효율적 자원배분을 달성하는가를 보여주는 한 예이다.

암표상들은 인기 있는 운동경기나 음악회가 있을 경우, 정가로 표를 구입해서 암표를 원하는 사람들에게 비싸게 판다. 암표상들은 시장에서 거래될 수 있는 가장 높은 가격을 받음으로써, 그 티켓을 꼭 사고 싶어하는 소비자(즉 티켓을 가치를 가장 높게 평가하는)가 그 티켓을 살 수 있도록 하는 것이다.

그러나 암표거래의 합법화 여부를 두고는 논란이 많다. 암표거래를 합법화시켜야 한다고 보는 쪽의 주장은 다음과 같다. 우선 암표거래에 대한 제재는 많은 사람들을 불편하게 만든다. 몇 시간이고 줄을 서는 불편과 그 기회비용을 생각해 보면 쉽게 이해가 된다. 둘째, 연극, 영화, 공연, 운동경기 등 문화, 스포츠 행사의 청중을 감소시킨다. 셋째, 단속하는 경찰의 시간을 낭비시킨다. 넷째, 행사가 열리는 지방정부의 조세수입을 감소시킨다. 다섯째, 소득재분배 측면에서 볼 때 암표거래가 바람직하다고 볼 수 있다. 왜냐하면 암표를 구입하는 사람들은 대부분 시간당 기회비용이 높은 고소득층이 많고, 암표상들은 대부분 가난한 저소득층이기 때문이다.

반면 암표거래를 반대하는 사람들은 첫째, 암표거래를 방치하면 비싼 가격 때문에 대부분의 사람들이 표를 구할 수 없고 둘째, 오랜 시간이 걸리더라도 똑같이 줄을 서서 기다리는 것이 공평하다고 주장한다.

대다수의 경제학자들은 암표거래를 합법화시켜야 한다는 견해에 찬성하는 입장이며, 그 이유는 이렇다. 줄을 서서 기다리는 시간의 기회비용이 큰 사람들은 기꺼이 정가보다 비싼 암표를 구입할 것이다. 이런 수요에 부응하는 암표상의 중개행위는 생산활동으로 볼 수 있으며, 소득재분배 측면에서도 도움을 줄 수 있다고 본다. 또한 만약 암표거래가 합법화된다면 암표상들간의 경쟁으로 인해 암표가격이 내려갈 소지도 있다고 본다. 따라서 암표거래는 찬반 양론이 있다. 그러나 대부분의 국가에서 암표거래는 불법적인 거래로 간주되고 있다.

2강 환경은 조금도 손상되어서는 안 되나?

흔히 환경단체들은 "환경은 하나도 손상되어서는 안 되며 오염의 적정수준은 0"이라고 주장한다. 과연 그들 주장대로 환경은 조금도 손상되어서는 안 되는가?

자동차의 생산과 이용으로 매연이 발생하고 있다. 그 매연으로 인해 생산 및 이용에 관련되지 않은 제3자들이 건강이 악화되는 피해를 입는다. 그런데 시장에 맡겨놓으면 생산 및 이용수준은 그런 나쁜 영향을 고려하지 않은 채, 단지 (순수한) 생산비용만 고려되어 결정될 뿐이다.

만약 그런 피해를 고려한다면 비용은 높아질 것이고 생산은 줄어들 것이고, 그 때의 생산량이 효율적인 생산이 되는 것이다. 따라서 그런 나쁜 영향이 발생할 때 시장에 맡겨 놓으면 비효율적으로 과다하게 생산된다. 제3자에게 좋은 영향을 줄 때 그런 편익이 고려되지 않아서 과소생산되는 비효율성이 발생한다.

이와 같이 그 활동에 관련되지 않은 제3자에게 영향을 주되 그 대가를 지불하지 않는 것을 외부효과(external effect) 또는 외부성(externalities)라고 한다. 위의 예에서처럼 제3자에게 나쁜 영향을 주는 것을 외부불경제(external diseconomy)라 하고 그 피해를 외부비용(external cost)이라고 한다. 반면 제3자에게 좋은 영향을 주는 것을 외부경제(external economy)라 하고, 그 이익은 외부편익(external benefits)이라고 한다.

그러므로 외부효과가 발생할 때 시장이 경쟁시장이더라도 자원배분이 비효율적인 시장실패가 발생하는 것이다. 이런 이유로 정부는 매연·오염 등 외부비용을 생산자가 부담하도록 매연세, 오염세를 부과시키는 것이다.

그렇더라도 매연 및 오염수준이 0이 되도록 매연세, 오염세를 부과하는 것은 적절하지 않다. 만약 매연이 전혀 나오지 않도록 하기 위해서는 자동차에 매연제거장치를 달아야 할 것이고, 이로 인해 자동차의 가격은 높아지게 될 것이다. 그 결과 가격이 너무 높아 구입을 포기하여 자동차를 이용하지 못하는 사람은 전에 비해 시간손실과 불편이라는 대가를 치르게 된다.

따라서 오염수준을 0으로 하는 이득이 대가보다 작다면 오염수준이 0이 되는 것은 바람직하지 못하다. 그렇다고 오염수준을 0이 되도록 하는 것을 무조건 반대하는 것은 아니다. 그렇게 되도록 하기 위해서는 오염방지 기술의 개선에 초점을 두어야 한다는 것이다. 개선이 되면 오염방지장치의 가격이 낮아지면 자동차의 가격도 낮아져 자동차를 이용하지 못하는 불편이 작아지기 때문이다.

3강 대부분의 도로는 왜 정부가 공급하나?

국도와 지방도는 건설부나 지자체가 공급을 하고 있으며, 고속도로는 한국도로공사가 공급하는 바와 같이 거의 대부분의 도로는 정부와 관련기관이 공급하고 있다. 이와 같이 민간기업이 왜 공급을 하지 않을까?

이를 파악하기 위해 도로의 특성을 살펴보자. 고속도로와 같은 유료도로를 제외하면 대가를 지불하지 않고서도 그것을 이용할 수 있다. 이런 특성을 비배제성(non-excludability)이라 한다.[1] 또한 누가 그것을 이

1) 이런 특성을 비배제성이라고 하는 것은 배제성이란 대가를 치루지 않으면 그것의 혜택을 볼 수 없는 것, 즉 혜택으로부터 배제되는 것을 말하기 때문이다.

용한다고 해서 다른 사람의 혜택이 그만큼 줄어드는 것도 아니다. 어떤 사람이 그 도로를 이용하면 다른 사람이 그만큼 이용을 할 수 없는 것이 아니다. A라는 도로를 두 자동차가 동시에 출발해도 뒤따라 달리면 둘 다 그 도로를 이용할 수 있기 때문이다.[2)]

도로는 이런 특성들 때문에 어느 누구도 이용에 대한 대가를 지불하려고 하지 않는다. 비배제성으로 도로가 일단 공급되면 대가를 지불하지 않고서도 이용할 수 있으며, 비경합성으로 타인의 통행에 거의 불편을 주지 않으므로 어느 누구도 대가를 지불하려 하지 않고, 누군가가 그 대가를 지불해주길 원한다. 이것을 무임승차(free rider) 하려고 한다. 따라서 민간기업이 공급한다면 비용만 들고 수입이 없기 때문에, 어떤 민간기업도 건설하려고 하지 않는다.

그렇지만 도로는 전체적으로 볼 때 비용보다는 이용으로 인한 편익이 높으므로 건설되어야 하는 것이다. 따라서 정부가 건설을 하고, 드는 비용은 국민들로부터 거두는 세금으로 충당한다.

이상에서 본 바와 같이 무료도로와 같이 비배제성과 비경합성의 특성을 갖고 있는 재화를 공공재(public goods)[3)]라 하는데, 공공재는 그런 특성으로 무임승차의 유인이 발생하므로, 민간기업에 맡기면 사회적으로 필요한 양만큼의 적절한 양이 공급되지 않는다. 그러므로 시장이 경쟁적이더라도 공공재가 존재하면 시장실패가 일어나는 것이다. 따라서 이런 이유에서 공공재는 정부가 공급하고 있다.

유료고속도로의 경우 경합성은 없으나 배재성은 있다. 이런 경우 민

---

2) 이런 특성을 비경합성(non-rivalry)이라고 한다. 이런 특성을 비경합성이라고 하는 것은 경합성이란 누가 그것을 이용하면 타인의 혜택이 그만큼 줄어드는 것을 말하기 때문이다. 예를 들면 빵이 100개 있는데 A가 10개 차지하면 B는 나머지 90개만 차지할 수밖에 없어 A가 차지한 10개만큼 혜택이 줄어든다.

3) 이런 공공재의 다른 예로는 국방, 치안, 등대 등이 있다. 반면 배재성과 경합성이 있는 일반재화를 사적재(private goods)라 한다.

간기업에 맡기면 건설비용에 맞추어 가격을 결정하게 되는데, 그러면 아주 높은 건설비용으로 통행료가 굉장히 높을 것이다. 통행료가 아주 높게 되면 고속도로의 이용자는 거의 없을 것이다. 따라서 민간기업이 건설하는 것이 어렵다. 대신에 정부는 적정 통행료를 제시하고 그 요금으로 인한 손해를 보충해 주면서 관리할 수 있는 도로공사를 설립하여 고속도로의 건설과 관리를 맡기고 있다.

4강 정부가 시장실패의 문제를 잘 해결하는가?

우리는 시장 스스로 경제적 효율성을 달성하지 못할 수 있는 시장실패의 경우들을 살펴보았다. 독점 등의 불완전경쟁, 외부효과, 그리고 공공재는 시장실패의 그 예였다. 정부는 이러한 시장실패를 바로잡기 위해 다양한 방법을 사용한다. 독점과 불완전경쟁으로 인한 폐해를 줄이기 위해 반독과점 조치와 규정을 마련하고, 외부효과의 문제를 해결하기 위해 세금을 부과하거나, 보조금을 지급하거나, 환경규정 등의 방법으로 해결하고자 하고, 공공재의 문제는 정부가 직접 공급하여 해결하고자 한다. 즉, 정부는 시장실패를 보정하고 교정하기 위하여 시장의 자율에 맡겨두지 않고 개입을 하게 된다. 그리고 많은 사람들은 시장실패를 방지하기 위한 정부의 시장경제에 대한 정부의 개입(조치)은 필요하며 정부가 해결할 것으로 기대한다. 하지만 정부가 항상 시장의 효율성을 높이는 것은 손쉬운 일이 아니다. 정부가 시장실패문제를 해결하는 데는 일정한 한계가 있다. 심지어 시장경제에 대한 정부의 개입은 오히려 시장의 효율성을 저해하거나 시장실패 문제를 악화시킬 수도 있다.

정부는 항상 시장보다 좋은 결과를 가져올 것인가에 대한 물음에 한마디로는 대답할 수는 없지만, 근래의 상황을 살펴보면 시장실패에 못지 않게 정부의 시장개입이 오히려 시장의 자원배분의 비효율성을 악화시키는 현상이 뚜렷해지고 있는데, 이를 두고 '정부실패'(government failure)라고 한다.

새만금사업의 예를 살펴보자.

새만금사업은 군산과 부안을 연결하는 방조제 33km를 만들고, 그 안쪽에 새로운 땅 28,300ha(8천5백만평)와 5억3천만㎥의 물을 담을 수 있는 담수호 11,800ha(3천6백만평) 등 총 40,100ha(1억2천1백만평)를 조성하는 사업이다. 이 사업은 1970년대 초 간척예정지로 조사되었다가 1980년대 초 냉해로 인한 쌀 흉작을 겪으면서 사업시행 논의가 본격화되었다. 1980년대 중반부터 경제적 타당성 분석, 환경영향평가, 주민동의, 관계부처 협의, 공유수면 매립면허 등의 절차를 거쳐 1991년부터 방조제를 건설해 왔다. 그러나 지난 1996년 시화호 수질오염이 사회문제로 대두되기 시작했다. 바다 물길이 막히면서 갯벌이 썩기 시작했고, 고기가 잡히지 않아 어민의 생존은 위협당하고 지역경제는 침체되기 시작했다. 또한 재원마련도 문제였지만 쌀이 남아도는 상황이어서 농업간척의 경제성이 떨어지고, 지역특성으로 보아 인근에 공단이나 산업기지건설이 추진되고 있었기 때문에 굳이 공업지역으로 개발의 타당성도 의심되기 시작했다. 마침내 1999년에는 공사가 중단되었다가 그 동안 투입된 사업비, 사업 규모, 공사진척 내용으로 볼 때 사업을 원점으로 되돌리기는 현실적으로 어렵다는 분석이 나오게 되고, 2001년 사업은 재개되고 이제는 사업의 부작용을 최소화할 수 있는 실질적인 대책을 마련하는 데 힘을 쏟고 있는 실정이다.

이처럼 정부가 어떠한 사업을 실시하면서 개발에 따른 비용과 편익, 외부효과의 가치를 나름대로 평가하여 비용보다 편익이 클 것으로 판단하여 사업을 실시하였지만, 정부는 정확하지 않은 정보를 바탕으로 사업을 실시한 결과 효율성의 제고보다는 또 다른 경제문제를 발생시키고 이 문제를 해결하기 위해 추가적인 정부개입이 필요한 상황이 되고 말았다. 즉, 시장경제에 대한 정부의 개입은 부정확한 정보와 미래의 불확실성으로 인해 오히려 문제를 더욱 더 악화시킬 수가 있다.

또한 정부는 1차적 시장문제를 해결하기 위해서는 재원이 필요로 하게 되고, 추가적인 문제해결을 위해서도 추가적 재원이 필요하게 되는데 이러한 재원은 가계이나 기업에 대한 세금으로 조달할 수밖에 없다. 이러한 조세 그 자체는 가계와 기업의 경제활동의 자율성을 침해하여 또 다른 비효율성을 초래할 수 있다.

그리고 정책을 입안하고 집행하는 정부 관리들은 자신이 속한 부처의 예산규모를 확대하고자 하는 유인이 있다. 왜냐하면 관료들은 봉급, 상여금, 승진 등에 관심이 있는데 이것들은 해당 부처조직에 배정된 예산의 크기에 따라 증대하는 경향이 있다. 따라서 관료들은 효율성보다는 예산극대화에 더 관심을 가지게 된다. 즉, 관료는 자신의 승진은 자신이 속한 부처의 예산규모에 영향을 받으므로 사업추진에 소요되는 비용은 낮게 평가하고, 편익은 과대평가하여 보다 많은 사업승인을 얻어 보다 많은 예산을 확보하고자 한다. 비록 관료집단의 이러한 비효율성을 감사나 검열 등을 통하여 이런 행동을 자제시키려고 하지만 그 효과는 제한적이다. 왜냐하면 관료집단을 감시, 감독하는 국회나 국민은 관료만큼 알지 못하기 때문이다. 이로 인하여 정부정책의 효율성은 떨어질 수밖에 없다.

또한 정부가 경제에 개입을 하는 이유가 시장의 효율성을 증진시키는 것 이외에도, 공평성(equity)이라든지 공정성(fairness) 등을 제고하는 다른 것에 있을 수도 있다. 즉, 빈부격차문제를 완화하기 위해 소득분배의 공평성을 제고하고자 다양한 사회보장제도를 실시하게 되면, 복지병이라 일컬어지는 근로의욕의 감퇴와 생활습관의 나태를 가져와 경제 전체의 효율성(efficiency)을 떨어뜨릴 수가 있다. 하지만 재분배의 결과로 나타난 효율성 상실로 인한 사회후생(social welfare)의 감소보다 공평성 증대로 인한 사회후생의 증대가 클 경우 정부의 재분배정책은 여전히 타당성을 가질 수 있다.

이렇게 볼 때 자원배분문제에 있어서 시장에 의한 실패도 있고, 정부에 의한 실패도 있을 수가 있다. 하지만 한 가지 명백한 사실은 대부분의 경제활동은 민간부문의 개별경제주체들에 의해 수행된다는 것이다. 그리고 종종 시장에 대한 정부의 개입이 필요로 하는 경우도 있지만 경제의 효율성을 달성케 하는 가장 강력한 힘은 개별 생산자와 소비자들의 활동이라는 것이다.

요약

1. 독점시장에서는 진입이 제한되어 있으므로 효율적인 생산량 보다 적게 생산되고 있다. 이런 점에서 독점은 자원이용에 있어서 비효율적인 것이다. 과점의 경우에도 담합으로 독점기업처럼 행동하거나 (초과)이윤이 발생하더라도 새로운 기업의 진입이 역시 저지되므로 자원이용이 비효율적이다. 독점적 경쟁의 경우에도 질적 차이에 의한 독점력으로 (초과)이윤이 있더라도 새로운 기업의 진입이 어려우므로 자원이용에 있어 약간의 비효율성을 나타낸다고 볼 수 있다. 그러나 독점적 경쟁은 경쟁에 비해 제품차별화로 다양한 소비자의 욕구를 충족시켜주는 장점이 있어 비효율성을 상당히 상쇄시켜준다. 그래서 자원배분의 효율성을 위해서 정부는 독과점금지법, 공정거래법 등과 같은 법률을 정해 시행하고 있는 것이다. 시장에 맡겨 놓았을 때 시장이 자원배분을 효율적으로 하지 못하는 것을 '시장실패'라고 한다. 시장이 경쟁적이지 못하면 자원배분이 비효율적이 되므로 불완전경쟁은 시장실패의 원인인 것이다.
2. 활동에 관련되지 않은 제3자에게 영향을 주되 그 대가를 지불하지 않는 것을 외부효과(또는 외부성)라고 한다. 제3자에게 나쁜 영향을 주는 것을 외부불경제라 하고 그 피해를 외부비용이라고 한다. 반면 제3자에게 좋은 영향을 주는 것을 외부경제라 하고, 그 이익은 외부편익이라고 한다. 그러므로 외부효과가 발생할 때 시장에서는 그런 효과가 고려되지 않으므로 시장이 경쟁시장이더라도 자원배분이 비효율적인 시장실패가 발생하는 것이다. 이런 이유로 정부는 매연 · 오염 등 외부비용을 생산자가 부담하도록 매연세, 오염세를 부과시키는 것이다. 그렇더라

도 매연 및 오염수준이 "0"이 되도록 매연세, 오염세를 부과하는 것은 적절하지 않다.

3. 비배제성과 비경합성의 특성을 갖고 있는 재화를 공공재라 하는데, 공공재는 그런 특성으로 무임승차의 유인이 발생하므로, 민간기업에 맡기면 사회적으로 필요한 양만큼의 적절한 양이 공급되지 않는다. 그러므로 시장이 경쟁적이더라도 공공재가 존재하면 시장실패가 일어나는 것이다.

4. 정부는 시장실패를 보정하고 교정하기 위하여 시장의 자율에 맡겨두지 않고 개입을 하게 된다. 그리고 많은 사람들은 시장실패를 방지하기 위한 정부의 시장경제에 대한 정부의 개입(조치)은 필요하며 정부가 해결할 것으로 기대한다. 하지만 정부가 항상 시장의 효율성을 높이는 것은 손쉬운 일이 아니다. 정부가 시장실패 문제를 해결하는 데는 일정한 한계가 있다. 개입이 오히려 시장의 자원배분의 비효율성을 악화시키는 현상이 뚜렷해지고 있는데, 이를 두고 '정부실패'라 한다.

제 10 장
경제성장과 불황

1강 나라의 후생수준을 나타내는 대표적 지표는?

어느 날 갑자기 만갑이는 마을 주민들의 전체적인 생활수준은 어느 정도이며, 전체 마을 주민들 중에서 자기의 소득수준이 어느 정도가 되는지 궁금하였다. 그래서 만갑이는 마을 주민들에게 일일이 연간 소득이 어느 정도가 되는지를 묻고 다녔다. 하지만 주민들은 자신의 소득을 만갑이에게 가르쳐 주는 것을 꺼려했다. 할 수 없이 만갑이는 다른 방법으로 마을 전체의 소득수준을 파악하고자 생각해 냈다. 만갑이가 생각해 낸 방법이 뭘까?

만갑이는 마을에서 생산해 출하한 쌀과 참외의 연간 생산량을 통하여 알아내고자 하였다. 즉, 가구마다 생산하여 출하한 쌀생산량과 참외 생산량에 그해의 쌀수매가격과 참외가격을 곱하여 마을 전체의 소득액을 파악하여 마을 가구수로 나누어 가구당 평균소득수준을 파악하였다. 그리고 자신의 소득과 비교하였다. 여러분 만갑이가 똑똑하죠?

신문지상이나 방송에서 국가 전체의 경제규모나 국민들의 생활수준을 언급할 때 GDP가 얼마이고, 1인당 GNI가 얼마라는 소식을 우리는 자주 접하게 된다. 이들 지표는 국가의 경제력이나 국민의 생활수준을 언급할 때면 어김없이 등장한다. 왜 그럴까? 그 답은 만갑이의 경우와 같다. 그러면 그 이유를 알아보기 위해 국가 전체의 경제규모와 소득수준을 나타내는 GDP와 GNP, GNI의 개념을 살펴보자.

GDP란 Gross Domestic Product로서 우리말로 국내총생산이라 한다. 이것은 다음과 같이 정의된다.

국내총생산(GDP)은 '일정기간 동안 한 나라 국경 내에서 생산된 모든 최종생산물의 시장가치'이다. 이 정의는 단순해 보일지 모르지만 단어 하나하나가 중요한 경제적 의미를 담고 있으므로 이제 그 내용을 하나씩 자세히 살펴보자.

GDP는… 시장가치이다

GDP는 실물단위로 측정되어야 할 것이다. 하지만 경제 내에서 1년 동안 생산하는 생산물의 종류와 단위가 다르다. 그러므로 서로 다른 생산물을 실물단위로 합계를 구할 수가 없다. 예를 들어 오렌지 10개와 자동차 10대를 단순히 합산할 수가 없는 것이다. 그러므로 서로 다른 많은 생산물의 가치를 합계하기 위해서 여러 가지 서로 다른 생산물을 시장가격을 기준으로 하여 합계하여 경제활동지표를 구하는 것이다.

또한 GDP는 기본적으로 시장거래를 통한 것만을 포함한다. 그러므로 타인의 가사활동, 즉 파출부의 가사 서비스는 시장거래를 통하므로 GDP에 포함되지만 주부들의 자가 가사활동이나 자가 경작을 한 채소의 소비 등은 GDP에 포함되지 않는다. 물론 이것들이 제외되어 GDP는 과소평가되고 있는데, 앞으로 더욱 더 전문화 사회가 되고 여성들의 사회진출이 늘어나게 되면 주부의 가사활동은 시장거래(파출부 활용)로 전환되거나 산업발전으로 주부의 가사활동을 도와주는 가전제품(세탁기, 전기밥솥 등)의 사용이 늘어나게 되면 가사활동시간이 줄어들어 가사노동

명목GDP와 실질GDP의 계산 예

	쌀		컴퓨터	
	생산량(톤)	가격(원)	생산량(대)	가격(원)
2004년	10	20,000	20	100,000
2005년	10	30,000	20	200,000

2004년 명목GDP	(10×20,000)+(20×100,000)=2,200,000
2005년 명목GDP	(10×30,000)+(20×200,000)=4,300,000

의 가치가 더욱 더 감소할 것이므로 과소평가되는 문제는 어느 정도 해결될 것으로 보인다.

그러나 GDP에는 시장에서 거래되지 않지만 추정하여 포함하는 것도 있다. 자가주택이 제공하고 있는 주거서비스의 가치는 상당히 크기 때문에 추정하여 GDP에 반영되고 있다.

한편 GDP는 시장가격으로 평가한 지표이므로 생산규모가 줄어들었거나 그대로 임에도 불구하고, GDP가 과대측정되는 문제가 발생할 수도 있다. 예를 들어 경제 전체가 2004년과 2005년에 생산한 생산물은 쌀과 컴퓨터 두 종류만 있고, 2004년과 20005년의 쌀과 컴퓨터의 가격과 생산량은 위의 표와 같다 하자.

위의 표에서 살펴본 바와 같이 2004년과 2005년의 쌀과 컴퓨터의 생산량에는 아무런 변화가 없지만, 2004년보다 2005년에 쌀의 가격(20,000→30,000)과 컴퓨터의 가격(100,000→20,000)이 상승하여 2005년의 GDP가 과대평가되고 있다.

이러한 문제가 발생하는 이유는 GDP를 계산하는 과정에서 가격변화를 고려하지 않았기 때문이다. 이를 해결하기 위해(가격변화에 따른 변동을 제거하기 위해) GDP의 실질적인 가치를 평가할 때에는 특정 기준연도의 가격에 해당연도의 생산량을 곱하여 구하여야 할 것이다. 이와 같이 기준연도 가격으로 평가한 GDP를 실질GDP라 하고 해당연도 가격으로 평가한 것을 명목GDP라 한다.[1] 만약 기준연도가 2004년이라면 2004년의 실질GDP는 220만원일 것이며, 2005년의 실질GDP도 220만원일 것이다. 즉, 2004년과 2005년의 실질GDP의 변화는 없다.

2004년 실질GDP	(10×20,000)+(20×100,000)=2,200,000
2005년 실질GDP	(10×20,000)+(20×100,000)=2,200,000

이처럼 실질GDP는 경제규모 및 경제력을 실질적으로 반영하는 지표이다. 따라서 '경제성장률'(economic growth rate)을 발표할 때 이용되는 GDP는 실질GDP이다. 경제성장률은 실질의 GDP증가율이다.

$$\text{경제성장률(\%)} = \frac{\text{당해연도 실질GDP} - \text{전년도 실질GDP}}{\text{전년도 실질GDP}} \times 100$$

위에서 본 바와 같이 명목GDP는 실질GDP에 비해 가격상승률만큼 과대평가되므로 명목GDP를 실질GDP로 나누어 보게 되면 평균적으로 가격(물가)이 얼마나 변화했는지를 알 수 있는데 이와 같이 명목GDP와 실질GDP를 이용하여 측정된 물가변동의 값(물가지수)을 GDP디플레이터라 한다.

$$\text{GDP디플레이터} = \frac{\text{명목GDP}}{\text{실질GDP}} \times 100$$

1) 기준연도 가격평가 GDP를 실질GDP라 하는 것은 가격변동을 배제한 실질적인 생산규모의 변동을 나타내 주는 지표이기 때문이며 반면 명목GDP는 눈에 보이는(직시되는) 당해연도의 가격으로 평가한 것이기 때문이다.

이러한 GDP디플레이터를 이용하여 과거의 명목GDP를 실질GDP로 계산할 수도 있을 것이다. 실질GDP, GDP디플레이터, 경제성장률의 계산과정을 살펴보면 아래의 표와 같다.

가격과 생산량

연도	자동차가격	자동차생산량	컴퓨터가격	컴퓨터생산량
2000년	1,000만원	1,000대	100만원	10,000대
2001년	1,100만원	1,500대	110만원	15,000대
2002년	1,200만원	2,000대	120만원	20,000대

연도	명목GDP
2000년	(자동차 1대당 1,000만원 × 자동차 1,000대) + (컴퓨터 1대당 100만원 × 컴퓨터 10,000대) = 200억
2001년	(자동차 1대당 1,100만원 × 자동차 1,500대) + (컴퓨터 1대당 110만원 × 컴퓨터 15,000대) = 330억
2002년	(자동차 1대당 1,200만원 × 자동차 2,000대) + (컴퓨터 1대당 120만원 × 컴퓨터 20,000대) = 480억

연도	실질GDP
2000년	(자동차 1대당 1,000만원 × 자동차 1,000대) + (컴퓨터 1대당 100만원 × 컴퓨터 10,000대) = 200억
2001년	(자동차 1대당 1,000만원 × 자동차 1,500대) + (컴퓨터 1대당 100만원 × 컴퓨터 15,000대) = 300억
2002년	(자동차 1대당1,000만원 × 자동차 2,000대) + (컴퓨터 1대당 100만원 × 컴퓨터 20,000대) = 400억

연도	GDP디플레이터
2000년	(200억/200억) x 100 = 100
2001년	(330억/300억) x 100 = 110
2002년	(480억/400억) x 100 = 120

연도	경제성장률
2001년	(300-200) / 200 × 100 = 50%
2002년	(400-300) / 300 × 100 = 33%

"…일정기간 동안 생산된…"

GDP는 주어진 특정기간 내에 이루어진 생산의 가치를 측정한다. 보통 일정한 기간은 1년이나 1분기(3개월)를 의미하며, 이 기간 동안에 생산된 재화와 서비스만 포함되며 과거에 생산된 재화와 서비스의 거래는 포함되지 않는다. 자동차 회사가 새차를 만들어 판매하면 그 금액은 GDP에 포함되지만 사람들이 중고차를 사고팔면 그 중고차의 가치는 GDP에 반영되지 않는다.

"…생산물…"

GDP는 가시적인 물건, 즉 재화(음식, 의복, 자동차 등)는 물론이고 보이지 않는 서비스(이발, 청소, 의사의 진료 등)도 포함된다. 여러분이 좋아하는 연극을 관람하기 위해 입장권을 사서 관람하면, 하나의 서비스를 구입하는 셈이고 GDP에 연극 입장권의 가격이 포함된다. 마찬가지로 휴대폰을 교체한다면 하나의 재화를 구입하는 셈이며 휴대폰 가격 역시 GDP의 일부분이 된다. 그러므로 자동차중개상을 통하여 중고차 거래를 하는 경우 중개상이 제공한 서비스의 대가는 GDP에 포함된다.

"…최종…"

GDP는 최종생산물만을 포함하는 개념이다. 최종생산물이란 최종소비나 투자를 위해 생산된 생산물이다. 이에 대응되는 개념이 중간생산물이며 이것은 GDP에 포함되어서는 안 될 것이다. 중간생산물이 포함되게 되면 이중계산(double counting)되는 문제가 발생하게 되어 GDP가

과대측정되는 문제가 발생한다. 이런 문제가 발생하는 근본이유는 최종 생산물의 가격에 중간생산물의 가치가 포함되어 있기 때문이다.

이러한 이중계산의 문제를 피하기 위해서는 생산단계별로 부가가치를 합하는 것이 가장 안전한 방법이 된다. '부가가치'(value added)란 기업이 생산단계에서 추가로 창출된 가치로서 기업의 판매액과 다른 기업으로부터 구매한 원자재나 서비스의 구매액 간의 차이를 말하며, 이것은 생산단계에서 부가가치 창출에 기여한 자원, 즉 노동, 자본재(기계), 토지 및 경영에 대한 대가로서 임금, 이자, 지대, 그리고 이윤으로 분배된다. 부가가치접근방법이란 생산단계별로 이러한 부가가치만을 더하여 GDP를 계산하면 이중계산의 문제가 발생하지 않게 된다는 것이다.

산출액, 중간재, 부가가치의 예

생산 및 유통단계	산출액	중간재	부가가치
원재료	4,000		4,000
쌀 (농부)	10,000	4,000	6,000
쌀 (도매상)	13,000	10,000	3,000
쌀 과자 (제조업자)	15,000	13,000	2,000
쌀 과자 (제과점)	20,000	15,000	5,000
합계	72,000	52,000	20,000

예를 들어서 설명하여 보자. 쌀생산자(농부)가 있는데, 이 농부는 10,000원어치의 쌀을 생산하였다. 농부는 쌀을 생산하는 데 볍씨 4,000원어치를 투입하여 10,000원어치의 쌀을 생산하였으므로, 중간투입물은 4,000원이고 농부는 이 생산단계에서 6,000원의 부가가치를 생산한 것이다. 물론 이 6,000원의 부가가치는 이 농부 자신의 노동대가, 쌀농사를 짓는데 투입된 기계에 대한 대가, 땅을 빌린 데 대한 대가 등으로 나누어질 것이다. 그리고 이 쌀은 10,000원에 쌀도매상에게 팔렸다고 하자. 쌀도매상은 농부에게 10,000원을 지불하고 쌀을 구입하여 13,000원에 쌀과자제조업자에게 팔았다. 그러면 쌀유통단계의 부가가치는 3,000원이다.

쌀과자제조업자는 13,000원어치의 중간투입물을 이용하여 쌀과자를 생산하여 15,000원에 제과점에 판매하였다고 하자. 그러면 쌀과자제조단계의 부가가치는 2,000원이다. 제과점은 쌀과자를 15,000원에 구입하여 소비자에게 20,000에 판매하였다고 하자. 그러면 쌀과자의 최종가격은 20,000원이고 이 단계에서의 부가가치는 5,000원이다.

이 경우에 만약 생산단계별로 생산된 것을 모두 합하면 원재료(4,000)+쌀생산(10,000)+쌀도매상(13,000)+쌀과자제조업자(15,000)+제과점(20,000)=72,000원이 된다. 이것은 분명 이중계산된 것이다. 부가가치만을 합하여 보면 원재료의 부가가치(4,000)+밀생산의 부가가치(6,000)+쌀도매상의 부가가치(3,000)+쌀과자제조업자의 부가가치(2,000)+제과점의 부가가치(5,000)=20,000원이 된다. 즉, 이러한 생산단계에서 GDP에 포함되어야 하는 것은 72,000원이 아니라 20,000원이다. 이것은 물론 최종생산물의 시장가치(20,000)와도 같다.

GDP는 최종재의 가치만을 계산한다는 이 원칙에 중요한 예외가 있는데, 그것은 다름 아닌 생산된 재화가 당해에 사용되지 않고 장래의 판매와 생산을 위해 보관되는 중간재이다. 이 경우 중간재는 당분간 최종재로 간주되고 그 가치는 재고투자로 GDP에 포함된다. 저장된 중간재가 나중에 사용되거나 판매되면 그 기업의 재고투자는 마이너스가 되어 그 기간의 GDP는 감소하게 된다.

"…한 나라 국경 내에서…"

GDP는 한 국가의 영토 내에서 일어난 생산활동의 가치를 측정한다. 동남아시아 국민들이 임시로 한국에서 일한다면 이들의 생산활동은 한국의 GDP에 포함된다. 우리나라 사람이 중국에 있는 공장을 소유하고 있을 경우, 그 공장에서 생산된 재화의 가치는 중국의 GDP에 포함되지만 한국의 GDP에는 포함되지 않는다. 즉, 생산자의 국적에 관계없이 어떤 나라의 국경 안에서 생산되는 재화와 서비스는 그 나라의 GDP로 계산되는 것이다. 외국기업이 한국에 투자하여 공장을 건설하고 재화와 서비스를 생산하는 경우 외국계 기업이 생산한 재화와 서비스는 한국의 GDP로 계산된다. 외국기업의 국내투자를 장려하는 이유가 바로 여기에 있다. 외국기업이 국내에 진출하여 재화와 서비스를 생산하기 위해서는 국내에 있는 생산요소를 사용하고 국내의 생산요소제공자들에게 그 대가로 다양한 형태의 소득을 지불하기 때문이다.

그런데 GDP와 마찬가지로 사용될 수 있는 또 하나의 중요한 지표가 바로 국민총생산이다. 국민총생산(Gross National Product: GNP)이란 '일정기간동안에 해당국의 국민들에 의해 생산된 모든 최종생산물의 시장가치로 평가한 총가치'이다. GDP는 국내에서 생산된 것을 측정한 것인 반면 GNP는 국내이든 해외이든 관계없이 그 나라의 국민들에 의해 생산된 것을 측정한 것이다.

국내총생산은 생산자의 국적에 불문하고 자국 내에서 생산한 생산물 또는 창출한 소득을 합한 것이며 국민총생산은 생산지역을 불문하고 자국 국민이 생산한 생산물 또는 창출한 소득을 합한 것이다. 따라서 국내총생산과 국민총생산의 차이는 자국 국민이 해외에서 만든 생산 또는 창출한 소득과 외국인이 자국에서 만든 생산 또는 창출한 소득의 차이 때문에 발생한다.

그러므로 GNP는 GDP에서 국외에서 수취한 요소소득은 더해야 하고 국외로 지불한 요소소득은 빼야 한다. 즉,

GNP = GDP + 국외수취 요소소득 - 국외지불 요소소득
= GDP + 국외(대외) 순수취 요소소득

그러면 GDP와 GNP 중에서 어느 것을 사용하는 것이 더 타당한가?

국민소득통계의 총량지표는 한 나라 경제의 생산규모를 측정하는 생산지표와 국민소득(복지)수준의 변화를 측정하는 소득지표로 대별된다. 생산요소의 이동이 많지 않았던 1980년대 이전에는 생산지표와 소득지표를 구분하지 않고 GNP를 주지표로 사용하는 것이 국제적인 추세였다. 그러나 1990년 이후에는 점점 국가 간의 경제장벽이 낮아지면서 자본이동과 기술이전이 활발해지는 등 경제교류가 많아지고 다국적기업 등 국적을 구분하는 것이 어려운 기업의 활동이 활발해지면서 요소소득의 수급규모가 커지고 GNP와 GDP 사이의 괴리가 확대됨에 따라 많은 나라들이 국내경기는 주로 국내생산에 영향을 많이 받고 국내생산만을 반영하는 것은 GNP라기보다는 GDP이기 때문에 생산의 주지표를 GNP에서 GDP로 변경하였다.

이제 또다른 지표인 GNI를 살펴보자. GNI는 Gross National Income으로서 국민총소득이라고 한다. 국민총소득은 일국 국민들이 벌어들인 총소득으로서 GNP와 유사하다. GNP가 생산측면에서 측정된 것인 반면, GNI는 분배측면에서 측정된 것이다. 국민들의 소득수준은 대외교역조건이 변하게 되면 실질적인 소득수준(구매력)이 변할 수 있다. 이로 인해 GNP와 GNI는 서로 차이가 발생할 수가 있다. 따라서

GNI = GNP + 교역조건 변화에 따른 실질 무역손익

으로 평가된다.

이와 같이 GNI는 일국 국민 전체의 소득수준을 나타내므로 국민들의 평균적인 생활수준을 나타내지 못하고 있다. 예를 들면 한국과 중국의 GNI가 같더라도 국민들의 생활수준은 인구가 훨씬 많은 중국의 생활수준이 한국에 비해 낮을 것이다. 따라서 이런 문제점을 해결하는 국민의 생활수준지표는 GNI를 인구수로 나눈 1인당 GNI이다.

이상에서 살펴본 바와 같이 GDP는 한 국가의 경제력(경제규모, 국

〈국가별 GDP, GNI, 1인당 GNI〉

	GDP(US$: 백만)	GNI(US$: 백만)	1인당 GNI(US$)
대한민국	679,674	673,036	13,980
독일	2,714,418	2,488,974	30,120
미국	11,667,510	12,150,930	41,400
일본	4,623,398	4,749,910	37,180
중국	1,649,329	1,676,846	1,290
프랑스	2,002,582	1,858,731	30,090

내경기, 고용사정 등)을 반영하는 지표이고 1인당 GNI는 국민들의 평균적인 생활수준을 나타내 주는 지표라는 것을 알 수 있다.

2강 빈곤의 원인은 자원부족인가?

우리들이 오늘날 일상생활에서 소비하고 있는 의복, 냉장고, 에어컨, 자동차, 휴대폰 등은 불과 수십 년 전만 하더라도 매우 귀한 물건이었다. 당시에는 이런 물건을 구입하여 소비할 수 있는 사람은 극히 제한적이었다. 그러나 오늘날은 거의 대부분의 사람들이 이 같은 재화를 일상적으로 사용하고, 소비하고 있다. 이처럼 현재 생산되고 소비되는 상품의 양은 과거에 비해 비교가 되지 않을 정도로 커졌다.

또한 세계 여러 국가들의 경제상황을 살펴보면 국가마다 생활수준에 엄청난 차이가 있음을 확인하게 된다. 미국, 일본, 독일 등 선진국의 1인당 국민소득은 인도, 인도네시아, 나이지리아 같은 후진국 1인당 국민소득의 무려 10배가 넘는다. 이러한 국가간의 소득격차는 해당 국민들의 삶의 질의 격차로 나타난다. 소득수준이 높은 부유한 국가일수록 자동차, 전화, 텔레비전 등을 더 많이 보유하고 영양상태가 좋다. 주택도 안전하고 훌륭한 의료서비스를 누릴 수 있으며 평균수명도 길다. 이러한 차이를 어떻게 설명할 수 있을까?

어떤 국가의 소득이 다른 국가에 비해 월등하게 높은 원인은 다름 아닌 바로 경제성장의 차이이다.

물질적 풍요를 누리기 위해서는 욕구를 충족시켜줄 수단인 재화나 서비스의 생산이 많이 이루어져야 한다. 그런데 보다 많은 재화와 서비스를 생산하기 위해서는 생산과정에 보다 많은 생산요소가 투입되어야 한다. 그리고 생산과정에 보다 많은 생산요소를 제공한 사람들에게는 생산요소의 제공에 대한 대가인 다양한 형태의 소득(임금, 이자, 지대)이 증가하게 된다. 생산요소를 제공한 사람들의 증가된 소득은 보다 많은 재화와 서비스의 구입과 사용으로 이어진다. 즉, 보다 많은 재화나 서비스의 생산은 사람들의 물질적 풍요로 이어진다. 그러므로 한 국가의 물질적 풍요의 달성의 기본적 요건은 무엇보다도 한 국민경제의 산출량이 시간이 지남에 따라 증가하는 경제성장을 이룩하는 것이다.

경제성장을 달성하는 방법은 크게 두 가지로 대별할 수 있는 데, 하나는 현재의 주어진 생산설비 하에서 투입되지 않고 있는 유휴자원을 추가적으로 생산과정에 활용함으로써 산출량을 단기적으로 증가시키는 방법이고, 다른 하나는 경제의 생산능력 자체를 증가시켜 산출량을 증가시키는 방법이다. 물론 이상의 두 과정은 동시적으로 일어나며, 국민경제에 있어서 중요한 과제이다. 그러나 장기적 관점에서는 생산능력 자체의 확장이 더 중요하다고 볼 수 있다.

생산능력 자체의 확장을 위해서는 생산요소의 양이 증가하여 생산과정에 보다 많은 생산요소가 투입되거나, 생산요소의 양이 주어져 있는 경우에는 생산요소의 생산성이 향상되어야 할 것이다.

생산요소와 경제성장

생산과정에 투입되는 생산요소는 일반적으로 크게 노동과 자본 그리고 자연자원으로 구분할 수 있다. 경제성장 요인으로서의 노동공급은 노동의 양과 질이라는 두 측면을 살펴보아야 한다. 노동공급량은 취업자수와 이들의 평균노동시간에 의해서 결정된다. 취업자수는 총인구 중에서 경제활동인구의 크기와 인구성장률에 의존한다. 한편 취업자들의 평균노동시간은 주로 사회적 관습이나 법에 의해서 결정되며, 부수적으로는 노사 간의 계약에 의해서 결정된다. 그러나 노동의 절대적 크기를 증대시키는 데는 현실적인 제약이 따르게 된다. 인위적으로 출산율을 증대시켜 인구수를 늘리기는 현실적으로 한계가 존재하며, 법정근로시간을 경기 상황에 따라 재량적으로 늘리거나 줄일 수는 없다.

한편 노동공급량이 고정되어 있더라도 노동의 질이 향상되면 상대적으로 노동공급량이 증가하는 효과를 가진다. 노동의 질의 향상은 교육수준을 높임으로써 달성될 수 있을 것이다. 그런데 교육은 인적자본에 대한 투자라고 볼 수 있는데, 인적자본에는 유아교육, 초등교육, 중등교육, 대학교육 그리고 성인노동인구들이 현장 직업훈련을 통해 얻는 모든 기술이 포함된다. 물론 인적자본인 교육, 훈련, 경험 등은 선반기계, 건물, 불도저 등처럼 눈에 보이는 것은 아니다. 그러나 인적자본은 물적자본처럼 한 국가의 재화와 서비스의 생산능력을 높여준다는 면에서 물적자본과 여러 모로 비슷하다. 이러한 인적자본을 생산하기 위해서는 교사, 도서관, 학생들의 시간 등의 요소가 투입되어야 한다. 그러므로 인적자본에 대한 투자를 증대시켜 교육수준의 향상을 통하여 노동의 질을 높여 생산능력을 증대시켜야 할 것이다.

일반적으로 재화와 서비스의 생산에 투입되는 장비나 건물을 물적자본 혹은 줄여서 그냥 자본이라고 부른다. 이런 물적자본이 증가하면 생산이 더 많이 이루어지기 때문에 경제가 성장한다. 물적자본의 양은 투자활동에 의해서 증가하고 투자활동에 의해 축적된 자본은 경제성장의 매우 중요한 요소이다. 물적자본의 양이 많아지면 노동의 생산성이 증가한다.

왜냐하면 근로자들이 연장을 사용하면 생산성이 높아지기 때문이다. 예컨대 목수가 가구를 만들 때 톱, 선반, 압축기 등 연장을 사용하는데, 연장이 많을수록 목수는 일을 좀더 빨리 정확하게 할 수 있다. 즉, 기본적인 도구만을 사용하는 목수보다 정교한 장비를 갖춘 목수가 같은 기간 동안에 더 많은 가구를 만들 수 있는 것이다. 목수는 선반을 이용하여 탁자의 다리를 만든다. 그런데 선반기계는 선반제조회사에서 만든 산출물이다. 한편, 선반제조회사는 다른 장비를 이용하여 선반기계를 만든다. 이렇게 자본은 또 다른 자본재를 포함한 여러 종류의 재화와 서비스를 만드는 데 사용되는 생산요소이다. 즉, 자본이라는 생산요소가 풍부해야 보다 많은 재화와 서비스를 생산할 수가 있다.

경제성장과정에서는 물적자본의 양이 노동의 양보다 더 빠르게 증가한다. 즉, 노동에 대한 자본의 비율이 증가한다. 이것이 노동생산성을 증가시키는 원천이다. 그러므로 생산능력을 증대시키기 위해서는 물적자본에 대한 투자가 증대되어야 할 것이다.

자연자원은 토지, 강물, 광물 등으로서 자연에 의해 제공되는 생산요소이다. 자연자원 부존량의 차이는 세계 각국의 생활수준 격차와 어느 정도 상관관계가 있다. 역사적으로 미국 경제가 성공할 수 있었던 이유 중의 하나는 농사짓기 좋은 광활한 토지가 많이 있었기 때문이다. 오늘날 쿠웨이트나 사우디아라비아 같은 중동의 일부 나라들은 단지 세계적으로 가장 많은 양의 원유가 매장되어 있는 땅 위에 자리잡고 있기 때문에 부자가 된 것이다.

흔히들 빈곤의 원인을 자원부족 탓으로 돌린다. 그 이유는 자원이 부족하면 자원이 풍부한 국가에 비해 생산을 많이 할 수 없다는 단순한 논리에 사로잡혀 있기 때문이다. 그런데 국민들이 빈곤한 생활을 하고 있는 아프리카나 인도와 같은 나라들은 자원이 풍부한 반면, 싱가포르나 홍콩은 자원이 아주 부족한데도 잘 살고 있다. 이것은 무엇을 시사하는가?

그것은 바로 경제성장을 달성하기 위해서는 자원의 부존량이 중요한 요소이기는 하지만 빈곤의 궁극적 원인이 아니라는 것을 시사하고 있다. 그러면 빈곤의 궁극적인 원인은 무엇인가? 그것을 알아보기 위해 싱가포르나 홍콩이 아프리카 등 여러 국가들에 비해 훨씬 잘 사는 이유를 살펴볼 필요가 있다. 이들 국가들은 적은 자원을 가지고 많은 부를 창조하고 있다. 이것이 가능한 이유는 싱가포르나 홍콩이 적은 자원을 가지고 더 많은 재화나 서비스를 생산할 수 있는 높은 기술력을 보유하고 있기 때문이다. 이것은 마치 이들 국가들은 아주 적은 쌀을 사용하여 커다란 뻥튀기를 만들어 낼 수 있는 뻥튀기 기계를 갖고 있는 것과 같다. 이와 같이 빈곤의 원인은 자원의 부족에 의해서만 전적으로 결정되기보다는 그보다 더 중요한 생산성에 의해 결정되는 것이다. 물론 기술력도 있으면서 자원이 풍부하다면 더욱 금상첨화일 것이다.

생산성과 경제성장

이처럼 노동의 양, 물적자본의 양, 인적자본의 양이 증가하는 것으로도 설명되지 않는 추가적인 경제성장의 원천이 존재한다. 그것은 바로 생산요소들의 생산성 향상이다.

생산성 향상은 기술진보에 의해 이루어진다. 발명과 혁신 등을 거쳐 자본절약적인 기술진보나 노동절약적인 기술진보가 이루어지면 생산에 필요한 요소투입량을 절약하여 주어진 요소부존량을 가지고 더 많은 재화나 서비스를 생산할 수 있으므로 경제가 급속도로 성장할 수 있다. 오늘날의 경제성장은 많은 부문이 기술진보에 기인한다고 보고 있다. 컴퓨터의 출현과 더불어 첨단기술이 개발됨으로써 기술이 급속도로 발전하고 경제성장이 빠르게 이루어지고 있는 상황을 오늘날 우리는 익히 잘 알고 있다. 그런데 기술진보는 우연한 발명이나 발견으로 얻어질 수도 있다. 하지만 기술진보의 속도는 우연히 거저 공짜로 얻어지는 것은 아니며 많은 연구개발비, 오랜 연구기간, 많은 연구인력 투입의 결과물로서 얻어지는 것이다. 컴퓨터 기술이나 수송수단 같은 것이 진보 후의 다음 단계는 기술선도기업이 연구개발에 얼마나 많은 예산을 지출하느냐에 달려 있다.

그러므로 기술진보를 위해서 연구개발을 위한 재정적 · 법률적 지원이 뒷받침되어야 할 것이다. 현재 거의 대부분의 국가들의 경우 연구개발을 지원하기 위하여 조세상의 지원, 금융상의 혜택, 지적재산권을 통한 법률적 보장을 통하여 연구개발을 적극적으로 장려하고 있다. 예를 들면, 정부부문의 연구시설에 대한 연구기능을 확대할 수 있도록 연구개발에 대한 지원을 늘리거나, 대학의 기금을 증가시키거나, 민간부분의 연구기관에 대한 조세유인을 늘리는 방법을 통하여 직접지원을 증가시키거나, 또한 정부가 신기술을 개발한 사람들에게 그 기술의 사용이나 판매에 따른 보상을 증가시킬 수 있도록 독점권을 주는 특허보호를 강화하는 것이다.

과거 우리나라는 급속한 경제성장을 이룩해 왔다. 그리고 오늘날 상당한 수준의 물질적 풍요를 누리고 있다. 1960년대와 2000년대를 비교해 보면 물질적 풍요면에서는 하늘과 땅 차이를 느낄 수 있다. 1960년대에는 하루 세 끼를 배불리 먹을 수 없는 사람들이 많았다. 그리고 전화, 텔레비전, 냉장고, 자동차 등은 그저 상상속의 물건일 뿐이었다. 그러나 2000년대에는 시장에 각종 식료품이 넘쳐흐른다. 또 살을 빼기 위해 다이어트하려는 사람이 너무 많다. 너무 많이 먹어 비만증이 될 정도이다. 거의 모든 집이 전화, 텔레비전, 냉장고, 자동차를 가지고 있으며 하나 이상 가진 가구도 많다. 이 모두가 경제성장의 산물이다. 그리고 이러한 물질적 풍요를 싫어하는 사람은 거의 없다.

하지만 이러한 경제성장에 대해 걱정을 하는 사람들도 많은데, 그 이유는 다음과 같다.

첫째, 경제성장이 삶의 질까지도 반드시 개선해 주는 것은 아니다. 산업화가 진전되면 경제성장과 더불어 삶의 질은 오히려 나빠지기도 한다. 많은 사람들이 대도시에 몰려 매일매일 각박한 인생살이에 시달리고 있다. 농경시대의 전원생활과 같은 여유는 이제 하나의 꿈으로만 남아 있다. 이처럼 일하는 노동자의 수 또는 근로시간의 증가는 산출량을 증가시키고 생활수준을 향상시킬 것이다. 그러나 근로시간의 증대를 위해서는 노동자는 영화를 보거나 독서를 하거나 아이들과의 여행을 떠나는 것을 포기하여야만 한다. 즉, 여가로 사용하던 시간들을 희생하여야 한다. 그만큼 인생살이가 고달파진다.

둘째, 물적자본, 인적자본 및 연구개발에 대한 투자 증가는 보다 빠른 경제성장과 보다 높은 생활수준을 가능케 하지만 현재의 소비재에 대한 소비지출을 감소시킨다. 즉 어떤 해에 더 많은 자본재를 생산하면 할수록 그 해에 소비재에 대한 소비는 더욱 줄어들게 한다.

셋째, 적절한 조세감면은 경제성장을 촉진시키지만 조세감면은 정부의 재정적자의 확대의 원인이 될 수 있다. 정부의 재정적자는 정부부채의 규모를 현저하게 증가시키고, 그 결과 다음 세대가 높은 세금을 부담하여야 하는 비용을 발생시킨다.

넷째, 경제성장은 인간에게 새로운 욕구를 창출시킨다. 전에는 필요없었던 것을 이제는 필요한 것으로 만들어 이를 얻기 위해 인간을 더 노력하게 만든다. 따라서 인간을 물질의 주인이 아니라 물질의 노예로 만든다. 이제는 상품의 내용물에 만족하지 않고 그 상품이 포장되어 있는 겉모습에 대해서도 인간은 기호와 선호를 가진다. 내용물이 좋아도 포장이 싫으면 그 물건을 사지 않으려고 한다. 인간이 물질에 끌려 다닌다고 걱정한다.

다섯째, 경제성장은 유한한 자원을 고갈시킨다. 경제성장과 더불어

에너지 수요가 급증하였기 때문에 지구상의 석유자원이 고갈될 위기에 놓여 있다. 나무와 물 등 재생되는 자원도 사용량이 급증하면 사라질 위기에 직면하게 된다. 그뿐만 아니라 오염과 공해도 심화되고 환경파괴도 심화된다.

여섯째, 경제성장은 소득분배를 불공평하게 만든다. 빈익빈 부익부를 심화시키고 성장의 혜택을 골고루 나눠 갖지 못한다. 옛날에도 굶주린 사람이 있었는데 고도성장을 이루한 후인 지금에도 굶주리는 사람들이 있다. 경제성장이 모든 사람을 행복하게 하는 것은 아니다.

이처럼 경제성장의 추진은 피할 수 없는 경제적 상충관계를 수반하고 있다. 즉, 경제성장의 추진을 위해서는 어떤 집단이나 국가전체가 가치 있는 무엇인가를 포기해야 한다. 얼마나 빠르게 경제를 성장시킬 것인가의 결정을 위해서는 성장의 이익뿐만 아니라 성장의 비용도 고려해야만 한다. 다시 한번 세상에는 공짜가 없다는 사실을 확인하게 된다.

3강 어떤 나라가 급속히 성장하는가?

앞에서 어느 국가의 생활수준은 그 국가의 재화와 서비스의 생산능력에 의해 결정되며, 국가의 생산능력은 물적자본, 인적자본, 자연자원, 기술지식 등에 의해 좌우된다는 사실을 확인하였다. 이제 세계 모든 국가의 당면목표인 경제성장을 위하여 정부가 어떤 정책을 시행하면 물적자본, 인적자본, 자연자원, 기술지식 등을 자극하여 경제성장이라는 목표를 달성 가능한지를 살펴보기로 하자.

투자활동의 장려

현재 한 국가가 재화나 서비스의 생산에 사용할 수 있는 자본의 규모는 과거의 투자활동을 통하여 축적된 물적자본의 규모에 의해 결정된다. 그러므로 보다 많은 재화나 서비스를 생산하기 위해서는 물적자본의 규모를 증대시켜야 하며, 물적자본의 규모를 증대시키기 위해서는 무엇보다도 투자에 소요되는 재원이 확보되어야 하며 또한 투자활동이 활발히 이루어져야 한다. 일반적으로 물적자본의 규모를 확대하기 위한 투자활동에 소요되는 투자재원은 대체로 두 가지 방법에 의하여 조달되는데, 하나는 국내의 가계부문의 저축을 통하여 조달하는 방법이고, 또 다른 방법은 해외저축을 활용하여 투자재원을 마련하는 방법이다.

국내 가계부문으로부터 투자재원을 더 많이 조달하기 위해서는 국내저축이 증대되어야 한다. 정부가 저축률을 높이는 정책을 채택하는 이유가 바로 이 때문이다. 그러나 국내저축만이 신규자본 투자재원을 마련하는 유일한 길은 아니고 외국자본에 의한 국내투자도 하나의 대안이다.

외국인의 투자에는 여러 가지 유형이 있을 수 있는데, 대표적인 것이 외국의 개인이나 법인에 의해 국내 공장이나 기업이 소유되고 운영되는 외국인 직접투자, 외국인 자본으로 재원을 조달하고 내국인에 의해 운영되는 외국인투자 등이 있다. 이 두 경우 모두 외국인들이 자본축적이 필요한 국가에 자본을 공급하는 것이다. 즉, 외국인의 저축이 국내의 투자재원으로 활용되는 셈이다. 물론 투자의 과실의 일부가 외국인의 몫으로 돌아간다. 하지만 외국인의 투자로 인해 해당 국가의 자본규모가 늘어나고, 자국의 생산이 증가하며 근로자의 실질임금도 상승한다. 또한 후진국의 기업들은 해외로부터의 투자를 통해 선진국의 최신기술을 도입할 수도 있는 이점도 있다. 이러한 이유로 후진국들은 해외자본을 적극적으로 유치하고자 많은 노력을 기울인다. 그런데 해외 자본을 유치하기 위해서는 국내기업에 대한 외국인 소유에 관한 규제를 완화하여 하는 경우가 많다.

하지만 투자규모를 확대하여 자본규모를 증가시켜 경제성장이라는 목표를 달성하기 위해서는 또 다른 대가를 치러야 한다는 사실을 간과해서는 안 될 것이다. 만일 어느 경제가 현재에 자본재를 많이 생산하면 미래에 사용할 수 있는 자본의 양이 증가하고 이를 바탕으로 여러 종류의 재화와 서비스를 더 많이 생산할 수 있게 될 것이다. 하지만 자원은 희소하기 때문에 현재의 자본재를 더 많이 생산하려면 당장 소비할 재화의 생산에 대한 자원투입량을 줄여야 한다. 즉, 어떤 사회가 자본에 대한 현재의 투자를 늘리려면 현재의 소비를 줄이고 저축을 늘려야 하는 것이다. 따라서 자본축적에서 비롯되는 경제성장은 공짜가 아니다. 미래에 높은 소비수준을 달성하기 위해서는 현재 소비를 희생해야 한다.

양질의 교육

교육은 장래의 노동력 공급자인 집단에 대한 투자활동이라 할 수 있다. 즉, 교육은 인적자본에 대한 투자로서 물적자본 못지않게 한 나라의 장기적 번영을 좌우하는 중요한 변수이다. 양질의 교육을 받은 개개인들은 장래의 생산활동과정에 투입되어 높은 생산성을 발휘하여 국가경제의 성장동력으로서 제 역할을 다 할 수 있을 것이다. 또한 양질의 교육을 받은 개인들은 생산과정에서 높은 생산성을 발휘한 대가로서 높은 임금을 받을 수 있을 것이다. 대체로 학교교육을 더 받으면 받을수록 평균적으로 임금이 상승하며, 특히 인적자본이 부족한 후진국에서는 교육을 받은 근로자와 교육을 받지 못한 근로자들 사이의 생산성 차이로 인하여 노동자간 임금격차가 훨씬 더 크다.

그런데 인적자본에 대한 투자에는 기회비용이 있다. 학생들이 학교교육을 받는 동안에는 학교 다니는 대신 다른 일을 했을 경우 받을 수 있는 임금을 포기해야 한다. 오랜 기간 동안 양질의 교육을 받는 데는 많은 비용이 소요된다. 그래서 저개발 국가에서는 교육을 더 받을 경우의 이득이 큼에도 불구하고 단지 가족을 부양하기 위해 일을 해야 하기 때문에 어린 나이에 학업을 포기하는 아동들이 많다. 양질의 교육을 받지 못한 노동자의 경우에는 낮은 임금소득으로 인하여 그의 자식들에게 양질의 교육기회를 충분히 제공하지 못하게 되고 그 자식들은 다음 세대의 생산과정에서 높은 생산성을 발휘하지 못하게 되어 낮은 임금소득을 감내하여야만 한다. 이러한 악순환은 시간이 흘러갈수록 양질의 교육기회를 제공받은 집단과 받지 못한 집단 간의 소득격차는 더욱더 벌어지게 될 가능성이 있다.

따라서 정부는 교육을 통하여 차세대 성장동력을 강화하고 더 나아가 국민들의 생활수준을 향상시키고 소득분배의 불균형을 완화하기 위해 취할 수 있는 정책은 좋은 학교를 만들고 우수한 교육자를 양성하여 보다 많은 국민들이 양질의 학교교육을 받도록 장려하는 일이다. 정부가 공교육을 활성화 시키려는 정책을 채택하는 이유가 바로 여기에 있다.

재산권보호와 정치적 안정

시장경제가 잘 작동하기 위해서는 시장에서 만나 다양한 경제활동을 하는 경제주체들이 안심하고 경제적 거래를 할 수 있는 여건의 조성이 무엇보다 중요하다.

예를 들어 재산권이 잘 정립되어 있지 않은 사법제도를 운영하는 후진국의 경우에 계약이 준수되지 않거나 사기가 묵인되는 경우도 있고, 극단적으로 정부가 재산권을 잘 집행하지 못할 뿐만 아니라 오히려 재산권을 침해는 사례도 발생한다. 또한 어떤 나라에서는 사업을 하기 위해 권력을 지닌 공무원들에게 뇌물을 주는 것이 관례로 되어 있다. 이러한 뇌물은 시장의 조정능력을 훼손시키는 것은 물론 국내저축과 해외로부터의 자본유입을 저해한다. 그러므로 재산권이 명확하게 정립되어 있지 않은 사법제도를 갖춘 국가의 경우에는 개별경제주체들이 안정적인 기대를 가지고 자유로이 경제활동을 수행하기 어렵게 되어 개별경제주체들의 경제활동을 위축되고 경제의 비효율성을 초래하게 되는 것이다.

그러므로 이들 국가에서는 경제가 활발하게 운영되기 위해서는 법원이 엄격한 형법제도를 통해 절도행위 등에 대하여 엄벌을 가하여 직접적으로 개인의 재산권을 침해하는 행위를 억제하여, 민법제도를 통해서는 매입자와 판매자가 계약조건을 성실하게 이행하도록 보장하고 거래당사자가 안심하고 교환할 수 있는 여건을 마련하여 우리의 귀중한 자원을 사용하여 생산한 각종 재화나 서비스가 가장 높은 용도로서 활용되도록 하여야 한다. 그런 경우에만 활발한 경제활동이 이루어지고 보다 안정적인 경제성장을 달성할 수 있을 것이다.

또한 어떤 경제의 정치적 불안은 단순히 사회적 불안만을 야기 시키는 것이 아니라 경제적으로도 개인의 재산권에 대한 위협과 불안을 초래한다. 예를 들어 군사적 쿠데타나 정치적 소요가 흔한 국가에서는 미래에 개인의 재산권이 어떻게 보호될 것인지에 대한 불안이 상존하게 된다. 만일 군사적 쿠데타를 통해 혁명정부가 들어서는 경우, 혁명정부는 부정부패의 척결을 통하여 혁명정부의 정치적 대의명분을 확립하기 위하여 개인의 재산과 기업 그리고 자본재를 몰수한다면 내국인들의 저축, 투자 혹은 창업의 인센티브가 없어지고 외국인들의 경우에는 이들 국가에 투자할 유인이 없어진다. 즉, 어떤 경제의 정치적 불안은 그 경제의 성장동력을 잠식하고 침체시키는 중요한 요인이 될 수 있는 것이다. 이처럼 경제적 번영은 정치적 안정에 뿌리를 두고 있다. 효율적인 사법제도, 정직한 공무원 그리고 안정적인 헌법을 지닌 나라들이 사법제도가 부실하고, 관리들이 부패하고, 혁명과 군사쿠데타가 잦은 나라에 비해 높은 생활수준을 누릴 수 있는 것이다.

자유무역

무역은 어떤 의미에서 하나의 마술(교환의 기술진보)이다. 만약 석유가 전혀 생산되지 않고 쌀을 생산하는 국가와 쌀이 전혀 생산되지 않고 석유만 생산하는 국가가 존재한다고 하자. 당연히 이들 국가들은 자체적으로는 생산되지 않는 석유와 쌀을 확보할 수 있는 방법은 전혀 존재하지 않는다. 하지만 이들 국가들이 각각 자국에서 생산한 쌀과 석유를 국제시장에서 만나 교환하게 된다면 이들 국가들은 마치 쌀을 석유로 석유를 쌀로 변환시키는 기술을 개발한 것과 같은 결과를 얻게 된다. 국제시장에서 국가 간의 교환행위가 바로 무역이다. 이처럼 이들 교역당사국들은 무역의 결과로서 교역이전에는 획득할 수 없었던 자원들을 국가 간의 교환행위를 통해서 확보하게 되는 것이다. 교역에 참여한 이들 당사국 국민 모두들은 예전에는 소비가 불가능했던 재화들을 소비가능하게 되고 이를 통하여 다양한 욕구를 충족시킬 수 있는 수단들을 확보하게 되어 상호이익을 얻을 수 있다. 그러므로 국가 간의 무역장벽을 제거함으로써 예전에는 달성할 수 없었던 중요한 교환상의 기술진보에 따른 경제성장을 경험할 수 있는 것이다.

인구성장 억제

한 나라의 생활수준은 인구규모와 인구성장 속도에 의해서도 영향을 받는다. 분명히 인구규모는 한 나라의 노동인구규모를 결정하는 중요한 변수이다. 미국이나 일본처럼 인구가 많은 나라의 GDP가 룩셈부르크나 네덜란드처럼 인구가 적은 나라에 비해 큰 것은 놀라운 일이 아니다.

하지만 인구증가율이 경제성장속도보다 빠르면 1인당 GDP에 어떤 영향을 미칠까? 인구증가율이 경제성장속도보다 높으면 1인당 GDP가 줄어든다. 왜냐하면 급속한 인구증가로 인하여 근로자의 수가 빠른 속도로 증가하면 근로자 한 사람에게 돌아가는 다른 생산요소들의 양이 작아지기 때문이다. 즉, 인구성장 속도가 빠르면 각 근로자에게 많은 양의 자본재를 배분하기 어렵고 1인당 자본의 양이 작을수록 생산성이 하락하므로 1인당 GDP도 감소한다.

그러므로 인구성장률이 경제성장률보다 높은 후진국과 개발도상국들의 경우 빈곤으로부터 탈출하기 위해서 인구성장률을 낮추는 것이 생활수준을 올리는 방법 중의 하나로 널리 인식되어왔다. 그래서 어떤 국가에서는 인구증가를 억제하기 위해 가족당 자녀의 수를 법으로 제한하기도 한다. 예를 들어 최근 급속한 경제성장을 하고 있는 중국에서는 가구당 1명의 자녀만 허용되며 이 법을 어기는 부부들은 상당한 벌금을 물게 된다. 좀더 자유로운 나라에서는 산아제한에 대한 인식을 높이는 간접적인 방식으로 인구성장을 억제하고 있다. 과거 우리나라의 경우에는 "아들, 딸 구별말고 둘만 낳아 잘 기르자"는 캠페인을 벌여 출산율을 낮추려고 노력하였다.

인구증가를 억제하기 위해 사용할 수 있는 또 다른 방법 중의 하나는 사람들이 경제적 유인에 반응하도록 하는 것이다. 다른 모든 의사결정과 마찬가지로 아이를 낳아 기르는 데도 기회비용이 따른다. 따라서 육아에 대한 기회비용이 늘어나면 사람들은 당연히 아이를 덜 낳으려고 할 것이다. 여성의 경우, 교육을 많이 받고 좋은 직장을 가진 여성들이 가정을 벗어나면 아무런 기회도 없는 여성에 비해서 원하는 자녀수가 더 적다. 따라서 저개발국가의 경우 남녀 기회균등을 촉진하는 정책은 인구증가율을 낮추는 하나의 대안이다.

하지만 자식을 낳아 기르는 것에 대한 기회비용이 너무 높아지면 오히려 인구규모를 급감시켜 장래 국가의 성장동력원이 부족하게 되어 장기적인 경제성장을 달성할 수 없는 경우도 발생할 수 있다. 우리나라의 경우에 자식들의 육아비용이나 교육비용 등이 부담되어 자식을 적게 가지려는 경향이 있었다. 그러나 최근 우리나라의 경우 출산율이 급격히 하락하여 정부의 고민거리로 등장하고 있다. 그러므로 정부나 지방자치단체가 출산비용이나 육아비용 특히 교육비용을 일부 보조하여 출산율을 높이려는 유인을 제공하고자 한다.

연구개발의 지원

과거에 비해 오늘날 생활수준이 더 높은 주된 이유는 기술지식의 진보 때문이라는 사실은 재차 강조하지 않아도 될 것이다. 그러므로 정부는 연구개발을 수행하는 기업에 대한 세제지원 등을 통해 새로운 지식의 발견을 장려하고 특허제도를 통해 발명을 위해 투자한 사람들에게 일정한 기간 동안만이라도 발명으로부터 창출되는 이익을 차지할 수 있도록 보장함으로써 개인과 기업에게 연구개발을 수행할 경제적 유인을 제공하기 위해 정책적으로 연구개발을 촉진하고 있다.

4강 시간이 흐를수록 생산성은 높아지는데 불황은 왜 발생하나?

한 국가의 경제활동상황은 매년 다르지만 대부분의 경우 한 해 동안 생산한 재화와 서비스의 양은 그 전해에 비해 증가하는 것이 정상이다. 왜냐하면 시간이 흐를수록 경제활동인구의 규모가 늘고, 자본이 축적되고, 기술이 진보하여 경제의 생산능력이 높아지기 때문이다. 경제의 생산능력이 높아지면 모든 사람이 더 높은 생활수준을 누릴 수 있게 된다.

그러나 어떤 해에는 경제가 이처럼 정상적으로 성장하지 않는 경우가 있다. 기업이 만들어 낸 재화와 서비스를 다 판매할 수 없어서 생산을 줄여야만 하는 경우가 있다. 상황이 심각하면 근로자들이 해고되고 실업률이 높아지며 공장은 가동을 멈추게 된다. 국가 전체적으로는 재화와 서비스의 생산이 줄어들고 국민소득이 하락한다. 이처럼 국민소득이 하락하고 실업이 증가하는 현상을 경기침체라 하고 그 정도가 심하면 불황이라 한다.

또한 어떤 해에는 기업이 생산한 재화나 서비스가 생산하는 즉시 전량판매되고 주문량이 누적되는 경우도 있다. 이에 따라 기업은 기존 근로자들의 근무시간을 연장하거나 공장을 완전가동하게 되고 근무시간의 연장으로도 주문량을 소화할 수 없는 경우에는 추가적으로 신규 근로자를 고용하기도 하여 실업률은 하락하게 된다. 그래도 주문량이 쇄도를 하는 경우에는 기업은 설비규모를 확장하기 위한 투자계획을 수립하게 된다. 이 과정에서 재화와 서비스의 생산은 증가되고 국민소득은 상승하게 된다. 이처럼 국민소득이 증가하고 실업이 감소하는 현상을 경기확장이라 하고 그 정도가 활발하면 호황이라 한다.

이처럼 경우에 따라 경제활동은 단기적으로 침체국면에 빠질 수도 있고 확장국면에 놓여 있을 수도 있다. 이처럼 경제가 변동하는 이유는 무엇일까?

이러한 현상을 이해하기 위해서 국가경제 전체의 총공급(생산)과 총수요(지출)라는 개념을 활용하여 살펴보고자 한다. 결론적으로 말하면 단기적으로 총공급과 총수요의 불일치가 단기적인 경기변동을 가져오는 원인이다.

국가경제의 총공급 능력을 결정하는 결정요인들에 대해서는 앞 강에서 살펴보았다. 이들 총공급의 결정요인들은 단기적으로 쉽게 변화하지 않는 성질의 것이다. 일반적으로 한 국가의 천연자원의 부존량의 규모를 단기에 획기적으로 증대시키는 것은 불가능하며, 노동공급량과 노동의 질의 변화를 가져오기도 어렵고, 물적자본의 양도 단기간 증대시키는 것에는 한계가 존재하며, 획기적인 기술진보는 단기간 달성하기 어렵다. 즉, 장기적으로 국가의 생산규모의 증대는 생산요소의 부존량과 생산성에 의해서 결정되지만 생산요소의 부존량과 생산성 향상을 증가시키는 방법은 단기간의 경제정책으로는 효과를 보기 어렵다. 그러므로 모든 국가들은 경제성장능력 자체를 확대시키는 정책은 장기간 지속적으로 실시하여야 한다. 장기적으로 한 경제의 공급능력은 그 경제의 노동, 자본, 기술에 의해 결정되므로 물가수준에 영향을 받지 않을 것이다.

하지만 단기적으로 한 경제의 재화와 서비스의 공급능력이 물가수준에 영향을 받을 수 있다, 예상하지 못한 물가하락이 발생한 경우 공급자들을 그들이 공급하는 재화의 상대가격이 낮아진 것 같은 착각에 빠지게 하고, 결국 생산량을 줄이게 만들 수 있다. 또한 예상하지 못한 물가의 하락은 일실적인 실질임금의 상승을 초래하고 따라서 기업은 고용과 생산을 줄인다. 또한 예상하지 못한 물가의 하락은 일시적으로 높은 가격을 유지하는 기업들이 있으며, 이런 기업들의 매출은 줄어들고 결국 생산량도 줄어들게 된다는 것이다.

예상하지 못한 물가상승이 발생한 경우 공급자들은 그들이 공급하는 재화의 상대가격이 높아진 것 같은 착각에 빠지게 되고, 결국 생산량을 늘리게 만들 수 있다. 또한 예상하지 못한 물가의 상승은 일시적인 실질임금의 하락을 초래하고 따라서 기업은 고용과 생산을 늘린다. 또한 예상하지 못한 물가의 상승은 일시적으로 낮은 가격을 유지하는 기업들이 있으며, 이런 기업들의 매출은 늘어나고 결국 생산량도 늘어나게 된다는 것이다. 즉, 일반적으로 경제의 물가수준과 총공급은 같은 방향으로 움직인다. 물가수준을 종축, 생산량을 횡축으로 하여 그래프를 그릴 경우 총공급곡선은 우상향하는 형태이다.

생산요소의 부존량과 기술수준이 주어져 있는 단기에 있어서 한 국가의 보다 구체적인 총공급의 형태는 현재 생산요소가 어떻게 활용되고 있느냐에 따라 달라진다.

만약 현재 경제상황이 악화되어 놀고 있는 노동력, 즉 실업자가 대규모로 존재하고, 가동하지 못하는 기계설비가 많은 경우에는 어떤 요인에 의해 기업이 생산한 재화나 서비스에 대한 수요가 증대하면 물가의 상승 없이도 유휴상태에 있는 생산요소를 생산과정에 활용하여 추가적인 생산이 이루어질 수 있다. 총공급수준이 증가하게 된다.

하지만 경제가 서서히 확장국면으로 진행해가면 유휴상태로 있던 생산요소들은 줄어들게 되고 이에 따라 생산요소시장에서는 생산요소의 가격이 상승하기 시작하게 되고 기업의 입장에서는 생산요소 구입비용이 증가하게 되므로 재화와 서비스의 가격이 인상되지 않는 한 추가적인 생산이 불가능하게 된다. 즉, 경제가 서서히 확장국면으로 진행되면 경제전반의 물가수준은 서서히 상승하면서 총공급규모가 확대되어 간다.

이제 생산요소가 완전히 고용되어 활용하고 있는 상황이라면 추가적으로 생산과정에 투입할 수 있는 생산요소가 존재하지 않고 획기적인 기술발전이 이루어질 수 없는 단기에서는 총공급 수준에는 변화가 없을 것이다. 해당 산업부문에서의 추가적인 생산이 이루어지기 위해서는 다른 산업부문에서 활용되고 있는 생산요소를 더 많은 비용을 들여서 빼내어 와야 하므로 재화와 서비스의 생산비용이 상승하게 되고 해당재화와 서비스의 가격이 상승하게 된다. 한 산업부문의 생산증대는 다른 산업부문의 생산감소를 의미하므로 국가전체의 총생산량에는 변화가 없고 물가만 상승하게 된다.

그러면 이제 총수요에 대하여 살펴보도록 하자.

한 경제가 일정기간 동안 생산한 결과물인 재화와 서비스의 총가치인 총생산액인 기업의 총매출액은 생산과정에 생산요소를 제공한 경제내의 모든 구성원들에게 여러 가지 유형의 소득으로 분배된다. 이렇게 분배된 총생산액은 경제내의 모든 구성원들에 의해 다양한 재화와 서비스의 구입, 즉 총수요(지출)로 이어진다. 경제내의 모든 구성원들에 의해 이루어진 총수요(=GDP(Y로 표시))는 총수요 주체별로 구분하여 가계부문의 소비지출(C), 기업부문의 투자지출(I), 정부부문의 정부지출(G), 해외부문에 의한 순수출(NX) 등 네 가지 요소로 분해한다.

$$Y = C + I + G + NX$$

예를 들어 만갑이 가족이 삼계탕 집에서 점심을 먹는 것, 기업이 자동차공장을 짓는 것, 군이 탱크를 생산하는 것, 휴대폰을 수출하는 것 등이 그 예이다. 가계부분의 소비는 만갑이 가족이 삼계탕 집에서 점심을 먹는 것처럼 재화와 서비스에 대한 소비자의 지출을 의미한다. 기업부문의 투자는 기업이 공장을 짓는 것처럼 자본설비, 재고, 새 건물의 구입의 의미한다.[2] 정부부문의 정부지출은 군이 탱크를 생산하는 것처럼 중앙정부, 지방정부에 의한 재화와 서비스의 구입을 의미한다. 해외부문의 순수출은 수출에서 수입을 뺀 금액이다. 기업이 외국에 휴대폰을 수출하는 것처럼 한 나라의 기업이 외국 소비자들에게 재화를 판매하면 외국인에 의한 국내생산 재화와 서비스에 대한 지출이 증가한다.

즉, 주어진 물가수준에서 가계부문의 소비가 증가하거나, 기업부문의 투자지출이 증가하거나, 정부부문의 지출이 증가하거나, 해외부문에 의한 순수출이 증가하면 국민경제의 총수요가 증가하게 되고 그 반대의 경우에는 총수요가 감소하게 된다. 또한 물가수준이 변하게 되면 총수요는 물가수준의 변화방향과는 반대로 움직인다.

총수요가 물가수준과 반대방향으로 움직이는 이유는 다음과 같다. 첫째, 물가수준이 상승하게 되면 이자율이 상승하여 기업부문의 투자수요와 가계부문의 민간소비수요가 감소하여 총수요가 감소한다. 둘째, 물가가 상승하면 민간이 보유하고 있는 현금과 국공채의 실질가치가 떨어져 실질자산이 감소함으로써 소비수요가 감소하여 총수요가 감소한다.

2) 신축주택에 대한 소비지 지출은 소비가 아닌 투자로 보는 것이 관행이다.

셋째, 국내물가 수준이 상승하게 되면 국내 생산요소의 가격이 상승하게 되고 따라서 수출상품의 가격이 인상되어 수출품의 국제경쟁력이 떨어져 수출이 감소하고 이에 반해 수입상품의 가격은 상대적으로 싸져서 수입수요가 증가한다. 이에 따라 순수출수요와 총수요가 감소한다.

지금까지 살펴본 총공급과 총수요에 대한 개념을 활용하여 단기적으로 경제가 호황과 불황의 상황에 놓이게 되는 경우를 살펴보자. 경제 전체의 물가수준과 총생산규모는 총공급과 총수요가 일치하는 수준에서 결정된다.

그러므로 경제가 불황국면에 직면하게 되는 경우는 단기적으로 총수요가 감소하여 시장이 초과공급의 상태에 놓이게 되는 경우나 총공급이 감소하는 경우일 것이다.

총수요가 감소하는 경우는 다음과 같은 경우이다.

가계부분의 소비심리가 위축되어 물가수준에 관계없이 소비수요가 감소하는 경우, 기업가들이 미래를 비관적으로 전망하여 투자수요를 줄일 경우, 정부가 정부지출을 감소하는 경우, 외국에서 우리나라 제품에 대한 수요가 감소하는 경우, 장래에 물가가 오를 것이라고 예상하는 경우에는 물가가 하락할 때까지 물품구입을 미루기 때문에 총수요는 감소한다.

총공급이 감소하는 경우는 다음과 같은 경우이다.

임금과 기타 생산요소가격이 인상되는 경우, 경제내의 노동과 자본의 양이 줄어드는 경우, 즉 노동인구가 감소하고, 기업이 신규투자를 줄이고, 미래의 인플레이션율이 현재 진행되는 인플레이션율보다 높아질 것이라고 예상되는 경우에 각 물가수준에서 종전보다 생산이 감소하여 총공급이 감소한다.

경제가 호황국면에 놓이게 되는 경우는 단기적으로 총수요가 증가하여 시장이 초과수요의 상태에 놓이게 되는 경우나 총공급이 증가하는 경우일 것이다.

지나치게 경기가 침체되면 대량의 실업과, 경기가 과열되면 지나친 인플레이션 등 경제에 많은 문제점을 발생시킨다. 따라서 경제의 총체적 활동상황을 파악하여 적절한 경제정책을 실시하기 위해서는 경제상황을 알려주는 지표가 필요하다. 왜냐하면 현재의 경기상태를 파악하여 경제가 어느 방향으로 변동하는가를 미리 예견할 수 있다면 경기변동에 따른 예방이나 준비도 가능하기 때문이다. 이와 같이 국민경제 전체의 경기동향을 파악하기 위하여 각종의 지표를 종합하여 작성된 지표가 경기지표이다. 현재 널리 이용되고 있는 경기지표로는 '경기종합지수'(CI : Composite Index), '경기동향지수'(DI : Diffusion Index), '기업실사지수'(BSI : Business Survey Index), '소비자태도지수'(CSI : Consumer Sentiment Index) 등이 있다.

경기종합지수는 경기와 연관이 높다고 판단한 여러 가지 경제지표를 모아서 만든 지수이다. 경기종합지수가 전월에 비해서 높아지면 경기가 상승했다는 것을, 경기종합지수가 전월에 비해 낮아지면 경기가 하락했다는 것을 나타낸다. 경기종합지수의 상승비율이나 하락비율이 높으면 경기가 그만큼 크게 변동한다는 의미이다. 경기종합지수는 경기동행지수, 경기선행지수, 경기후행지수로 구성되어 있다. 즉, 경기종합지수는 기준순환일(경기전환점)[3]에 대한 시차(time lag) 정도에 따라 선행, 동행(현재) 및 후행 종합지수의 3개 군으로 구분되는데, 각 지수의 구성지표 수는 선행 9개, 동행 7개, 후행 6개로 되어 있다. 경기선행지수가 위에서 밑으로 혹은 밑에서 위로 방향을 바꾸는 전환점은 '기준순환일'보다 3~8개월 앞선다. 즉, 선행지수의 방향이 바뀌면 3~8개월 뒤에는 경기흐름이 바뀔 것을 의미한다. 동행지수의 전환점은 경기전환점과 거의 일치한

---

3) 경기는 호황과 불황을 순환하며 정점과 저점을 만들어 낸다. 경기 정점에서는 상승하던 경기가 천장을 치고 내려간다. 저점에서는 하강하던 경기가 바닥을 치고 올라간다. 즉, 경기가 정점이나 저점을 치는 날에는 경기방향이 바뀐다. 그래서 이들 정점, 저점을 '기준순환일'이라고 부른다.

다. 후행지수의 전환점은 기준순환일보다 2~9개월 뒤에 온다. 장기적으로 이들 3가지 경기지수 추이를 종합해보면 경기흐름을 웬만큼 알 수 있다. 단기적으로는 선행지수 추세만 봐도 경기가 장차 어떤 방향으로 움직일지 대략 알 수 있다.

우리가 흔히 방송이나 신문매체를 통하여 자주 접하는 대표적인 경기지수들에는 종합주가지수, 산업생산지수, 생산자출하지수, 생산자제품재고지수 등이 있다. 이제 이들 지수들을 통해서 우리가 얻을 수 있는 경제정보들은 무엇인가?

선행지수의 하나인 종합주가지수는 증권거래소에서 거래종목 전체의 주가 움직임을 지수로 만든 것으로 정식명칭은 '코스피지수'(KOSPI : Korea Composite Stock Price Index)이다. 코스피지수를 보면 거래소시장의 전체 추세를 가늠해 볼 수도 있고, 개별 종목을 얼마나 매매할지를 결정하는 데에 참고할 수도 있다. 증시는 경기상황을 반영하므로 종합주가지수를 보고 경기를 판단할 수도 있다. 특히 주가는 보통 실제경기를 4~6개월 정도 앞서 움직인다고 보고 있다. 그러므로 종합주가지수의 움직임을 보고 경기를 예측하기도 한다.

현재의 경기상황을 나타내는 동행지수의 하나인 산업생산지수는 산업전반에 걸친 생산량의 추이를 지수로 만든 것인데, 국내에서 생산되는 상품 전체의 생산량을 조사하기란 사실 불가능하다. 그래서 생산수준에 영향을 가장 크게 미치는 광업, 제조업, 전기 · 가스업을 골라 해당업종 가운데 주요품목(647품목)을 골라서 각각의 지수를 만든 다음 종합해서 전산업 평균 산업생산지수를 작성한다. 따라서 산업생산지수가 커지면 그만큼 생산이 확대되고 경기가 좋아진다. 산업전체의 생산량이 늘어나고 GDP규모도 커진다. 반대로 산업생산자지수가 작아지면 생산실적과 경기상황은 나빠진다. 그러므로 산업생산지수의 움직임을 살펴보면 생산활동의 수준과 추이, 국민경제 전체 동향도 파악할 수 있다.

경기가 좋아지면 상품이 잘 팔려나가고, 기업의 창고에 쌓인 재고는

경기종합지수의 구성지표

	경제부문	지표명	내용	작성기관
선행지수의 구성지표 (9개)	고용	입·이직자비율(제조업)	(입직자수/이직자수)×100	노동부
	생산	재고순환지표(제조업)	출하증가율-재고증가율	통계청
		기업경기실사지수(실적)		전경련
	투자	설비투자추계지수		통계청
		자본재수입액(실질)	자본재수입액/수입물가지수(자본재)	관세청
		건축허가면적(총)		건교부
	금융	종합주가지수	월평균	증권거래소
		총유동성(M3, 실질; 말잔)	총유동성(M3; 말잔)/생산자물가지수	한국은행
	무역	순상품교역조건	(수출단가지수/수입단가지수)×100	한국은행
동행지수의 구성지표 (7개)	고용	비농가취업자수		통계청
	생산	산업생산지수	광업, 제조업, 전기·가스업(647개 품목)	통계청
		제조업가동률지수	제조업(265개 품목)	통계청
	소비	도소매판매액지수	1995년 불변가격	통계청
	투자	건설기성액(실질)	건설기성액/생산자물가지수	통계청
	무역	수출액(실질)	수출액/수출물가지수	관세청
		수입액(실질)	수입액/수입물가지수	관세청
후행지수의 구성지표 (6개)	고용	상용근로자수		노동부
		이직자수(제조업)		노동부
	생산	생산자제품재고지수	광공업(540개 품목)	통계청
	소비	도시가계소비지출(전가구)	도시가계소비지출(전가구)/소비자물가지수	통계청
		소비재수입액(실질)	소비재수입액/수입물가지수(소비재)	관세청
	금융	회사채유통수익률	잔존기간 3년물의 보증부사채 단순평균수익률	한국은행

줄어들 것이다. 반대로 경기가 나빠지면 상품의 판매가 부진하고, 기업의 창고에 쌓인 재고는 많아질 것이다. 따라서 상품이 팔려나가는 정도와 창고에 쌓인 재고[4]의 정도를 보아도 경기의 상황을 짐작할 수 있을

4) 재고란 기업에게 무조건 적을수록 좋은 것은 아니다. 재고는 장차 내다 팔 제품의 수요를 감안해 늘 모자라지도 남지도 않는 적정량을 갖는 게 가장 좋다. 만약 소비증가율은 부진한데 재고증가율이 높으면 너무 많은 제품을 생산해 창고에 쌓아 놓고 있다는 뜻이고, 거꾸로 소비증가율은 높은데 재고증가율이 너무 낮다면 제품공급이 부족해 판매기회를 놓칠 수도 있다. 경험적으로 경기가 바닥을 치고 올라갈 때 재고증가율은 보통 6~7%이다.

것이다. 이를 측정하여 지수로 나타낸 것이 바로 '생산자출하지수(동행지수)'와 '생산자제품재고지수(후행지수)'이다. 생산자출하지수는 경기의 움직임과 같은 방향으로 움직이고, 생산자제품재고지수는 경기의 움직임과 반대방향으로 움직인다.

경기종합지수와 함께 종합경기지표로 활용되는 경기동향지수(또는 경기확산지수: DI)가 있다. 경기동향지수도 경기종합지수에서와 같이 선행, 동행 및 후행지수의 3개 군으로 구분되어 작성된다. 작성방법은 각 군의 총구성지표수에서 차지하는 증가지표수와 보합지표수를 파악하여 다음과 같이 계산하는데 0~100의 수치로 표시된다.

$$\text{경기동향지수} = \frac{\text{증가지표수} + (\text{보합지표수} \times 0.5)}{\text{구성지표수}}$$

경기동향지수가 50을 초과하면 경기는 확장국면에, 50 미만이면 수축국면에 있음을 나타내며, 50이면 전환점에 있는 것으로 간주된다.

기업경기실사지수(BSI)란 경기에 대한 기업가들의 판단, 예측 및 계획 등이 단기적인 경기변동에 중요한 영향을 미친다는 경험적인 사실에 바탕을 두고 설문서를 통해 기업가의 경기동향 판단, 예측 등을 조사하여 지수화한 것이다. 한국은행을 비롯해 산업은행, 무역협회, 전국경제인연합회 등에서 분기 또는 월마다 작성되고 있다.

$$\text{기업경기실사지수} = \frac{\text{긍정적 응답업체수} + \text{부정적 응답업체수}}{\text{전체 응답업체수}} \times 100 + 100$$

기업경기실사지수는 0~200의 값을 가지며 동 지수가 100 이상인 경우 경기를 긍정적으로 보는 업체수가 부정적으로 보는 업체에 비해 많다는 것을 의미하며 100 이하의 경우는 그 반대를 나타낸다. 기업경기실사지수는 경기동향지수와는 달리 경기전환점의 판단기준 값이 100이라는 사실에 주의!

소비자태도지수는 소비자의 경기에 대한 인식이 향후 소비행태에 영향을 미치게 되므로 경기동향 파악 및 예측에 유용한 정보가 된다는 전제하에 소비자의 현재 및 장래의 재정상태, 소비자가 보는 경제전반의 상황과 물가, 구매조건 등에 대해 설문조사를 하고 이를 지수화한 것이다. 한국은행에서는 소비자동향지수라는 이름으로 분기별로 작성되고 있으며 통계청에서는 소비자평가지수 및 소비자기대지수라는 이름으로 월별로 작성되고 있다.

통계청에서는 6개월 전과 비교해 현재의 경기 · 생활형편 등에 대한 소비자들의 평가를 나타내는 소비자평가지수, 그리고 현재와 비교하여 6개월 후의 경기 · 생활형편, 소비지출 등에 대한 소비자들의 기대심리를 나타내는 소비자기대지수를 구분해 발표한다. 소비자기대지수는 전체 조사대상이 2,000가구를 상대로 앞으로 6개월 뒤의 소비자 동향을 설문조사를 통해 작성한 지수로 기준은 100이다. 100일 경우는 6개월 후의 경기, 생활형편 등에 대해 현재보다 긍정적으로 보는 가구와 부정적으로 보는 가구가 같은 수준임을 뜻하고, 답변자가 현재보다 소비를 늘리겠다는 응답이 많으면 100을 넘어서고, 소비를 줄이겠다는 사람이 많으면 100보다 낮아진다.

이렇게 경제활동이 상당한 규칙성을 보이며 확장국면과 수축국면이 반복되어 나타나는 현상을 경기순환(경기변동)이라 한다.

경기순환의 주기와 진폭은 경기순환마다 다르며, 경기후퇴가 일단 시작되면 상당기간 경기는 더 나빠지고 경기가 일단 확장되기 시작하면 상당기간 경기는 더 좋아진다. 대개 확장국면이 수축국면보다 길게 나타난다.

우리나라의 경기순환과정은 1950년대 말부터 한국은행이 분석하기 시작하여 1970년대부터는 통계청이 공식적으로 편제하고 있다. 우리나라의 경기순환은 평균적으로 확장기간이 34개월, 수축기간이 19개월, 주기가 53개월인 단기파동이며, 2005년 현재 제7순환이 끝나고 제8순환국면에 있는 것으로 추정하고 있다.

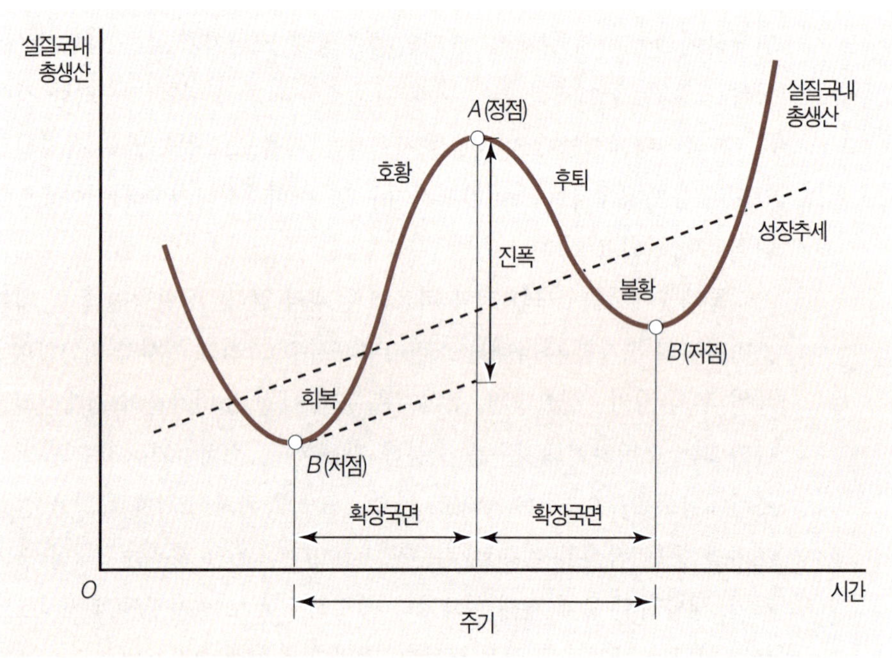

경기순환

우리나라의 경기순환

				지속기간(개월)		
	저점(연월)	정점(연월)	저점(연월)	확장	수축	주기
제1순환	1972.3	1974.2	1975.6	23	16	39
제2순환	1975.6	1979.2	1980.9	44	19	63
제3순환	1980.9	1984.2	1985.9	41	19	60
제4순환	1985.9	1988.1	1989.7	28	18	46
제5순환	1989.7	1992.1	1993.1	30	12	42
제6순환	1993.1	1996.3	1998.8	38	29	67
제7순환	1998.8	2000.8 (?)	2001.9 (?)			
제1~6순환 평균				34	19	53

요약

1. 국내총생산(GDP)은 '일정기간 동안 한 나라 국경 내에서 생산된 모든 최종생산물의 시장가치'이다. GDP는 생산지표이다.

2. 기준연도 가격으로 평가한 GDP를 실질GDP라 하고, 해당연도 가격으로 평가한 GDP를 명목GDP라 한다. 명목GDP와 실질GDP를 이용하여 측정된 물가변동의 값(물가지수)을 GDP디플레이터라 한다. 경제성장률은 실질GDP의 증가율이다.

3. 부가가치란 기업이 생산단계에서 추가로 창출된 가치로서 기업의 판매액과 다른 기업으로부터 구매한 원자재나 서비스의 구매액 간의 차이를 말하며, 이것은 생산단계에서 부가가치 창출에 기여한 자원, 즉 노동, 자본재(기계), 토지 및 경영에 대한 대가로서 임금, 이자, 지대, 그리고 이윤으로 분배된다.

4. 국민총생산(GNP)이란 '일정기간동안에 해당국의 국민들에 의해 생산된 모든 최종생산물의 시장가치로 평가한 총가치'이다. GNP는 국내이든 해외이든 관계없이 그 나라의 국민들에 의해 생산된 것을 측정한 것이다. 여기서 국민이란 그 나라 국적을 가진 개인과 그 나라에 등록된 기업을 주로 말하지만 그밖에도 그 나라에 1년 이상 거주하는 외국인 및 그 나라에서 영속적으로 영업활동을 하는 외국기업의 국내지점이나 자회사를 포함한다. GNP=GDP+국외수취요소소득−국외지불요소소득

5. 국민총소득(GNI)은 GNI=GNP+교역조건 변화에 따른 실질 무역손익이다. GNI는 소득지표이다.

6. GDP는 총수요 주체별로 구분하여 총수요는 가계부문의 소비지출(C), 기업부문의 투자지출(I), 정부부문의 정부지출(G), 해외부문에 의한 순수출(NX) 등 네 가지 요소로 분해된다. GDP(Y)=C+I+G+NX

7. 국가의 생활수준은 그 국가의 재화와 서비스의 생산능력에 의해 결정되며, 국가의 생산능력은 물적자본, 인적자본, 자연자원, 기술지식 등에 의해 좌우된다. 국가경제의 생산능력 자체의 확장을 위해서는 생산요소의 양이 증가하여 생산과정에 보다 많은 생산요소가 투입되거나, 생산요소의 양이 주어져 있는 경우에는 생산요소의 생산성이 향상되어야 할 것이다.

8. 경제가 불황국면에 직면하게 되는 경우는 단기적으로 총수요가 감소하여 시장이 초과공급의 상태에 놓이게 되는 경우나 총공급이 감소하는 경우일 것이다. 경제가 호황국면에 놓이게 되는 경우는 단기적으로 총수요가 증가하여 시장이 초과수요의 상태에 놓이게 되는 경우나 총공급이 증가하는 경우일 것이다.

9. 국민경제 전체의 경기동향을 파악하기 위하여 각종의 지표를 종합하여 작성된 지표가 경기지표이다. 현재 널리 이용되고 있는 경기지표로는 경기종합지수(CI), 경기동향지수(DI), 기업실사지수(BSI), 소비자태도지수(CSI) 등이 있다.

제 11 장
실업과 인플레이션

1강 실업자는 많은데 당국발표의 실업률은 왜 낮은가?

나도 먹고 놀고 있고, 친구 김돌이도 먹고 놀고 있고, 이처럼 많은 사람들이 놀고 있는데 정부당국이 발표하는 실업률은 내가 피부로 체감하는 실업률과는 상당한 괴리를 보이는 것은 왜 그럴까? 이를 알아보기 위해서 실업률이 어떻게 측정되는지를 살펴볼 필요가 있다.

'실업'(unemployment)이란 일할 능력이 있고 일하기를 원하지만 일자리를 구하지 못한 상태를 말한다. 다시 말하면 실업은 일은 하고 싶은데 일자리가 없는 상태를 말하고, 이런 상태에 있는 사람을 실업자라고 한다.

노동력과 노동의사를 가진 사람을 '경제활동인구'(labor force)라 한다. 따라서 경제활동인구는 고용여부를 파악하는 데는 총인구보다 더 중요한 의미를 가진다. 경제활동인구를 계산하기 위해서는 우선 일정 연령 이상의 생산가능인구를 파악하여야 한다. 우리나라에서는 15세 이상의 인구를 생산가능인구로 정하고 있다.

15세 이상의 생산가능인구는 크게 경제활동인구와 비경제활동인구로 구분한다.

생산가능인구 = 경제활동인구 + 비경제활동인구

15세 이상 인구에서 경제활동인구가 차지하는 비율을 '경제활동참가율'(labor-force participation rate)이라고 한다.

경제활동참가율 = 경제활동인구 ÷ 15세 이상 인구

비경제활동인구에는 생산가능인구 중에서 일할 의사가 없는 학생, 전업주부, 일할 능력이 없는 노약자, 환자 등이 포함된다.

경제활동인구는 다시 취업자와 실업자로 구분된다.

경제활동인구 = 취업자 + 실업자

경제활동인구는 취업자와 실업자로 구분되는데, 취업자는 ① 매월 15일이 포함된 1주일 동안에 수입을 목적으로 1시간 이상 일하는 사람, ② 직접적 수입이 없더라도 가구주의 사업을 도와 주당 18시간 이상 일한 가족종사자, ③ 일정한 직장이나 사업장을 가지고 있으나 일시적 질병, 일기불순, 휴가 등의 사유로 일하지 않는 사람이 포함된다. 따라서 취업자에는 임시고용, 시간제 고용 등도 포함된다. 실업자는 ① 매월 15일이 포함된 1주일 동안에 적극적으로 일자리를 구해 보았으나 전혀 일을 하지 못한 사람, ② 일자리를 구하였으나 일시적인 질병, 일기불순, 구직결과 대기 등의 특별한 사유로 구직활동을 못한 사람도 포함된다.

경제활동인구 중에서 실업자가 차지하는 비율을 '실업률'(unemployment rate)이라고 한다.

실업률(%) = 실업자 ÷ 경제활동인구 × 100

우리나라 인구의 경제활동 상태별 구성 (2001.1)

경제활동인구 (21,268천명)	취업자 (20,286천명) 실업자 (982천명)
비경제활동인구 (15,006천명)	학생 주부 퇴직자

이제 우리가 피부로 체감하는 실업률과 당국이 발표하는 실업률과 차이가 나는 원인을 살펴보자, 그 원인은 다름 아닌 실업률을 측정하는 데 문제가 있기 때문이다.

첫째, 1주일 동안 1시간만 일하여도 취업자로 분류하고 있다. 1주일의 법정근무시간이 44시간임을 감안할 때 너무도 어의가 없는 시간으로 사실상 실업자가 취업자로 둔갑된다. 이와 같은 터무니없는 짧은 시간이 실업률을 끌어내는 데 일조를 하고 있다.

둘째, 취직을 못한 아들이 부모가 일하는 가게에서 일을 도와주거나 잠깐씩 아르바이트를 하는 경우는 사실상 실업자이다. 하지만 취업자로 분류하고 있다. 이처럼 상시고용을 원하는 임시고용자와 시간제 고용자가 취업자로 분류되어 실업률을 낮춘다.

셋째, 직장에서 퇴직한 직장인들이 직장을 구하려고 동분서주하였으나 직장을 구하지 못하게 된 나머지 실망하여 구직자체를 포기하는 경우, 이들을 실망실업자로 분류하며 이들은 비경제활동인구에 포함됨으로써 실업률을 축소시킨다.

넷째, 마약, 밀수, 도박과 같은 은밀한 업무종사자는 합법적인 직업은 아니지만 직업을 가지고 있다. 그러나 이들은 스스로 직장을 가지고 있다고 할 수 없는 처지이기 때문에 실업자로 행세함으로써 실업통계가 사실보다 높게 계산된다.

다섯째, 경제활동인구통계가 과소측정되거나 과다측정되는 문제점이 있다. 우리나라는 경제활동인구통계를 국제노동기구(ILO)의 노동력

조사방식에 따른 가계조사방식을 채택하고 있다. 조사범위는 대한민국의 행정권이 미치는 모든 지역이며, 32,000개 표본가구를 대상으로 매월 15일이 포함된 1주간 동안 면접조사방법에 의하여 작성한다. 여기서 얻은 결과를 전체인구로 확대적용하며, 연간통계는 매월통계를 단순평균하여 얻는다.

이처럼 실업률통계가 지니고 있는 문제로 인해 실업률통계가 실제 고용사정을 나타내는 체감실업률 간에 차이가 발생할 수밖에 없다. 그리고 정부당국자는 실업률이 낮은 것을 좋아하므로, 가능하면 실업률을 낮추어서 발표하려고 한다. 따라서 실업은 정부발표 실업률과 우리가 체감하는 실업률 간에는 괴리가 발생할 수 있다.

2강 실업은 왜 발생하고 없앨 수는 없는가?

실업이라고 해서 모두 나쁜 것일까? 이를 알아보기 위해서는 실업의 발생원인을 구분해야 하는데, 일반적으로 실업은 그 원인에 따라 '마찰적 실업'(frictional unemployment), '경기적 실업'(cyclical unemployment), '구조적 실업'(structural unemployment)으로 구분할 수 있다.

마찰적 실업은 좋은 일자리를 탐색하거나 직업을 바꾸는 과정에서 발생하는 실업이다. 이런 유형의 실업은 자신들의 능력을 보다 잘 발휘할 수 있는 곳으로 옮겨가는 과정에 스스로 선택하여 자발적으로 발생하는 것으로 나쁜 것이라 할 수 없다. 그리고 어느 사회에서나 이러한 마찰적 실업은 어느 정도 불가피하므로 실업률 0인 사회는 없다. 이런 의미에서 마찰적 실업만 있는 상태를 완전고용이라 하고, 이때의 실업률을 '자연실업률'(natural rate of unemployment)이라 한다. 그러므로 완전고용이라고 해서 실업률이 0%라는 것을 의미하는 것은 아니고, 비자발적 실업자가 존재하지 않고 자발적인 실업자만 존재하는 경우의 실업률을 의미한다. 현재 한국의 경우 3% 내외, 미국의 경우 5% 정도로 추정된다.

이런 마찰적 실업을 줄이기 위해서는 보다 신속히 이직이나 구직이 이루어져야 하므로 구인 구직에 대한 정보를 많이 제공하고 연결시키는 장치가 필요하다. '리쿠르트' 같은 구인, 구직에 대한 정보가 사적 부문에서 제공되는 것도 있지만, 그것을 공짜로 손쉽게 이용할 수 있도록 노동부에서 고용안정센터와 취업박람회를 운영하고 있다.

마찰적 실업은 피할 수 없는 것이나 어떤 면에서는 바람직할 수도 있다. 왜냐하면 자발적으로 직장과 직장 사이에 있게 되는 많은 근로자들이 종전보다 더 생산적인 일자리로 옮겨가서 더 높은 임금을 받게 된다면, 개인적으로는 그들의 소득이 증대될 뿐만 아니라 국민경제 전체적으로는 자원배분이 효율적으로 되어 실질산출량이 증대될 수 있기 때문이다.

경기적 실업은 경제상황이 악화되어 경기가 침체된 상황에서 총수요 부족으로 인하여 발생하는 실업이다. 경기가 나빠지면 기업의 판매량이 줄어들게 되고 이에 따라 생산규모가 축소됨으로써 일자리수가 노동자 수보다 작아진다. 이로 인해 발생하는 실업이 바로 경기적 실업이다. 그러므로 경기가 회복되면 고용이 증가하게 되고 경기적 실업은 축소될 것이다.

그러므로 이러한 경기적 실업을 해소하기 위해서는 통화량을 증가시키는 확대금융정책과 정부지출을 증가시키거나 조세를 감면시키는 확대재정정책에 의해 총수요를 증가시켜야 한다. 이러한 총수요의 확대정책은 경기를 회복시켜 경기적 실업은 어느 정도 해소될 수 있지만, 확대금융정책, 확대재정정책으로 인한 물가상승을 유발하는 단점이 있다.

구조적 실업은 산업구조의 조정과정에서 어떤 산업이 사양화되거나 기술혁신으로 종래의 기술이 사양화됨으로써 발생한다. 즉, 전체 노동에 대한 수요가 부족하여 발생하는 것이 아니라 어떤 특수한 종류의 노동에 대한 수요가 부족하여 발생하는 실업이다.

경제 전체로 보면 노동에 대한 수요가 충분함에도 불구하고 어떤 부문에서는 노동에 대한 수요가 공급에 부족할 수 있다. 크게 다음의 두 가지 경우를 생각해 볼 수 있다. 첫째, 성장산업에서는 노동의 공급이 부족하지만 사양산업에서는 노동에 대한 수요가 부족하는 등 산업간 불균형에 의해 나타나는 실업이다. 둘째, 성장지역에서는 노동의 공급이 부족하지만 사양지역에서는 노동에 대한 수요가 부족하는 등 지역간 불균등에 의해 나타나는 실업이다.

이러한 구조적 실업은 노동의 이동이 사양산업에서 성장산업으로 신속하게 이루어질 수 있다면 발생하지 않을 수 있으나 실제로 노동자는 쉽사리 이동할 수 없는 많은 제약과 교육훈련프로그램의 비효율성 때문에 구조적 실업으로 인한 실업률은 상대적으로 오래 지속되며, 또 높은 편이다.

이와 같은 구조적 실업 때문에 몸살을 앓고 있는 대표적 산업은 석탄산업과 인쇄업의 식자공이다. 1980년대 이후 석탄산업의 사양화로 수많은 광부들이 새로운 일자리를 찾지 못하고 실직하였다. 또한 컴퓨터의 발전으로 식자공들도 실직하였다. 따라서 정부는 지역의 광부를 다른 지역으로 이주와 재훈련을 통한 실업해소에 노력을 하고 있고, 식자공들에게도 재훈련을 통한 실업해소에 노력을 해왔다.

이처럼 구조적 실업을 없애기 위해서는 노동수요구조가 변화하는데 맞추어 노동공급구조를 변화시키는 인력정책이 필요하다. 직업훈련제도를 이용한 재훈련과 향상훈련은 성장산업과 유망직종에서 요구되는 기술의 훈련이 중심이 되어야 할 것이며, 기업은 사전예고퇴직제를 실시하여 근로자로 하여금 새로운 기술을 미리 배울 수 있는 기회를 제공하여야 하고, 정부는 직업기술제도에 의해 생산현장에 양질의 숙련인력과 기능인력을 대량 공급하여야 한다.

특히, 기술이 진보하면 비숙련 단순노동력과 육체노동에 대한 수요가 감소하는 경향이 있다. 따라서 지식기반경제에서는 실업의 굴레를 쓰지 않으려면 한 분야에서 전문가가 되어야 한다.

3강 정부발표물가는 체감물가보다 왜 낮은가?

때때로 주부들은 시장을 보면서 느낀 장바구니 물가와 정부가 발표하는 '물가지수'(price index)와의 상당한 차이를 느끼면서 의아해하는 경우가 많다. 왜 그럴까?

우리가 피부로 느끼는 체감물가수준은 개인의 소비패턴에 따라 많은 차이가 있게 된다. 자가승용차로 출퇴근하는 사람에게는 버스요금이 오른 것은 아무런 상관이 없고, 채식주의자에게는 쇠고기값 인상은 남의 이야기에 불과하다. 그러니까 개인별로 피부에 와 닿는 물가지수를 구하기 위해서는 개인별로 자신의 소비지출 구조에 맞게 재단된 물가지수가 있어야 할 것이다. 하지만 모든 소비자별로 물가지수를 구할 수는 없을 것이다. 이런 개인적인 차이를 고려하더라도 정부에서 발표되는 공식물가통계와 국민들이 피부로 느끼는 물가수준 차이에는 분명히 짚고 넘어가야 할 문제가 있다. 그것은 다름 아닌 물가통계 작성상의 문제이다.

그러면 일반적인 물가수준은 어떻게 측정되나? 시장에는 수없이 많은 재화의 가격이 존재하고 항상 변화하고 있으므로, 전체적으로 봐서 물가가 어느 쪽으로 얼마만큼 변화하는지 쉽게 파악이 되지 않는다. 따라서 일반적인 물가수준은 여러 가지 재화와 용역의 가격을 일정시기를 기준(기준연도)으로 하고 가중치를 부여하여 만든 물가지수로 측정한다. 물가지수의 측정을 기준연도를 기준(기준연도의 지수=100)으로 하는 이유는 물가지수가 다양한 재화를 대상으로 하므로 절대적인 수준을 알 수 없기 때문이다. 하나의 재화만 있는 경우에는 그 가격이 절대수준으로 주어져 있지만 많은 재화의 경우에는 그 절대적 수준을 파악하기가 어렵다. 그리고 시간이 지남에 따라 없어지는 품목도 있고, 새로 출현하는 품목도 있기 때문에 기준연도는 자주 바뀐다. 우리나라의 경우 약 5년마다 기준연도가 바뀌고 있다. 현재는 2000년도를 기준연도로 하고 있다.

물가수준의 변화를 측정하기 위해 쓰이는 대표적인 물가지수로는 '소비자물가지수'(consumer price index: CPI), '생산자물가지수'(producer price index: PPI), 그리고 10장에서 살펴본 'GDP디플레이터'(GDP deflator) 등이 있다. 이들의 차이는 물가지수를 계산하는 데 고려되는 재화 및 용역의 종류와 포착되는 거래단계의 차이에 있다.

가장 널리 사용되고 있는 지수는 소비자물가지수이다.[1] 소비자물가지수(CPI)는 일반소비자가 소비생활을 영위하기 위하여 구입하는 재화 및 용역(예컨대 음식료품, 의복, 주택, 연료, 교통, 의약품 등인데, 현재 통계청에서 산정하고 대상품목은 2000년 기준 516개 생활필수품이다)의 가격변동을 종합적으로 측정하기 위하여 작성되는 물가지수로서 최종소비자구입단계에서의 물가변동을 파악하여 일반 도시가계의 평균적인 생계비 내지 소비자 구매력을 측정하기 위한 특수목적 지수이다.

생산자물가지수(PPI)는 국내시장의 제1차 거래단계(국산품의 경우 공장도, 수입상품의 경우 수입상판매단계)에서 기업 상호간에 거래되는 모든 재화(여기에는 이발, 교통등 용역은 당연히 포함되지 않는다)의 평

---

1) 소비자물가지수(총지수)는 516개 품목의 가격을 평균한 것이기 때문에 흔히 시장에서 실제로 구매하는 경우의 가격의 변동을 제대로 반영하지 못한다는 비판을 받는다. 이에 따라 통계청에서는 36개 도시 및 16개 지역별 지수, 상품성질별 지수, 채소와 과일 등을 대상으로 하는 신선식품지수, 구입빈도에 따라 구분한 구입빈도별 지수, 일상생활과 매우 밀접한 기본생필품지수, 자가주거비용지수 등 여러 가지 지수를 개발하여 발표하고 있다. 이들도 지수를 계산하는 데 포함되는 품목이 다를 뿐이지 지수계산의 기본적인 방법에는 차이가 없다. 그러나 우리가 본문에서 보는 지수는 소비자물가지수의 총지수이다.

규적인 가격변동을 측정함으로써 생산자출하단계의 물가행태를 종합적으로 파악하기 위해 작성되는 물가지수로, CPI보다 많은 재화(2000년 기준 923개 주요품목)에 대하여 측정되는 물가지수이다.[2] 우리나라의 생산자물가지수는 국내생산품 중에서도 수출품을 제외하고 내수품만을 대상으로 하며, 수입품은 국내거래가 이루어지는 시판분만을 포함하는 등 국내거래상품을 대상으로 작성되기 때문에 국내의 물가수준을 잘 반영해주는 장점이 있다. 이 지수의 산정방법도 소비자물가지수의 경우와 마찬가지로 해당재화의 생산자판매가격을 중요도(생산액)에 따라 가중치를 달리하여 기준연도에 대비하여 계산한다.

GDP디플레이터는 전체적인 GDP에 대한 물가지수로서 실질GDP에 대한 명목GDP의 비율로 계산된다. 즉, GDP디플레이터=(명목GDP/실질GDP)×100이 된다. GDP디플레이터는 GDP를 구성하는 모든 재화와 용역을 포함하는 물가지수이기 때문에 대상품목수가 가장 광범위한 종합적인 물가지수이다.

현재, 정부에서 조사하는 소비물가지수는 조사대상 516개 품목의 물가상승률을 가계의 지출비중을 가중치로 하여 평균한 것이다. 예를 들어 전체 가계의 지출의 27.1%를 차지하는 식료품의 가격이 10% 상승했다고 하면, 전체 물가에는 2.71%의 인상효과를 가지도록 되어 있는 것이다. 그런데 문제는 바로 이 각 품목별 가중치에 있다.

소비자 물가지수의 산정에 기초가 되었던 품목별 가중치를 보면 식료품비 27.1%, 주거비 16.6%, 교육비 11.4%, 광열·수도비 5.86%, 피복비 5.65%, 보건의료비 4.39%, 교통통신비 15.9%, 교양오락비 5.36%로 되어 있다.

여러분은 이 비율을 여러분 가정의 지출구조와 비교해 볼 때 어떻게

2) 생산자물가지수라는 지수명칭은 1990년 기준지수편제 때부터 사용되었고, 그 이전에는 도매물가지수(wholesale price index)라는 명칭으로 편제되었다.

생각하는가? 아마 자녀에게 과외공부를 시키고 있는 가정에서는 교육비의 비중이 너무 적다고 생각하는 분도 있을 것이고, 또 전세를 살고 있는 신혼부부 가운데는 주거비의 비중이 너무 적게 계상되었다고 느끼는 분도 있을 것이다.

실제로 월급이 150만원인 회사원이 5천만원에 아파트 전세를 살고 있다고 할 때, 이자율을 10%로만 잡아도 한 달 주거비는 월급의 28%에 해당하는 42만원으로 나타난다. 아마도 저축을 뺀 실제 지출에서 차지하는 비중은 이보다 더 높을 것이다.

이렇게 볼 때 주거비의 비중을 16.6%로 잡고 산정한 이 물가지수가 현실의 체감물가지수와 상당한 괴리가 있다는 주장도 결코 무리는 아닌

소비자물가지수의 품목수, 가중치 및 지수 (2000년=100, 연평균 기준)

총지수		품목	가중치	2001	2002	2003
		516	1000.0	104.1	106.9	110.7
기본분류	식료품	180	271.2	103.5	107.7	112.4
	식료품 이외	336	728.8	104.3	106.7	110.1
	주거비	15	156.4	103.9	109.2	113.2
	광열 · 수도	8	58.0	111.1	107.1	113.1
	가구집기 · 가사용품	57	37.1	102.4	104.0	106.7
	피복 및 신발	43	56.5	103.1	106.3	110.1
	보건의료	42	43.9	112.3	111.4	114.1
	교 육	33	114.6	104.4	110.3	116.8
	교양오락	58	53.6	99.7	100.0	100.0
	교통 · 통신	44	159.3	102.0	101.4	102.7
	기타 잡비	36	49.4	105.5	112.2	114.9
상품성질별 분류	상 품	357	450.3	103.5	106.4	109.8
	농축수산품	71	107.4	106.3	112.9	119.6
	공업제품	286	342.9	102.6	104.3	106.7
	서비스	159	549.7	104.6	107.5	111.4
	집 세	2	131.4	104.1	110.1	114.0
	공공서비스	45	150.9	107.5	106.1	108.7
	개인서비스	112	267.4	103.1	106.9	111.7

것 같다. 어쨌든 통계상에 나타난 가계의 지출비중이 현실과 많은 괴리를 보여서는 여기에 근거하여 산출되는 물가통계 역시 우리가 피부로 느끼는 물가와는 큰 차이를 보일 수밖에 없다.

이러한 문제점이 있음에도 물가수준을 측정하기 위해 일반적으로 앞에서 본 세 물가지수가 사용되고 있는데, 그러면 어느 것을 사용하는 것이 가장 좋은가? 소비자물가지수가 가장 일반적으로 사용되고 있지만 어느 것을 선택하느냐 하는 것은 어떤 목적으로 물가를 측정하고자 하느냐에 달려 있다. 소비자의 생계비의 변화를 보고자 한다면 소비자물가지수가 적합할 것이고, 제조업에서의 생산비의 변화를 알고자 할 때에는 생산자물가지수가 가장 적합할 것이며, 가장 광범하게 경제 전체의 생산물의 가격변화를 보고자 한다면 GDP디플레이터가 더 적합할 것이다.

4강 인플레이션을 모든 사람이 싫어하나?

일반물가수준이 지속적으로 상승하는 현상을 두고 '인플레이션'(inflation)이라고 한다. 일반물가수준이란 어느 하나의 재화(상품)의 가격을 말하는 것이 아니라 수많은 재화의 가격을 종합적으로 나타낸 평균적인 가격수준을 나타낸다. 그러므로 인플레이션이 진행되는 동안 모든 재화의 가격이 같은 비율로 상승하여야 할 이유는 없다. 현실적으로 모든 가격이 동시에 같은 비율로 변화하는 경우는 사실상 거의 없다. 또한 모든 가격이 상승하여야 하는 것도 아니다. 어떤 가격은 올라가고 어떤 가격은 떨어지는 경우에도 전체적으로 물가가 올라가면 인플레이션이 발생한다. 따라서 물가가 오르더라도 공공요금의 인상과 같이 일회에 걸쳐 나타나는 물가상승을 인플레이션이라고 하지는 않는다. 또 인플레이션이 나타났다고 해서 모든 물가가 똑같은 비율로 상승하는 것도 물론 아니다. 그중에는 값이 떨어지는 상품도 있고 가격이 유달리 더 많이 오르는 재화도 있다. 다만 물가지수로 측정된 전반적인 물가수준이 오른다는 것이다.

만일 모든 재화의 가격이 똑같은 비율로 오른다면 상인들은 가격표를 다시 쓰고 소비자는 더 큰 지갑만 준비하면 될 뿐 아무것도 달라지는 것은 없다. 하지만 개별 재화들의 가격변화율이 다르게 나타나는 인플레이션의 경우 여러 가지 문제가 나타날 수 있는데 지금부터 그것이 경제에 미치는 영향을 살펴보기로 한다.

인플레이션의 영향 가운데 가장 먼저 꼽을 수 있는 것은 그것이 사회구성원들의 소득과 부를 재분배한다는 것이다. 이런 영향은 주로 예상되지 않은 인플레이션의 경우에 나타나게 되는데, 재분배의 방향은 채권자에서 채무자에게로, 화폐자산의 보유자로부터 실물자산의 보유자에게로 나타나게 된다. 예를 들어 보자.

1년 동안의 물가상승률을 10%로 예상한 똘똘이는 만갑이에게 1년 뒤에 10%의 이자를 쳐서 갚기로 하고 돈을 500만원을 빌린다고 하자. 그런데 이 기간 중에 갑자기 국제원유시장에서 원유가격이 상승되는 예상하지 못한 경제적 변수가 발생하여 물가가 20%나 뛰었다. 이렇게 되니 만갑이가 1년 뒤 받은 원리금 550만원의 실제 가치는 458만원(=550/1.2)에 지나지 않게 되었다. 자, 누가 손해를 보았고 누가 이득을 보았는지는 명백하다. 1년 전에 만갑이는 500만원을 가지고 형광등을 1만원에 500개를 구매할 수 있었으나 물가가 20% 오른 1년 뒤에는 550만원을 가지고 1만 2천원에 458개만을 구매할 수 있게 된다. 돈을 빌린 채무자 똘똘이는 1년 뒤 550만원을 만갑이에게 지급하지만 실질적인 550만원의 구매력은 1년 전의 458만원에 불과하게 되므로 예상하지 못한 인플레이션이 발생하면 채권자로부터 채무자에게로 소득이 재분배되는 현상을 낳게 된다.

이렇게 개인간에 존재하는 채권, 채무는 국가가 지고 있는 채무에 비하면 아무것도 아니다. 화폐를 발행하고 있는 국가는 바로 최대의 채무자이기 때문이다. 비록 오늘날의 화폐가 금으로 교환되지 않는 불환지폐라 하더라도 이를 찍어낸 낸 국가는 분명히 국민들에게 빚을 지고 있는 것이다. 비록 그 빚이 영원히 갚지 않아도 되는 것이라고 해도 국가가 채무자의 위치에 있는 한 인플레이션은 그 종이쪽지를 들고 있는 사람들의 부와 소득을 국가로 이전시킨다는 점에서 달라질 것은 없는 것이다.

이것은 무엇을 말하는가? 바로 국가가 화폐를 보유하고 있는 사람들로부터 똑같은 비율로 세금을 걷은 것이나 마찬가지가 아닐까? 인플레이션의 발생원인이 무엇이었든 그것은 바로 국가 자신이 발행한 화폐에 대해 부과하는 소리 없는 조세인 것이다. 이런 효과는 인플레이션이 사전에 충분히 예상된 것이었다 하더라도 마찬가지이다.

사전에 예상된 인플레이션의 경우, 개인간의 채무관계에서는 이자율의 조정을 통해서 이 같은 부의 이전은 막을 수가 있다. 20%의 인플레이션이 예상된다면 채권자인 만갑이는 20%의 이자를 받으면 되기 때문이다.

인플레이션이 가져오는 재분배의 효과는 화폐자산보유자와 실물자산보유자 간에도 나타날 수도 있다. 인플레이션이 발생했을 때 모든 재산을 화폐자산으로 보유하고 있는 사람은 물가상승폭만큼 화폐구매력이 감소하여 손해를 보지만, 모든 재산을 부동산과 같은 실물자산의 형태로 보유하고 있는 사람은 손해를 볼 이유가 없다. 오히려 인플레이션 시기에는 부동산 가격이 평균물가상승률보다 더 크게 오르는 경우가 많기 때문에 부동산보유자는 오히려 이득을 볼 가능성이 많다.

바로 이런 이유 때문에 사람들은 예상하지 못한 인플레이션이 발생할 것이라고 예상되면, 사람들은 인플레이션 조세를 피하고 실물자산의 보유로 인한 차익을 얻기 위해 부동산이나 귀금속, 골동품, 그리고 외국돈 등의 실물자산을 구매하려는 노력을 하게 된다. 이것이 바로 우리가 익히 들어온 투기현상이다. 이런 분위가 만연하게 되면 기업은 기술개발이나 투자보다는 재테크에 열중하게 되고, 가계에서도 여유 돈을 저축하기보다는 오히려 빚을 내서라도 부동산 구입에 열을 올리게 된다. 이로 인해 국가경제가 생산적인 활동보다는 비생산적인 투기활동에 전념하는 결과를 가져와 국가경제를 좀먹게 되는 것이다.

또한 인플레이션이 발생하면 물가가 계속 오르기만 하므로 장차 물가가 얼마나 더 오를지 예측하기 어려워지게 되면 기업들은 기업들이 장차 내놓을 상품의 가격을 정하고 예상이익을 계산하는 등 판매와 생산에 관련된 사업계획을 제대로 세울 수 없다. 결국 미래가 불확실해지므로 사업계획을 미루고 투자를 꺼리거나 줄이게 된다. 그러면 고용이 정체하거나 줄어든다. 고용이 위축될수록 가계는 구매력이 떨어져 소비를 줄인다. 그러면 판매와 생산은 더 줄어 경기가 하강세로 이어진다.

이 밖에도 인플레이션은 국내 수출품의 가격을 인상시키고 수출품의 국제경쟁력을 떨어뜨리게 되어 수출은 감소하고 수입은 증가하게 되어 국제수지를 악화시키는 효과를 가져온다. 수출기업의 입장에서 보면 기껏 수출해서 1달러를 벌어봐야 그것을 원화로 환산하면 별것이 아니기 때문에 수출의욕은 떨어지게 된다. 마찬가지로 수입업자의 실질적인 부담은 감소하므로 수입은 늘어나게 된다. 그러므로 인플레이션으로 인하여 수출이 줄고 수입이 늘어나면 국가경제는 더욱더 어려워질 것은 뻔한 이치이다.

5강 돈이 많이 풀릴 때만 인플레이션이 발생하나?

인플레이션은 국민경제의 총수요가 총공급을 초과할 때 나타난다. 물가수준이 상승하면, 각 경제주체들이 원하는 재화의 양, 즉 총수요는 줄어들지만 생산자들의 이윤은 높아지게 되어 총공급은 늘어나게 된다.

총수요와 총공급의 개념을 활용하여 살펴보면 인플레이션이 발생하는 경우는 크게 두 가지로 나누어볼 수 있다. 하나는 총수요가 증가할 때이며, 다른 하나는 총공급이 감소할 때가 바로 그 경우이다. 총수요가 증가함으로써 나타나는 인플레이션을 우리는 수요견인(demand pull) 인플레이션이라고 하고, 총공급이 감소함으로써 나타나는 인플레이션은 비용인상(cost push) 인플레이션이라고 부른다.

그러면 총수요가 증가하여 인플레이션이 나타나는 경우를 살펴보기로 하자.

간략하게 말하면 가계, 기업, 정부, 해외부문의 각 경제주체의 지출이 늘어날 때이다. 예컨대, 과소비 풍조의 만연으로 가계의 소비가 증가할 경우, 사업전망이 좋아 기업이 투자를 늘릴 경우, 정부가 정책적으로 재정지출이나 통화량을 증대시킬 경우, 그리고 해외시장의 호조로 수출이 증가하는 경우이다. 한마디로 경기가 좋아지면 총수요가 증가하여 인플레이션이 나타나는 것이다. 경기가 좋아진다고 해서 바로 인플레이션으로 이어지는 것은 물론 아니다. 총수요가 증가하는 만큼 총생산이 늘어나 준다면 인플레이션은 발생하지 않는다. 문제는 생산의 증가가 뒤따르지 않은 채 수요만 증가할 경우이다.

총수요를 증가시키는 여러 요인 중에서 인플레이션의 직접적인 요인으로 꼽히고 있는 것은 바로 통화량의 증가이다. 통화량을 제외한 다른 요인들은 물가를 지속적으로 상승시키기에는 다소 한계가 있다. 예컨대, 정부지출이 증가하기 위해서는 세금이 인상되어야 하고, 세금의 인상은 곧 가계의 소비와 기업의 투자를 위축시켜 정부지출의 효과를 어느 정도 상쇄시키게 된다. 하지만 통화량의 증가는 다르다. 그것은 다른 그 어디에도 영향을 미치지 않은 채 총수요를 증가시키기 때문에, 약간의 시차(time lag)를 두고 그대로 물가상승압력으로 작용하게 된다.

세계 각국의 물가상승률과 통화량증가율을 비교해보면 놀랄 만큼

강한 비례관계가 나타나고 있다. 통화량의 1% 증가는 바로 물가의 1% 증가를 가져올 만큼 거의 정비례 관계를 보이고 있는 것이다.

다음에는 공급측면의 요인으로 인해 인플레이션이 나타나는 경우를 살펴보기로 하자. 이는 주로 임금이나 지대, 금리 또는 원자재 가격이 상승하여 생산비용이 높아질 때 나타나게 된다. 우리나라의 경우, 1970년대 중반과 후반에 겪었던 극심한 인플레이션은 바로 석유파동으로 인해 국제원유가가 크게 상승하였기 때문에 나타난 전형적인 비용인상 인플레이션이었다.

또한 노동조합에 의한 임금인상요구나 노사분규로 생산성이 떨어진 경우도 생산량을 감소시킨다. 그러나 임금인상이 언제나 인플레이션의 원인은 아니다. 임금인상률이 노동생산성을 초과하지 않는 다면 인플레이션은 발생되지 않는다. 임금이 노동생산성을 고려하지 않고 과도하게 인상되는 것이 문제이다.

그리고 국제시장에서 원자재가격은 변동이 없지만 자국의 통화가치가 하락하면 원자재 수입가격이 상승한 것과 같다. 따라서 원자재수입업체는 그만큼 비용 상승에 대한 부담을 떠안게 된다. 즉, 임금, 원자재가격, 공공요금, 이자율, 부동산 등의 가격이 인상되어 기업의 생산비용이 상승하게 되고 기업의 이윤은 감소할 것이다. 기업은 이윤감소를 막기 위해 상품의 가격을 인상할 것이다.

실제로 인플레이션이 일어나는 원인이 수요측면인지 공급측면인지 단정하기가 어렵다. 만약 노사협상에서 2000년의 노동자 임금을 5% 인상하기로 합의하고 기업가는 임금인상 폭을 생산비에 반영한다고 하자. 그러면 기업은 임금인상분에 해당하는 노동자의 고용을 줄임으로써 생산량이 감소하여 물가는 생산비의 반영 폭만큼 상승하게 된다. 이 경우는 공급이 감소하여 인플레이션이 발생하였다. 그러나 2000년의 임금인상의 원인 1999년에 정부가 금리를 안정시키기 위하여 통화공급을 증대하였기 때문이라면, 노동자는 통화량 증가로 인한 물가상승을 임금인상으로 보충하려고 할 것이다. 이 경우 물가상승은 수요요인에 의해 발생한 것이다. 따라서 현실경제에서 나타나는 인플레이션은 수요요인과 공급요인이 혼합되어 나타나는 경우가 많다.

요약

1. 실업이란 일할 능력이 있고 일하기를 원하지만 일자리를 구하지 못한 상태를 말한다. 즉, 실업은 일은 하고 싶은데 일자리가 없는 상태를 말하고 이런 상태에 있는 사람을 실업자라고 한다. 경제활동인구 중에서 실업자가 차지하는 비율을 실업률이라고 한다.
2. 일반적으로 실업은 그 원인에 따라 마찰적 실업, 경기적 실업, 그리고 구조적 실업으로 구분할 수 있다. 마찰적 실업은 좋은 일자리를 탐색하거나 직업을 바꾸는 과정에서 발생하는 실업이다. 경기적 실업은 경제상황이 악화되어 경기가 침체된 상황에서 총수요 부족으로 인하여 발생하는 실업이다. 구조적 실업은 산업구조의 조정과정에서 어떤 산업이 사양화되거나 기술혁신으로 종래의 기술이 사양화됨으로써 발생한다.
3. 물가수준의 변화를 측정하기 위해 쓰이는 대표적인 물가지수로는 소비자물가지수(CPI), 생산자물가지수(PPI), GDP디플레이터(GDP deflator) 등이 있다.
4. 일반물가수준이 지속적으로 상승하는 현상을 두고 인플레이션이라고 한다. 일반물가수준이란 어느 하나의 재화의 가격을 말하는 것이 아니라 수많은 재화의 가격을 종합적으로 나타낸 평균적인 가격수준을 나타낸다.
5. 인플레이션은 사회구성원들의 소득과 부를 재분배한다. 이런 영향은 주로 예상되지 않은 인플레이션의 경우에 나타나게 되는데, 재분배의 방향은 채권자에서 채무자에게로, 화폐자산의 보유자로부터 실물자산의 보유자에게로 나타나게 된다. 화폐를 발행하고 있는 국가는 바로 최대의 채무자이기 때문에 국가가 채무자의 위치에 있는 한 인플레이션은 화폐를 보유하고 있는 국민들의 부와 소득을 국가로 이전시키므로 인플레이션 조세를 부과한 것과 같다. 인플레이션은 국내 수출

품의 가격을 인상시키고 수출품의 국제경쟁력을 떨어뜨리게 되어, 수출은 감소하고 수입은 증가하게 되어 국제수지를 악화시키는 효과를 가져온다.

6. 인플레이션이 발생하는 경우는 크게 두 가지로 나누어볼 수 있다. 하나는 총수요가 증가할 때이며, 다른 하나는 총공급이 감소할 때이다. 총수요가 증가함으로써 나타나는 인플레이션을 우리는 수요견인 인플레이션이라고 하고, 총공급이 감소함으로써 나타나는 인플레이션은 비용인상 인플레이션이라고 부른다. 현실경제에서 나타나는 인플레이션은 수요요인과 공급요인이 혼합되어 나타나는 혼합인플레이션의 경우가 많다.

제 12 장
경제안정화정책

1강 불경기에 왜 공공사업을 늘리거나 세금을 줄이는가?

정부는 국민의 생명과 재산을 지켜주는 국방, 치안, 소방, 계약위반에 대한 제재 등의 기본적인 기능을 수행한다. 오늘날에는 정부의 역할을 여기에 국한시키지 않고 시장이 기능을 발휘하지 못하여 시장실패현상이 발생할 때, 이를 보정하는 한편 국가경제발전과 국민 복지향상에 주도적인 역할을 담당하는 등 폭넓은 기능을 수행하고 있다. 이러한 다양한 기능을 수행하기 위하여 정부는 필요한 재원을 세입으로서 마련하고 이를 바탕으로 예산을 편성하여 여러 가지 지출을 하게 되는데, 이와 같이 정부가 세금을 징수하고 예산을 집행하는 모든 활동을 재정활동이라고 한다. 즉, 정부의 수입과 지출에 관련된 정부의 모든 경제활동을 재정이라 한다.

즉, 정부는 기업과 가계로부터 징수한 각종 세금이나 벌과금, 수수료 등으로 자금을 조성하는데 이 같은 정부의 수입을 한 해 동안 들어온 돈이라는 의미로 '세입'이라고 한다. 정부는 이렇게 거둬들인 세입으로 국방이나 치안과 같은 공공서비스와 교육이나 보건 · 복지와 같은 개인서비스를 제공하는 데 사용하고 있다. 정부의 지출을 한 해 동안 나간 돈이라고 해서 '세출'이라고 부른다. 결국 재정은 세입과 세출을 적절히 조절하는 정부의 살림살이라고 할 수 있다.

이렇게 정부가 1년 동안 국민으로부터 거두어들이는 세입과 지출하는 세출은 엄청난 규모(2006년 예산: 114조)여서 정부가 세금을 어떻게 거두어들이고 어떻게 사용하느냐에 따라 국가경제에 미치는 파급력은 매우 크다.

정부의 세입은 국민으로부터 징수한 조세수입과, 수수료, 입장료, 벌과금 등의 세입수입, 정부가 보유하고 있는 토지나 건물을 매각하여 얻은 자본수입으로 이루어지는데 정부세입 중 가장 큰 비중을 차지하면서 소득, 생산, 고용에 직접적인 영향을 미치는 것은 조세수입이며, 세출에서 가장 큰 비중을 자치하면서 소득, 생산, 고용에 직접적인 영향을 미치는 것은 정부지출(=정부소비지출+정부투자지출)이다. 그러므로 정부지출과 조세수입을 변경시켜 국민경제 안정적 성장과 복지증대를 도모하는 정책을 '재정정책'이라고 한다.

정부는 기업의 생산활동이 위축되고 실업자가 늘어나는 경기가 침체상태에 있을 때에는 정부지출을 늘이고 세금감면조치를 취하여 세금을 적게 거두어, 가계부분의 줄어든 세금만큼의 가처분소득을 늘려 소비지출을 자극하고 기업의 투자지출을 늘려 총수요를 증대시켜 경기회복을 도모하고자 한다.

예를 들어 경기침체가 심각하여 사회문제가 되면 정부는 실업자들을 대상으로 공공근로사업을 실시하여 정부지출을 늘리게 되면, 공공근로사업에 참가한 사람들은 소득이 생겨 소비를 할 수 있다. 이로 인해 기업의 판매 증가→생산증가→고용증가→소득증가→소비증가→판매증가로 계속 파급됨으로써 경기가 회복되는 것이다. 또한 세금을 낮추면 소비자의 가처분 소득과 기업의 투자여력이 높아짐으로 가계의 소비와 기업의 투자를 촉진시켜 위의 과정을 거쳐 경기가 회복되는 것이다.

반대로 경기가 지나치게 과열되면 정부지출을 줄이거나 세금을 더 많이 징수하면 가계부문의 소비와 기업의 투자가 줄어들어 경기가 진정되는 것이다.

경제가 지나치게 과열되거나 침체가 되면 정부는 경기를 안정화시키기 위하여 새로운 경제정책을 집행하고자 하는데 하지만 대개 새로운 경제정책은 새로운 입법과정을 거쳐서야 집행되어야 하는 경우가 많으므로 적절한 시기에 정책집행을 하지 못해 정부정책의 효과가 불투명해질 수가 있다. 따라서 이러한 정책집행에 따른 시차를 피할 수 있다면 정책당국은 보다 경제를 안정화시킬 수 있을 것이다. 이렇게 경기가 지나치게 과열되거나 침체되었을 때 정부가 새로운 정책수단을 강구하지 않더라도 총수요가 자동적으로 조절되도록 하는 제도적 장치를 마련하여 두었는데, 이를 두고 '자동안정화장치'라 한다.

대표적인 자동안정화 장치는 조세제도이다. 특히 누진소득세율의 경우 경기침체시에는 낮은 세율이 적용되고, 경기과열시에는 높은 세율이 적용되므로 경기상황에 따라 정부의 세입이 조절되어 총수요가 경기침체시에는 증가되고, 경기과열시에는 감소되어 경기변동폭이 줄어들게 된다. 또한 실업급여제도는 경기침체시에는 실업급여 신청자가 늘어나므로 정부지출이 늘어나게 되고, 경기과열시에는 실업급여 신청자가 줄어들게 되므로 정부지출이 감소하게 되어 경기상황에 따라 정부지출의 규모가 조정되게 된다. 하지만 자동안정화장치들은 경기침체나 과열을 완전히 막을 수는 없다. 하지만 자동안정화장치가 없다면 경기변동폭은 훨씬 더 변동이 심할 것이다.

2강 불경기에 왜 돈을 푸는가?

경기가 오랜 기간 침체되면 기업과 가계 등 여러 곳에서 공공근로사업과 조세감면 이외에 흔히 돈을 풀어라고 요구한다. 왜 그런가?

경기침체시 경기를 부양시키는 방법에는 여러 가지가 있다. 정부가 댐, 도로, 항만 같은 대규모 '사회간접자본'(social overhead capital) 건설사업을 직접 벌여 사람들에게 일감이 돌아가도록 할 수도 있다. 세금을 깎아 기업들의 생산의욕을 고취시키는 방법도 있다. 각종 부동산규제를 완화하는 방법도 있다. 자동차나 전자제품의 특별소비세를 한시적으로 인하하거나 신용카드 현금서비스 한도를 크게 높임으로써 소비를 부추기는 것도 대표적 경기부양책 중의 하나이다.

그리고 또 다른 강력한 경기부양책은 바로 통화량 확대, 즉 중앙은행이 시중에 돈을 많이 풀어 놓는 것이다. 시중의 통화량을 조절하는 수단들에 대해서는 다음 강에서 살펴볼 것이므로 먼저 본 강에서는 시중에 돈이 풀리면 어떤 효과가 발생하는지를 살펴보자.

돈(즉, 화폐)이 시중에 추가적으로 공급되면 시중에 유통되는 돈의 양이 많아진다. 그러면 금융시장에서 돈에 대한 수요보다 공급이 많은 초과공급 상태가 되어 돈의 가격인 금리(즉, 이자)가 떨어진다. 이자가 떨어지면 기업과 가계에서는 돈을 금융기관이나 타인으로부터 차입하는 기회비용이 하락하므로, 즉 이자부담이 줄어 기업의 경우 채산성이 좋아지고 그만큼 투자할 수 있는 여력이 커져 기업의 투자가 증대되고 더 많은 사람을 고용할 여지가 생기므로 실업률은 낮아진다. 이에 따라 얼어붙었던 개인들의 소비심리도 풀리고 소비가 늘어나면 기업의 생산활동은 더욱 활기를 띠게 된다. 즉, 기업의 투자지출과 가계부분의 소비가 증대(총수요의 증대)를 통하여 경기가 회복될 수 있다. 하지만 돈이 지나치게 흔해지면 그 값어치가 떨어지고 인플레이션이 발생해 장기적으로는 민생고가 더욱 악화하는 부작용도 있다. 하지만 극심한 소비침체로 각종 자산가격이 곤두박질치고 경제성장률이 급격히 후퇴하는 디플레이션[1)]상황에서는 인위적으로 통화량을 증대시켜 자산가격을 올리는 정책이 필요할 수도 있다.

반대로 경기가 지나치게 과열되면 세율을 높여 기업과 가계로부터 더 많은 돈을 거둬들이는 방법, 정부의 지출을 크게 줄이는 방법, 환율을 낮춰 수출을 억제하는 방법 등이 있다. 이러한 방법 외에도 시중의 돈을 중앙은행으로 흡수시켜 시중의 통화량을 줄이면 금융시장에서는 돈에 대한 초과수요가 발생되어 금리가 상승하고, 그 결과 기업들은 늘어나는 금융비용 부담을 감당하지 못해 투자를 줄이고 인력을 감축한다. 그러다 보면 생산활동은 위축되고 소득이 줄어든 개인들의 소비심리는 얼어붙어 경기가 곧 식게 되는 것이다. 통화량의 감축은 금리를 인상시켜 가계부문의 소비와 기업부문의 투자가 줄어들어 경기가 진정될 수 있다.

이와 같이, 통화당국이 통화량이나 이자율 및 기타 관련변수의 조정을 통하여 실물부문에 전달되어 완전고용, 물가안정, 국제수지 개선, 경제성장 촉진 등의 목표를 달성하기 위하여 수행하는 경제정책을 '금융정책' 혹은 '통화정책'이라 한다. 그러므로 금융정책의 목표를 달성하기 위해서 이자율이나 통화량을 어떻게 얼마만큼 변화시킬 것인가를 판단하기 위해서는 이자율이나 통화량에 대한 정확한 측정이 이루어져야 할 것이다.

정부가 경기상황에 따라 적절한 이자율 수준을 유지하기 위해서 우리나라 통화신용정책의 최고의사결정기관인 한국은행의 금융통화운영위원회는 매달 첫 번째 목요일 장시간의 토론을 통하여 해당 월의 통화정책 방향을 결정, 발표한다. 이때 은행간 자금거래에서 적용되는 초단

---

1) 경기침체 속에서 자산가격이 떨어지는 현상.

기 금리인 '콜금리'(call rate)를 결정하여 발표하는데, 금융당국은 초단기 금리인 콜금리 조정을 통하여 단기금리의 수준을 조절하고 나아가 장기 금리도 조정하게 된다.

한국은행이 콜금리를 인상하면 은행들이 자금을 조달하는 데 비용이 높아지므로 시중은행의 이자율이 인상되고, 콜금리를 인하하게 되면 시중은행의 이자율은 인하된다. 경기침체시 경기를 회복시키기 위해 금융당국은 콜금리를 인하를 통하여 시중은행의 이자율을 낮추고 가계부문의 소비지출과 기업의 투자지출을 자극하여 총수요를 증가시킨다. 경기과열시 경기를 진정시키기 위해 금융당국은 콜금리를 인상시켜 시중은행의 이자율을 인상시키고 가계부문의 소비지출과 기업의 투자지출을 감소하여 총수요를 감소시킨다.

국민경제에서 돈은 흔히 인체의 혈액과 같은 것으로 비유된다. 혈액의 양이 지나치게 적거나 많으면 몸에 이상이 생기듯이, 돈의 양도 적정하지 않고 지나치게 적거나 많으면 경제에 문제가 생긴다. 즉, 돈의 양이 경제규모에 비해 지나치게 적으면 금리가 오르고 자금이 부족하게 되어 경제가 잘 돌아가지 않게 되고, 반대로 돈이 너무 많이 풀리면 그 가치가 떨어지고 물가가 지속적으로 오르는 인플레이션이 발생하게 된다. 그러므로 국민경제의 안정적 성장을 위해서는 시중에 유통되는 돈의 총량을 적정수준으로 유지해야 한다. 이를 위해서는 먼저 시중에 풀려 있는 돈의 총량을 정확하게 파악할 수 있어야 한다.

그러나 문제는 이러한 돈의 총량을 정확하게 측정하는 것이 그렇게 쉽지 않다는 데 있다. 돈의 총량을 측정하는 척도가 되는 통화지표를 정확하게 작성하기가 무척 어려워졌기 때문이다. 왜 그런가?

우선 돈이 무엇인지를 명확하게 정의내리기가 어렵다는 점을 들 수 있다. 오늘날 금융혁신과 정보통신기술이 급속하게 진전되면서 지급결제수단으로 사용되는 동시에 가치저장의 수단도 되는 '돈과 흡사한 금융상품'이 너무도 많이 등장하였기 때문이다. 수많은 유사 금융상품 중에

우리나라의 통화지표

통화지표	포괄범위	대상 금융기관
M1 (협의통화)	현금통화와 요구불예금(당좌예금, 보통예금 등), 수시입출식 저축성예금(저축예금, MMDA, MMF 등)	예금취급기관(중앙은행, 일반은행, 특수은행, 수출입은행, 종금사, 투신운용사, 은행신탁, 상호저축은행, 새마을금고, 신용협동조합, 상호금융, 우체국예금)
M2 (광의통화)	M1과 기간물 예 · 적금 및 부금, 시장형금융상품(CD, RP, 표지어음 등), 실적배당형상품(금전신탁, 수익증권 등), 금융채, 기타 수신(신탁형증권저축, 종합금융회사 발행어음 등)의 합계. 단, 장기(계약만기 2년 이상) 금융상품 제외.	
M3	현금통화, 은행 및 비은행금융기관 예수금, 금융채, CD, RP, 표지어음의 합계	예금취급기관, 증권금융 및 생명보험회사

서 어떤 것은 돈에 해당되고 어떤 것은 돈이 아니라고 규정할 수 있는 명확한 기준이 없다는 데 어려움이 있는 것이다.

현재 우리나라에서는 금융자산 중에서 금융기관 구분 없이 금융자산의 유동성을 기준으로 하여 어디까지를 통화(돈)로 보느냐에 따라 협의통화(M1), 광의통화(M2), M3 등으로 통화지표를 구분, 편제하여 정책지표로 이용하고 있다. 통화지표의 구성내용은 위의 표와 같다.

우리나라는 1978년에 M1을 중심통화지표로, 1979년부터 1997년까지 M2를 중심통화지표로 사용했다. 경제위기 이후 2002년까지는 M3가 중심통화지표였으나 2003년부터는 중심통화지표를 더 이상 사용하지 않고 각종 통화지표를 통화정책 운용에 유용한 정보변수로 사용하고 있다.

3강 중앙은행은 돈을 어떻게 푸는가?

각국의 통화당국인 각국의 중앙은행은 경기상황에 따라 시중의 이자율과 통화량을 조절하는 금융정책을 결정하는 기능을 수행한다. 중앙은행은 시중에 돈이 너무 많이 풀려 있다고 해서 중앙은행이 직접 개인이나 기업들이 보유하고 있는 현찰을 거둬들일 수는 없다. 반대로, 시중에 돈이 부족하더라도 이들에게 돈을 직접 꿔줄 방법도 없다. 시중의 돈의 양을 늘리거나 줄이는 일, 즉 통화관리는 항상 중앙은행과 금융기관 사이의 자금거래를 통해 이루어진다.

중앙은행의 통화관리 방법은 아주 간단하다. 시중에 통화량을 증대시켜야겠다고 판단되면 금융기관에 통화공급량을 늘이고, 반대로 시중의 통화량을 감소시켜야겠다고 판단되면 금융기관에 통화공급량을 조이는 방법을 사용한다.

시중의 이자율과 통화량을 조절하는 통화정책수단에는 여러 가지가 있는데, 크게 일반적 정책수단과 선별적 정책수단으로 구분한다. 일반적 정책수단이란 정책효과가 국민경제 전반에 미칠 수 있도록 고안된 정책수단을 말한다. 선별적 정책수단이란 정책효과가 국민경제의 어떤 특정 부문에만 선별적으로 미치는 정책수단을 말한다. 과거엔 개별은행별로 기업이나 개인에게 대출해 줄 수 있는 한도를 일일이 책정하여 그이상은 대출을 못하게 함으로써 시중의 통화량을 일정수준을 유지하는 선별적인 직접규제방식도 사용하였지만 오늘날에는 비상사태가 아니고서는 이 방식은 거의 사용되지 않는다.

현재 가장 보편적으로 사용하는 일반적 정책수단에는 공개시장조작, 지급준비율정책, 재할인율정책 등이 있다. 이 세 가지가 중앙은행이 통화량과 이자율을 조절하는 가장 기본적인 수단들이다.

공개시장조작

공개시장조작이란 중앙은행이 시중금리를 직접 조정하지 않고 공개된[2] 증권시장에서 국공채를 매입하거나 매각하여 통화량을 조절하는 것을 말한다. 한국은행이 증권시장에서 국공채를 매입하면 통화량이 증가하고 국공채를 매각하면 통화량이 감소한다. 과거 우리나라는 공개시장조작을 본격적으로 활용하지 않았으나, 1980년대 후반부터 경상수지의 흑자 또는 외국자본의 유입 증가로 해외부문을 통한 통화의 공급이 크게 늘어남에 따라 이를 흡수하기 위해 통화안정증권을 비롯한 통화조절용 채권을 많이 발행하는 등 보다 적극적으로 이런 형태의 관리방식을 활용하고 있다. 우리나라의 공개시장조작에는 '환매조건부채권'(RP : Repurchase Agreement)의 매매가 주로 이용된다. 환매조건부채권이란 그 자체가 특정 채권은 아니며 여러 가지의 국 · 공채(국채, 정부보증채, 통화안정증권, 투자개발채권)을 매개로 되사는 것(환매)을 전제로 이루어지는 거래형태를 말한다.

만약 시중의 자금이 일시적으로 너무 많아지면 중앙은행은 과잉 유동성에 따른 금리폭락과 시장교란을 막기 위해 중앙은행이 보유하고 있던 국 · 공채를 입찰에 붙여 환매를 전제로 매각한다. 매각금액만큼 시중통화가 한국은행으로 회수됨으로써 금리는 폭락하지 않고 적정선을 유지하게 되고 또한 시중의 통화량도 적정선을 유지하게 되는 것이다. 환매조건부채권의 만기는 통상 하루나 이틀 길어야 일주일을 넘기지 않으며 하루짜리가 가장 보편적이다. 따라서 하루 이틀 정도 단기적으로 시중통화량을 조절할 때 환매조건부채권방식이 활용된다. 그러므로 금융기관 사이의 자금거래에 적용되는 콜금리와 환매조건부채권의 이자와는 경합적인 관계가 존재한다. 콜금리도 다른 금리와 마찬가지로 돈의 수요와 공급에 따라 결정되는데, 특히 콜자금은 금융기관 사이에서 거래되기 때문에 콜금리는 금융기관간의 자금수급에 따라 달라진다. 하지만 일단 콜금리 목표가 정해지면 한국은행은 이를 지키기 위해 시중에 자금을 공

2) 공개적이라는 것은 거래의 참여자가 제한되지 않고 개인, 기관, 은행 등 누구든지 참여할 수 있다는 것을 의미한다.

급하거나 흡수한다. 이때 한국은행이 주로 활용하는 것이 환매조건부채권이다.

만약 목표 콜금리가 3.25%로 결정됐지만 콜시장에서 실제로 형성된 금리가 목표치를 웃돌 것으로 예상될 경우 한국은행은 시장에서 환매조건부채권을 매입한다. 만일 100억원 규모의 환매조건부채권을 매입하면 금융시장에는 100억원의 자금이 풀리고 이렇게 자금 공급이 늘어나면 콜금리가 내려가면서 목표치에 근접하게 된다.

반대로 콜금리가 목표치를 밑돌 것으로 예상되면 환매조건부채권의 매각을 통해 자금을 흡수합니다. 시장에서 자금이 빠져나가면 콜금리는 자연스레 올라가게 되고, 한국은행이 환매조건부 매매를 하지 않더라도 콜금리는 목표치에서 크게 벗어나지 않는 경우도 많다. 콜금리 목표가 3.0%에서 3.25%로 상향조정되면 한국은행은 환매조건부채권 매매과정에서 3.25%의 금리를 적용하고, 따라서 콜자금을 공급하는 금융기관은 당연히 3.25%의 금리를 자금을 차입하는 금융기관에 요구하고 차입 금융기관도 이를 당연한 것으로 받아들인다. 이렇게 통화정책당국인 중앙은행은 공개시장조작을 통하여 시중의 콜금리를 적정수준으로 유지함으로써 시중의 통화량을 적정선을 유지하게 된다.

지급준비율정책

중앙은행이 시중은행의 법정지급준비율[3]을 변경시킴으로써 통화량을 조절하는 정책수단이다. 지급준비율이란 예금 중 지급준비금의 비중이며, 예금자가 자신의 예금을 언제든지 찾아갈 수 있도록 은행이 준비

3) 필요지급준비율이라 하기도 하며, 예금은행이 반드시 지키도록 중앙은행이 강제하는 지급준비율. 요구불예금의 경우 5%, 저축성예금의 경우 2%.

해 두는 돈으로써 이 부분은 대출할 수 없다. 중앙은행이 지급준비율을 인하하면 예금은행은 대출을 늘릴 수 있기 때문에 시중의 통화량은 증가한다. 반대로 지급준비율을 인상하면 예금은행은 대출을 줄여야 하기 때문에 통화량은 감소한다. 중앙은행은 이렇게 지급준비율을 높이거나 낮춤으로써 시중의 통화량을 조절하는 것이다.

재할인율정책

재할인율[4]정책이란 중앙은행이 금융기관에 빌려주는 자금의 금리를 높이거나 낮추어 금융기관이 중앙은행으로부터 차입하는 자금규모를 조절함으로써 통화량을 조절하는 정책이다. 중앙은행이 재할인율을 인상시키면 은행이 중앙은행으로부터 자금을 차입하는 데 비용이 높아지므로 차입규모도 줄어들고, 이 돈을 기업이나 개인에게 대출할 때 높은 이자를 받을 수밖에 없다. 대출금리가 높아지면 돈을 빌리려는 기업이나 개인이 줄어들게 되고 은행이자가 높아지므로 시중의 자금이 은행으로 유입되어 시중의 통화량은 감소하게 된다. 반면 중앙은행이 재할인율을 인하하면 은행이 중앙은행으로부터 차입비용이 줄어들어 차입금액이 증대하기 때문에 낮은 대출금리로 많은 돈을 대출해 주므로 시중의 통화량은 증가한다. 그러므로 통화정책당국은 시중에 돈을 풀어 경기를 진작시키고 싶을 때는 재할인율을 낮추고, 반대로 경기가 지나치게 과열되어 경기를 진정하고자 할 경우에는 재할인율을 인상한다. 중앙은행이 재할인 금리를 인하 또는 인상시키는 것은 통화정책당국이 시중금리를 인상

4) 기업이 은행에 돈을 빌릴 경우, 기업이 어음을 제시하면 은행은 어음의 액면가에서 얼마만큼의 돈을 공제한 다음 돈을 빌려준다. 이것을 어음을 할인한다고 한다. 마찬가지로 은행이 돈이 필요한 경우에는 해당은행은 자신들이 기업이나 타 금융기관으로부터 받은 어음을 다시 중앙은행에 제시하여 할인받는 형태를 취한다. 재할인이라는 말은 여기에서 나왔다.

또는 인하하겠다는 일종의 신호이다.

그런데 법정지급준비율이나 재할인율은 아무 때나 바꿀 수가 없기 때문에 통화정책의 큰 흐름이 변경될 때만 조정된다. 특히 법정지급준비금은 금융규제완화차원에서 점차 폐지되는 추세이기 때문에 통화정책수단으로서의 실효성을 갈수록 상실하고 있다. 따라서 시시각각 변하는 시중 자금사정에 중앙은행이 탄력적으로 대응하는 데에는 공개시장조작이 가장 효율적이고 실제 통화관리 수단 중 공개시장조작에 대한 의존도는 계속 높아지고 있는 추세이다.

앞에서 본 일반적 정책수단이 통화나 이자율에 대한 간접규제수단인데 반하여, 선별적 정책수단은 직접규제 수단이다. 일반적 정책수단만을 가지고는 충분한 통화량 조절의 효과를 기대할 수 없는 경우에 직접적인 수단을 사용한다. 선별적 금융정책은 경제의 안정을 위하여 혹은 국민경제의 어떤 특정부문에 대한 자금의 공급을 촉진하기 위하여 이루어진다. 선진국이 일반적 정책수단을 주로 사용하는 데 반하여 개발도상국은 선별적 정책수단을 많이 사용한다.

(1) 대출한도제: 예금취급기관이 대출해 줄 수 있는 한도를 정하는 제도이다. 흔히 국내신용에 대하여 최고한도를 정해 놓고 국내신용이 그 이상을 초과하지 못하도록 규제하는 방식을 취한다. 국내신용이란 예금취급기관이 국내의 다른 경제부문에 제공한 여신총액을 말한다. 그러므로 통화량을 직접적으로 규제하기 위하여 중앙은행의 국내신용이나 예금은행의 국내신용에 대하여 최고한도제를 운용한다.

(2) 이자율규제정책: 이자율규제정책은 금융시장의 이자율을 규제함으로써 신용의 규모와 배분 그리고 통화량 등을 조절하는 정책을 말한다. 이자율규제는 은행의 예금이자율과 대출이자율에 상한을 설정하거나 통화당국이 이들 이자율수준을 직접 결정하는 방식을 취한다.

(3) 기타: 정책금융과 여신관리제도 등이 있다. 정책금융이란 수출

산업, 중화학공업, 첨단산업, 주택산업, 중소기업 등 국가가 중요하다고 판단하는 부문에 싼 금리의 자금을 정책적으로 많이 배분하는 것을 말한다. 여신관리제도란 특정부문에 여신이 편중되는 것을 완화하고 은행으로부터 대출받은 기업자금이 생산적인 투자자금으로 쓰이도록 은행이 감독, 관리하는 제도이다.

이와 같은 금융시장을 직접적으로 규제하는 선별적 수단은 통화조절의 효과가 강력하고 신속하다는 장점이 있으나 통화의 자연스러운 흐름을 방해하여 꼭 필요한 부문에 자금을 제때에 공급하지 못하게 되는 등 부작용을 초래할 우려가 있다. 따라서 이러한 방식은 물가가 급히 오르는 경우와 같은 특수한 경제사정하에서 많이 사용된다.

이상과 같이 통화량을 조절하기 위하여 일반적 수단과 선별적 수단이 사용된다. 그러나 구체적으로 어떤 방식을 택하는가의 문제는 나라마다 경제상황에 따라 달라진다. 우리나라는 1980년대 초반까지도 선별적 수단으로 통화량을 조절하였다. 그러나 최근에는 금리자유화와 및 금융시장 개방 등의 경제환경이 변화함에 따라 공개시장조작과 같은 일반적 수단에 의존하여 통화량을 조절한다.

여러분은 한국은행이 국공채를 매입하거나, 매도하거나 재할인율을 변경시키는 경우 여러분은 이자율과 통화량이 변화된다는 것을 이해하면 재테크에 도움이 될 것이다.

4강 공공근로사업을 늘려도 경기부양이 안 될 수도 있나?

경기가 침체되면 정부는 여기에 대응하여 경기를 회복시키기 위하여 정부지출을 증가시켜 총수요를 진작시키려는 확대재정정책을 실시하기로 할 것이다. 예컨대 정부가 종전보다 정부지출을 10억원 증가시키는 공공근로사업을 실시하기로 한다고 하자. 정부는 이와 같은 확대재정정책의 실시에 소요되는 10억원의 재원을 조달하기 위하여 국채의 추가발행을 통하여 조달하기로 하였다. 국채를 발행하여 민간부문으로부터 10억원의 돈을 흡수하여 다시 정부지출로 방출하기 때문에 통화량에는 변함이 없는 것이다.

하지만 정부가 10억원의 국채를 추가로 발행하면 국채의 공급은 증가하게 된다. 국채의 공급이 증가하게 됨에 따라 국채의 가격은 하락하고 국채의 거래량은 증가한다. 국채의 가격이 하락하면 이자율이 상승한다.[5] 이처럼 정부의 추가적 지출을 가져오는 확대재정정책은 이자율을 상승시키게 된다. 이자율이 상승하면 민간소비수요와 기업투자수요가 감소한다. 왜냐하면 이자율이 높아지므로 가계부문은 높은 이자율로 인하여 현재의 소비를 줄이고 저축하려 할 것이고, 또한 기업은 투자에 필요한 재원을 금융기관으로부터 조달하여야 하는데 이자율이 높음으로 인해 투자재원 조달비용이 상승하게 됨으로 투자를 줄이게 된다.

이처럼 확대재정정책이 이자율 상승을 초래하여 민간소비와 투자활동을 위축시키는 효과를 '구축효과'(crowding out effect) 혹은 '잠식효과'라 한다. 이는 재정정책은 경제안정화 목표와 상충되는 요소를 그 자체 안에 내재하고 있다는 것을 의미한다. 침체된 경기를 부양시키기 위해 정부가 확대재정정책을 펴면 이자율이 상승하여 민간의 소비와 투자활동이 위축된다. 또한 과열된 경기를 진정시키기 위해 긴축재정정책을 펴면 이자율이 하락하여 민간의 소비와 투자활동을 오히려 촉진시킨다.

그러므로 경기가 침체되어 정부가 경기를 부양시키기 위해 정부지

5) 채권가격과 금리는 반대로 움직인다. 즉, 금리가 5%에서 10%가 되었다면 금리는 올랐지만 채권가격은 떨어진 것이다. 반대로 금리가 10%에서 5%로 낮아졌다면 금리는 내려갔지만 채권가격은 상승한 것이다. 제14장 2강을 참조.

출을 증가시키는 공공근로사업을 실시하여도 경기는 부양이 되지 않을 수도 있다.

5강 돈을 푸는 데도 경기부양이 안 될 수도 있나?

통화정책이 효과적이기 위해서는 경기침체시 정부가 통화량을 증대시켰을 때 이자율이 하락하여야 한다. 그래야만 기업과 가계에서는 금융기관으로부터 돈을 차입하는 기회비용이 하락함으로서 기업의 투자와 가계의 소비가 증대되고 그로 인해 재화와 서비스의 생산이 증대되고 국민소득이 증가하는 경기부양이 가능하기 때문이다.

그런데 현실경제에서는 이자율이 어느 수준 이하로 내려가면 경제주체들이 더 이상 이자율이 하락하지 않고, 가까운 미래에 이자율이 더욱 상승할 것으로 예상해서 채권을 매입하지 않고 현금으로 보유하려는 성향이 높아진다. 그렇게 되면 채권가격이 더 이상 상승하지 않음으로써 이자율도 더 이상 하락하지 않는다. 그 결과 투자와 소비가 증가되지 않는다. 즉, 이자율이 아주 낮은 상태에서 침체된 경기를 활성화하기 위해 중앙은행이 공개시장 매입조작을 통해 시중에 통화의 공급량을 증가시키더라도, 즉 현금을 풀어도 경제주체들이 이를 현금형태로 보유할 뿐 채권에 투자하려 하지 않아 이자율이 더 이상 하락하지 않게 되어 민간소비와 투자가 증가하지 않아 경기부양을 시도하는 통화정책이 효과를 기대 할 수 없게 된다.

또한 이자율이 하락하더라도 경제주체들(소비자나 기업)이 장래 경기에 대해 비관적이면 역시 소비나 투자가 증가하지 않으므로 경기부양을 시도하는 통화정책이 효과를 기대할 수 없게 된다.

이와 같이 돈을 풀어 이자율을 하락시키더라도 소비나 투자가 증가하지 않아 경기가 부양되지 않을 때, '유동성함정'(liquidity trap)에 빠졌다고 한다. 이런 경우에 통화정책이 효과를 보려면 무엇보다도 경기회복에 대한 신뢰를 극복하는 것이 최우선 과제가 되는 것이다.

6강 인플레이션과 실업은 동반자인가?

정부의 거시경제정책의 궁극적 목적은 실업과 인플레이션을 방지하거나 경감시키는 것이다. 낮은 실업률(높은 성장률)과 물가안정을 흔히 우리 경제가 달성해야 하는 두 마리 토끼에 비유하기도 한다. 높은 경제성장을 달성하기 위해서는 보다 많은 재화와 서비스를 생산하여야 하고, 이를 위해서는 많은 생산요소가 생산과정에 투입되어야 한다. 이 과정에서 많은 일자리가 창출되고 실업률이 낮아질 수가 있는 것이다. 하지만 높은 경제성장으로 인한 경제활동이 지나치게 활황이 되면 경제는 또 다른 대가를 치러야 한다. 그것은 다름 아닌 물가상승, 즉 인플레이션의 압력이다. 왜냐하면 생산과정에 많은 생산요소가 제공되고 그 대가로 생산요소를 제공한 생산요소제공자들에게는 보다 많은 소득이 발생하게 되고 이로 인해 시중에는 통화량의 증가로 이어지고 이는 물가상승압력으로 작용하게 된다. 이처럼 정부가 경기가 침체되어 경기를 부양시키기 위해 확대 재정금융정책을 실시한 결과로 경기가 회복되면 경제내부에는 물가상승압력이 증가하게 된다. 그러므로 실업과 인플레이션 사이에는 역의 관계가 있어 이들 동시에 달성하기가 매우 어렵다.

이는 정책당국이 실업률을 낮추려면 물가상승을 감수해야 하며 물가상승을 억제하려면 어느 정도의 실업을 받아들여야 한다는 것을 의미한다. 따라서 정책결정자는 최적 조합의 물가상승률과 실업률을 선택해야 한다. 즉, 정책당국은 과연 얼마만큼의 물가안정과 완전고용을 정책목표로 설정할 것인가를 선택해야 하는 딜레마에 직면하게 된다.

그러므로 단기적으로 인플레이션과 실업은 동반자가 되기가 어렵다. 비록 단기적으로는 확대재정금융정책으로 인한 총수요가 증대하여 인플레이션을 발생시키고 실업률을 하락시키며 총생산량은 증대시키지만, 장기적으로 경제는 또 한 차례 조정과정을 거친다. 예를 들어 민간부문이 인플레이션율을 5%로 예상하고 있었는데, 예상하지 못한 정부의 확대정책으로 인해 인플레이션율이 10%로 상승하면, 노동자들의 실제실질임금이 예상실질임금보다 낮아졌으므로 기업은 저렴해진 노동자를 더 고용하여 생산을 늘릴 것이다. 이 과정에서 실업률은 낮아질 것이다. 하지만 장기적으로 노동자들이 실제실질임금이 예상실질임금보다 낮아졌다는 것을 깨닫는다. 그러면 노동자들은 예상인플레이션을 실제인플레이션에 맞추어 10%로 상향조정할 것이다. 그리고 실질임금의 하락을 보상받기 위해 명목임금의 인상을 요구할 것이고 이는 비용상승을 초래하여 생산량은 감소하여 실업률은 원래의 수준으로 돌아 갈 것이다. 또다시 실업률을 낮추기 위하여 다시 확대정책을 시도하면 단기적으로는 그것이 가능하겠지만 역시 인플레이션 예상이 수정되는 장기에는 실업률은 원래수준으로 되돌아 갈 것이다.

7강 정부가 경제정책을 적극적으로 시행해야 하나?

여러분은 경제가 침체국면에 빠져있을 경우, 정부가 거시경제정책을 시행해서 침체국면을 빠져 나오도록 적극적으로 경제문제에 개입해야 한다고 보는가 아니면 침체국면을 빠졌더라도 경제가 스스로 침체국면에서 빠져 나오도록 내버려두는 것이 좋다고 보는가? 즉 논란의 초점은 과연 거시경제 목표를 달성하기 위해 정부가 정책적으로 개입하는 개입주의 노선을 채택할 것인지, 아니면 경제를 시장에 자유방임할 것인가라는 비개입주의 노선을 채택할 것인지 여부이다. 이제부터 비개입을 주장하는 입장의 논리와 개입을 주장하는 입장의 논리를 살펴보자.

비개입주의자들은 정부의 정책개입이란 기껏 잘해야 효과가 없는 것으로 끝나며, 잘못하면 오히려 경제안정화를 해칠 수 있다고 본다. 이들이 재량적 거시정책의 시행을 반대하는 논리적 근거는 첫째, 단기적인 시장의 불균형은 장기적으로 경제가 임금이나 가격이 조정되어 자연율 상태로 스스로 복귀할 것으로 보기 때문이다. 예컨대 실업률이 자연율 수준보다 높은 경우에는 임금이나 가격이 하락해서 실업률을 자연실업률 수준으로 되돌릴 것으로 보고 있다. 즉, 임금이나 가격만 충분히 신축적이면 경제 불균형은 스스로 장기균형으로 복귀할 수 있다는 것이다. 경기가 침체할 때 정부가 실업을 방지하기 위해 정리해고를 금지하는 등 대응책을 시행하면 장기균형으로 조정되기까지 오히려 더 오랜 기간이 소요될 것으로 본다. 정부가 손을 떼고 시장에 자유방임할 때 실업은 임금을 하락시켜 노동에 대한 수요량을 증대시킬 것이므로 오히려 신속한 조정이 가능할 것이라고 주장한다.

둘째, 사람들이 정부의 정책의도와 정책시행 결과를 간파하면 통화정책을 시행하더라도 효과가 없기 때문이다. 즉 예상 못한 정책은 일시적으로 효과가 있을 수 있지만 사전에 예상된 정책은 효과가 없다는 것이다.

셋째, 정책당국이 경제문제에 관한 정보를 수집하여 정책을 시행해서 효과를 기대하기까지에는 상당한 시차가 따른다. 그로 인해 정책시행의 적기를 놓치면 경기진폭을 오히려 확대할 수 있다. 예컨대 경기침체국면에 대응하기 위해 확장적 정책을 시행한 것이 시행에 따른 시차 때문에 시행시기가 너무 늦어져 경기가 회복국면에 이미 들어선 다음에 시행되면 오히려 경기를 과열시킬 우려가 있다. 이러한 재량정책의 한계 때문에 일정한 준칙에 따라 정책을 시행하는 것이 바람직하다고 주장한다. 비개입주의자들은 정부가 안정적인 통화정책과 재정정책 기조를 유지하기만 하면, 즉 경제안정화를 위한 바람직한 여건을 제공하면, 시장의 자동조정 메커니즘이 원만하게 작동할 것이라고 본다.

이에 반해 개입주의자들의 주장은 임금과 가격이 완전 신축적이지 못하기 때문에 시장의 자동조정 메커니즘의 속도가 너무 늦다고 주장한다. 즉 현실세계에서는 시장여건의 변화에 따라 임금이나 가격이 즉각 조정되지 않는다는 것이다. 왜냐하면 수년간의 장기임금계약을 한 기업은 경제여건이 변동한다고 해서 임금수준을 즉각적으로 쉽게 조정할 수 없기 때문이다. 더욱이 실업자가 된 노동자들은 옛 직장에 다시 고용되기를 기대해서 새로운 일자리를 찾아보지 않는다는 것이다. 그 결과 비록 실업이 발생해도 노동시장에서 임금이 쉽게 하락하지 않는다는 것이다. 최저임금제도 또한 임금의 자동조정을 제약하고 있다.

가격의 경우에 마찬가지로 경직적인 측면이 있다. 예를 들면 원유나 천연가스 등의 거래는 장기계약거래를 하는 경향이 크다. 원자재 공급도 장기공급계약을 하는 경우가 많다.

이와 같이 임금이나 가격이 장기계약에 의해 결정되면 신축성을 상실하게 된다. 그렇게 되면 시장의 자동조정메커니즘에 따라 경제가 균형에 이르기까지 많은 시간이 소요될 것이다. 그러므로 경제 구성원의 고통이 너무 오랫동안 지속되므로 정부가 적절한 경제정책을 통해 경기변동 진폭을 미조정해야 한다는 것이다.

개입주의를 주장하는 학자들의 주장을 한마디로 요약하면, 경제가 직면한 경제문제가 스스로 치유될 때까지, 즉 시장의 자동조정 메커니즘이 작동하도록 기다리기에는 너무 많은 희생이 따른 다는 것이다. 그래서 유명한 경제학자 케인즈는 "장기에는 우리 모두 죽고 말 것이다"라고 주장하고 있다. 즉, 설사 장기간 기다리면 경제문제가 스스로 치유될 수 있을지 모르지만, 그 때에는 경제문제에 따른 고통으로 우리 모두가 죽은 다음에 그것이 무슨 소용이 있겠느냐는 것이다.

여러분은 앞에서 살펴본 주장들을 살펴보고 어느 입장을 취할 것인가? 아마도 여러분들의 의견이 정부가 개입해야 한다는 의견과 개입하지 말아야 한다는 두 의견으로 나뉠 것 같다. 여러분들과 마찬가지로 경제학자들도 경제안정화정책에 대한 두 견해로 나뉜다.

요약

1. 정부는 기업과 가계로부터 징수한 각종 세금이나 벌과금, 수수료 등으로 자금을 조성하는데 이 같은 정부의 수입을 한 해 동안 들어온 돈이라는 의미로 '세입'이라고 한다. 정부는 이렇게 거둬들인 세입으로 국방이나 치안과 같은 공공서비스와 교육이나 보건 · 복지와 같은 개인서비스를 제공하는 데 사용하고 있다. 정부의 지출을 한 해 동안 나간 돈이라고 해서 '세출'이라고 부른다. 이와 같이 정부가 세금을 징수하고 예산을 집행하는 모든 활동을 재정활동이라 한다. 즉, 정부의 수입과 지출에 관련된 정부의 모든 경제활동을 재정이라 한다.
2. 기업의 생산활동이 위축되고 실업자가 늘어나는 경기가 침체상태에 있을 때에는 정부지출을 늘이고 세금감면조치를 취하여 세금을 적게 거두어 가계부분의 줄어든 세금만큼의 가처분소득을 늘려 소비지출을 자극하고 기업의 투자지출을 늘려 총수요를 증대시켜 경기회복을 도모하고자 한다. 반대로 경기가 지나치게 과열되면 정부지출을 줄이거나 세금을 더 많이 징수하면 가계부문의 소비와 기업의 투자가 줄어들어 경기가 진정되는 것이다. 이렇게 정부가 조세수입이나 정부지출이 규모를 조절함으로써 총수요를 관리하는 정책을 재정정책이라 한다.
3. 경기가 지나치게 과열되거나 침체되었을 때 정부가 새로운 정책수단을 강구하지 않더라도 총수요가 조절되도록 하는 제도적 장치를 마련하여 두었는데, 이를 두고 자동안정화장치라 한다.

4. 통화당국이 통화량이나 이자율 및 기타 관련변수의 조정을 통하여 실물부문에 전달되어 완전고용, 물가안정, 국제수지 개선, 경제성장 촉진 등의 목표를 달성하기 위하여 수행하는 경제정책을 '금융정책' 혹은 '통화정책'이라 한다.

5. 시중의 이자율과 통화량을 조절하는 통화정책수단에는 여러 가지가 있는데, 크게 일반적 정책수단과 선별적 정책수단으로 구분한다. 현재 가장 보편적으로 사용하는 일반적 정책수단에는 공개시장조작, 지급준비율정책, 재할인율정책 등이 있다. 이 세 가지가 중앙은행이 통화량과 이자율을 조절하는 가장 기본적인 수단들이다. 선별적 정책수단은 직접규제수단이다. 일반적 정책수단만을 가지고는 충분한 통화량 조절의 효과를 기대할 수 없는 경우에 경제의 안정을 위하여 혹은 국민경제의 어떤 특정부문에 대한 자금의 공급을 촉진하기 위하여 이루어진다.

6. 경기가 침체되면 정부는 경기를 회복시키기 위하여 정부지출을 증가시켜 총수요를 진작시키려는 확대재정정책을 실시하기로 할 것이다. 정부의 추가적 지출을 가져오는 확대재정정책은 이자율을 상승시키게 된다. 이자율이 상승하면 민간소비수요와 기업투자수요가 감소한다. 확대재정정책이 이자율의 상승을 초래하여 민간소비와 투자활동을 위축시키는 효과를 '구축효과' 혹은 '잠식효과'라 한다.

7. 이자율이 아주 낮은 상태에서 침체된 경기를 활성화하기 위해 중앙은행이 공개시장 매입조작을 통해 시중에 통화의 공급량을 증가시키더라도 경제주체들이 이를 현금형태로 보유할 뿐 채권에 투자하려 하지 않아 이자율이 더 이상 하락하지 않게 되어 민간소비와 투자가 증가하지 않아 경기부양을 시도하는 통화정책이 효과를 기대할 수 없게 된다. 이와 같이 돈을 풀어 이자율을 하락시키더라도 소비나 투자가 증가하지 않아 경기가 부양되지 않을 때, '유동성함정'에 빠졌다고 한다.

8. 정부가 경기가 침체되어 경기를 부양시키기 위해 확대 재정금융정책을 실시한 결과로 경기가 회복되면 경제내부에는 물가상승압력이 증가하게 된다. 그러므로 실업과 인플레이션 사이에는 역의 관계가 있어 이들 동시에 달성하기가 매우 어렵다. 이는 정책당국이 실업률을 낮추려면 물가상승을 감수해야 하며 물가상승을 억제하려면 어느 정도의 실업을 받아들여야 한다는 것을 의미한다. 따라서 정책결정자는 최적 조합의 물가상승률과 실업률을 선택해야 한다.

제 13 장
국제무역, 국제수지 및 환율

1강 국가간의 생산성은 왜 다를까?

자급자족이 가능할 정도의 작은 규모의 국민경제에서는 타 국민경제와의 경제거래의 필요성을 느끼지 못할 것이다. 그러나 경제의 규모가 커지고 다양한 생산물이 나타난 오늘날 지구상에는 여러 나라의 국민경제들이 있고 이들은 각종 경제거래를 통하여 서로 관계를 맺고 있다. 즉, 상품이 거래되기도 하고 자본이 거래되기도 한다. 그러나 상품의 거래가 빈번하게 발생되는데 상품의 수출과 수입을 무역(trade)이라 한다.

무역은 왜 발생하는 것인가? 제7장 1강에서 비교우위원리와 생산성 차이 때문에 발생한다고 했다. 여기서는 왜 국가간의 생산성 차이가 발생하는지 그 이유에 대해서 알아보자.

첫째, 생산요소의 부존의 차이가 국제무역발생의 원천이다. 자연자원, 자본, 노동 등의 생산요소의 부존량이 나라마다 다르고 이러한 차이는 국제분업의 원인이 된다. 가령, 우리나라에서는 석유가 필요하지만 생산되지 않기 때문에 산유국으로부터 석유를 수입한다. 그러나 노동은 상대적으로 풍부하기 때문에 노동집약적인 생산물을 해외에 수출하고 또 인력도 수출한다. 이러한 현상들은 생산요소부존의 차이에서 그 원인이 있다.

둘째, 기후의 차이가 국제무역의 원인이 된다. 기후는 농산물과 공산품의 생산에 중요한 영향을 끼치고 있다. 우리나라에서는 바나나를 외국으로부터 수입하는데 이는 우리나라의 기후조건이 바나나 재배에 부적당하기 때문이다. 영국의 랜카샤지방은 면방직공업으로 유명한데, 이는 이 지방이 면방직 제품 생산에 필요한 습도가 알맞기 때문이다. 이러한 현상을 볼 때 기후의 차이는 국제무역의 중요한 요인이 된다.

셋째, 기술의 차이가 국제무역의 원인이 된다. 시계는 스위스산 롤렉스시계가 유명하다. 이는 스위스의 정밀공업과 같은 기술적 조건이 국제무역을 발생케 하는 중요한 원인이 된다. 선진국과 후진국 사이에서 이루어지는 무역은 이러한 기술적 조건이 매우 중요한 원인임을 알 수 있다.

넷째, 기호의 차이가 국제무역의 원인이 된다. 우리나라는 고추를 외국으로부터 수입하기도 하는데 이는 우리 국민들의 고추에 대한 기호가 높기 때문이다. 이러한 기호의 차이는 국제무역을 발생시킨다.

2강 수입하면 우리 아빠가 일자리 잃는가?

오늘날 우리의 일상생활에 이용되는 많은 상품들의 생산지를 보면 made in china로 표기되어 있다. 심지어 우리의 식탁에 올라오는 김치조차 중국산 김치로 판을 치고 있는 실정이다. 그렇다면 이와 같은 국제무역이 일국의 경제적 후생에는 어떠한 영향을 미치는가?

국제무역이 없는 경우 국내가격은 국내의 수요와 공급이 일치하는 수준에서 결정될 것이다. 만약 국제무역을 하게 될 경우 세계시장에서 형성된 국제가격이 국내가격보다 싸다면 오히려 수입하는 편이 국내수요자에게 이득이 될 것이고, 국제가격이 국내가격보다 비쌀 경우 국내생산자들은 수출을 통해 더 큰 이익을 볼 수 있을 것이다.

따라서 자유무역의 효과는 교역이 있을 때와 교역이 없을 때의 국내가격을 비교함으로써 알 수 있다. 낮은 국내가격은 자국이 그 재화의 생산에 비교우위를 가지며 수출할 수 있음을 나타내고, 국제가격보다 높은 국내가격은 다른 나라들이 그 재화의 생산에 비교우위를 가지고 있으며, 자국은 수입을 하게 된다는 것이다.

한 나라가 교역을 시작하여 수출국이 되면 그 재화의 생산자는 이익을 보게 되고, 그 재화의 소비자는 손실을 보게 된다. 반대로 수입국이 되면 그 재화의 생산자는 손해를 보고, 그 재화의 소비자는 이득을 보게 된다. 두 경우 모두 교역으로 인한 국가적 이득은 손실보다 크게 된다.

하지만 자유무역을 반대하는 사람들은 수입의 증가가 국내의 일자리를 파괴할 것이라 주장한다. 즉 자유무역을 통한 수입으로 수입상품의 국내가격 하락을 가져와 국내의 수입상품 산업의 생산이 줄고 이로 인하여 고용이 줄어들어 국내의 수입상품 산업의 근로자들은 일자리를 잃게 된다는 것이다.

그러나 자유무역은 한편으로 일자리를 파괴하면서 다른 한편으로는 일자리를 창출한다. A국이 타국으로부터 수입을 할 때 타국은 A국의 비교우위가 있는 다른 재화를 수입하고자 할 것이다. 따라서 A국의 수입상품 산업근로자들은 비교우위가 있는 수출산업으로 이직해야 할 것이다. 단기적으로 이런 변화는 일부 근로자들에게 고통을 주겠지만 A국 전체 국민들은 더 높은 생활수준을 누릴 수 있게 될 것이다.

자유무역을 반대하는 사람들은 무역이 일자리를 창출하는데 대한 의구심을 가지고 있다. 자유무역의 이득은 비교우위 원리에 의한 것이지 절대우위와는 상관없다. 즉 일국이 다른 나라보다 모든 생산에 더 효율적이라 하더라도 모든 나라는 상호무역을 통해 서로 이익을 볼 수 있다.

궁극적으로 모든 나라의 근로자들은 그 나라가 비교우위를 지니고 있는 산업에서 더 많은 일자리를 찾을 수 있다.

오늘날 외국과 교역하지 않는 나라는 하나도 없다. 가장 폐쇄적인 나라라고 하는 북한도 경제에서는 외국과 교역을 하고 있다. 통신과 수송수단이 발달함에 따라 외국과의 교역에 드는 비용이 점점 낮아지고 있으며 교역을 통해 교역국들은 서로 혜택을 누리고 있다. 그렇기 때문에 오늘날 국제무역량은 엄청나게 증가하고 있다. 그리고 각 나라는 무역에 큰 비중을 두고 있으며 외국과의 교역을 어떻게, 어느 정도 해야 하느냐가 국가의 중요 경제정책 중 하나가 되고 있다.

외국과 교역을 하는 국가경제를 개방경제라고 한다. 오늘날 모든 나라는 규모에 차이가 있을 뿐이지 모두 개방경제를 취하고 있다. 반대로 외국과 교역을 하지 않고 자급자족체제로 유지되는 국가경제를 폐쇄경제라 한다. 옛날에는 국가 간에 교역이 있기는 했어도 그 비중이 매우 미미했기 때문에 대부분의 나라가 폐쇄경제였다.

외국과의 교역은 여러 가지 형태로 이루어진다. 직접 물건을 사고파는 형태도 있고, 외국에 나가서 그곳에서 직접 생산 판매하는 형태도 있으며, 다국적기업들은 현지법인을 만들어 다양한 형태의 교역을 한다. 또한 단순부품을 외국에 보내 완제품을 생산한 후 자국으로 도로 가져오는 교역도 있다. 이와 같이 국제무역에는 다양한 형태가 있으며, 재화와 용역이 우리나라에서 만들어져 외국에서 소비될 때 이를 수출(exports)이라고 하며, 반대로 외국에서 만들어져 우리나라에서 소비될 때 이를 수입(imports)이라고 한다.

이러한 수출과 수입이 국민소득에는 어떠한 영향을 미치는가? 국가경제의 총지출은 가계의 소비지출, 기업의 투자지출, 정부지출에 순수출(수출-수입)을 합해야 한다.

순수출은 국내상품에 대한 외국의 순지출을 의미한다. 국민소득은 네 부문의 지출을 모두 합한 총지출이 총생산과 일치할 때 달성된다. 만약 평가절하(환율인상)로 수출이 증가하고 수입이 감소하면 순수출은 증가한다. 즉, 국내상품에 대한 총지출이 증가한다. 이렇게 되면 의도하지 않았던 재고감소가 발생하고 이를 채워 넣기 위해 총산출이 증가할 것이기 때문에 국민소득은 증가할 것이다. 즉, 수출이 증가하면 국민소득이 증가한다. 그러나 반대로 수입이 증가하게 되면 국민소득은 감소하게 될 것이다.

3강 자유무역협정(FTA)이 왜 늘어나는가?

NAFTA, APEC 등과 같이 오늘날 인근지역 또는 교역국간에 무역장벽을 허물고 자유무역을 추구하는 협정 등을 체결하고 있다. 우리나라의 경우도 칠레와 이미 FTA를 체결하였으며, 현재 미국, 일본 등과도 FTA를 추구하고 있다. 무슨 이유로 오늘날 많은 국가들이 FTA를 체결하려고 노력하고 있는 것일까?

자유무역협정은 협정체결 당사국간에 관세와 비관세를 포함한 모든 무역장벽을 허물어 자유무역을 하자는 쌍무협정이다. 교역에 관한 한 사실상 하나의 시장처럼 거래하자는 것이다. FTA협정은 역외국가에 대해서는 기존의 무역장벽을 그대로 적용한다는 점에서 모든 교역국들을 동등하게 취급한다는 다자간 무역원칙에는 위배된다. 그러나 FTA가 역외교역국과의 무역도 확대한다는 이유로 무차별원칙의 예외로 인정하고 있다.

일단 FTA가 체결되면 다음 단계로 회원국들이 같은 관세율 구조를 갖는 '관세동맹', 대외경제정책을 같이하는 '공동시장', 나아가 통화나 경제정책까지 공유하는 '경제통합체'로 진전될 수 있다는 점에서 FTA는 경제통합의 첫 단계로 간주된다.

FTA는 바로 시장개방이다. 어떤 나라가 외국의 기업이나 상품, 서비스 및 자본에 대해 자국시장을 열어주는 것이다. 시장을 개방하는 나라에서는 주식이나 채권 등 금융상품에 외국인 투자자들이 자유롭게 투자한다. 외국상품도 자유로이 판매되고 외국 금융기관, 기업도 자유롭게 영업활동을 한다. 외국 상품 및 서비스가 내국 상품 및 서비스와 경쟁을 벌이며 국내 소비자들에게 선택기회를 넓혀준다.

국내기업, 금융기관들은 외국 업체와 경쟁하면서 앞선 기술과 경영기법을 배워 경쟁력을 높이는 기회를 얻을 수 있다. 국내로 들어오는 외국자본을 빌려 쓸 기회도 넓어진다.

그러나 제2차 세계대전 이후 많은 나라들이 외견상 자유무역을 표방하면서 실제로는 보호무역의 입장을 취해 왔다. 세계적인 관점에서 보면 자유무역이 가장 이상적이다. 많은 나라들은 가능한 한 자유무역을 추구하기 위해 세계무역기구(WTO)를 만들어 서로 협조를 모색하고 있다. 그러나 시장개방이 국내 경제에 부정적 영향을 미칠 수도 있다. 각 나라는 나름대로 독특한 사정이 있기 때문에 자국의 이익을 위해 무역을 제한하는 정책을 추구하기도 하는데, 이러한 무역제한 때문에 국가 사이에 무역마찰이 일어나기도 한다. 따라서 보호무역은 국가산업을 보호육성하기 위하여 국가가 수입을 적극적으로 억제 또는 규제해야 한다는 입장이다.

무역을 제한하는 가장 대표적인 수단은 수입품에 대해 세금을 부과하는 관세이다. 관세를 높게 부과하면 수입품의 국내 판매가격이 높아지기 때문에 수입이 억제된다. 이처럼 관세는 강력한 무역장벽이다.

수입쿼터도 강력한 무역장벽이 된다. 수입쿼터[1]란 수입량을 미리 할

1) 스크린쿼터도 수입쿼터의 한 예이다. 스크린쿼터란 자국의 영화를 일정기준 일수 이상 상영하도록 하는 제도이다.

당해서 그 이상은 수입을 하지 못하도록 하는 수입규제정책이다. 또한 쿼터의 한 변형으로 수출국의 자율규제라는 수단도 있다.[2)]

또 다른 보호무역의 근거는 우선 유치산업(infant industries)의 보호이다. 유치산업이란 설립된 지 얼마 되지 않은 걸음마 단계에 있는 산업이다. 후진국 산업은 유치산업으로 생산성이 낮은 것이 일반적인 특징이다. 따라서 후진국이 선진국의 동종산업과 국제시장에서 경쟁하면 도저히 성장할 수 없다. 그러나 일정기간 동안 선진국으로부터 수입을 억제하고 국내의 유치산업을 보호해 준다면 국내의 수요를 바탕으로 생산성을 향상시킬 수 있어 국제경쟁력을 확보한 다음 자유무역을 실시하는 것이 바람직할 것이다.

또 다른 근거는 국가안보와 국민경제의 안정을 위하여 특정산업은 보호되어야 한다는 것이다. 비교우위만을 기준으로 몇 개의 특정산업에만 특화하는 경우 그 나라는 수입에 지나치게 의존하게 되어 해외경제의 변화에 좌우되기 쉽다.

오늘날 자국산업의 보호를 위하여 보호무역정책을 실시하면서도, 다른 한편으로는 국제무역의 증진을 위하여 자유무역의 확대를 추진하고 있다. 제2차 세계대전 종전 무렵 연합국은 세계경제의 번영이 무역의 확대에 달려 있다는 공동인식을 전제로, 전후 자유무역을 주도할 국제기구의 창설에 뜻을 모으고, 금융측면에서는 국제통화기금(IMF: International Monetary Fund)이 실물경제에서 관세 및 무역에 관한 일반협정(GATT: General Agreement on Tariffs and Trade)에 이르게 되었다.

오늘날 세계경제의 현실에서 시장개방은 선택의 여지가 없다. WTO 회원국들은 국가차원의 특화와 교환은 자유국제무역을 통하여 생활수준

---

2) 미국은 일본으로부터 자동차 수입을 규제하기 위하여 직접적인 수입쿼터 대신 일본 정부와의 협상을 통해 일본이 자발적으로 미국으로의 자동차 수출을 제한하도록 하였다. 1981년에 이 협상이 성립되자 미국으로의 일본 자동차 수출은 7.7% 감소하였다. 그러나 1985년 이 규제를 풀자 일본으로부터의 자동차 수입은 다시 급증하였다.

을 크게 확대할 수 있다고 믿는다. 세계 교역무대에서 비중이 큰 나라들이 시장개방을 강력히 주장하고 있다.

전통적으로 제3세계권으로 분류되는 아시아, 아프리카 각국은 일반적으로 미국, 유럽 등 구미 선진국들에 비해 시장개방정도가 뒤진다. 반면 선진국은 후진국에게 시장을 개방시켜 20세기 후반 개도국들이 무역흑자를 내는 데 유리한 여건을 제공했다.

그러는 사이 선진국 기업들도 차차 제3세계 시장으로 진출하면서 제3세계 시장에서의 동등한 경쟁을 요구하게 되었다. 특히 세계 각지에 기업조직을 두고 사업을 벌이는 다국적기업을 비롯한 선진국 대기업들이 앞장섰다. 이들의 제3세계 진출 의욕은 선진국 국민경제의 정치적 이해가 되었고 시장개방의 압력으로 이어졌다. 즉 지구 위 어느 나라에서, 어느 나라 기업이든 공정한 규칙아래 자유롭고 공정하게 경쟁해 이익을 얻자는 주장이 대두되었다. 한국 기업이 영국에서, 미국 기업이 중국에서 그 나라 혹은 다른 어느 나라 기업과 비교해도 불리한 대우를 받지 않고 경쟁할 수 있게 하자는 것이다.

공평하게 경쟁하자는 것이나, 막상 시장을 열어 놓고 경쟁하면 약소국 기업들이 강력한 해외기업과 경쟁해 이기기는 어렵다.

4강 경상수지 흑자는 좋은 것인가?

우리나라는 건국 후 계속 되던 국제수지 적자를 1980년대 중반 3저 현상(저유가, 저국제금리, 저달러)으로 인하여 국제수지 흑자를 기록하게 된다. 이후 연말이 되면 당해연도의 국제수지 또는 경상수지가 흑자가 된 것에 대해 아주 좋은 것처럼 이야기하고 있다. 그러면 과연 경상수지 흑자는 항상 좋은 것일까?

경상수지는 국가간의 거래에서 경상거래(자본거래 이외의 부문, 즉 상품의 매매, 물물교환, 서비스의 수수, 증여 따위)를 통해 일정기간 동안 벌어들인 돈과 지출한 돈의 차이를 말하는 것으로, 일반적으로 경상수지 흑자는 좋고 적자는 나쁘다는 인식이 상식화되어 있다. 그러나 경상수지 적자 · 흑자는 단순히 그 절대적인 규모뿐 아니라 경제규모 및 교역 규모에 대한 상대적인 규모, 내용의 건전성 여부 등을 종합적으로 감안하여 판단하여야 한다.

국가 경제 차원에서 보면 적자보다는 흑자가 좋다. 국가경제 전체적으로 소득이 늘고 고용이 확대되기 때문이다. 그러나 흑자가 항상 좋은 것만은 아니다. 통화증발을 가져와 통화관리를 어렵게 할 수 있을 뿐만 아니라 일본의 경우처럼 무역마찰의 소지를 낳을 수도 있다. 흑자의 내용이 자본재 수입 감소 등 경제침체 상황에서의 성장잠재력 감축에 따른 것이라면 흑자라고 해서 경제에 도움이 되는 것은 아니다.

적자일 경우에는 소득을 감소시키고 실업을 늘게 하여 국가 경제를 어렵게 할 수 있다. 그러나 이 사실만으로 적자를 나쁘다고 단정적으로 말하기는 힘들다. 경상수지가 적자라고 해도 경제규모에 비해 그 수치가 적은 수준이라면 국가 경제에 큰 부담이 되지 않으며, 적자가 설비 투자에 필요한 자본재 도입의 증대로 인한 것이라면 적자 내용이 건전하다고 말할 수 있다. 따라서 단기적인 경상수지 적자에 대해 지나치게 우려할 필요는 없고 그 내용을 파악하여야 한다는 것이다. 무리한 적자 축소 노력은 무역 마찰을 일으킬 가능성이 있을 뿐 아니라 오히려 원활하게 운용해 나갈 수 있는 경제에 압박을 줄 수 있다.

이 같은 경상수지는 국제수지에 포함되어 있는데, 국제수지란 하나의 국가가 외국을 상대로 상거래를 통하여 얻는 수입과 지출을 종합한 것이다. 수입과 지출을 종합한 것은 본래 수지(balance)라고 부른다. 따라서 국제거래로 얻는 수입과 지출을 종합한 것이 국제수지이다. 대외

거래수지 혹은 국제거래수지(international balance of payments)라고도 한다.

가계나 기업이 장부에 수입과 지출을 적어, 돈이 얼마나 들고 났는지 따져보듯, 나라도 국제수지를 계산해 봐야 일정기간 동안 나라에 돈이 얼마나 들고 났는지 알 수 있다.

우리나라의 국제수지는 중앙은행인 한국은행이 집계한다. 국제수지는 내용을 크게 경상수지와 자본수지로 나눈다. 경상수지란 상품이나 서비스를 외국과 매매한 결과이다. 자본수지는 자본거래로 생기는 수지이다. 자본거래란 서로 국내에 본점을 둔 기업 혹은 금융기관이 다른 나라 기업·금융기관과 자금을 융통하는 거래다. 자본수지는 투자목적의 자본거래 결과인 투자수지와 해외이주 등에 따라 생기는 기타 자본수지로 이루어진다.

이밖에 국제수지 집계에는 오차와 누락이라는 항목도 계산에 넣는다. 국제거래실적을 계산하는 과정에서 불가피하게 생기는 기술적 문제나 통계적 오류를 다듬기 위해 마련해 넣은 항목이다.

국제수지는 경상수지와 자본수지의 합계로 이루어지나 나라 단위의 대외거래실적을 따질 때 문제가 되는 것은 주로 경상수지이다. 경상수지는 상품수지, 서비스수지, 소득수지, 경상이전수지로 이루어진다.

상품수지는 외국에 상품을 수출해 번 돈에서 상품 수입 대금을 뺀 결과다. 서비스수지를 따로 집계하므로 상품수지에서는 서비스 거래실적을 제외한다. 무역수지라고도 한다.

서비스수지는 외국과 서비스를 거래한 결과다. 운수서비스수지, 여행서비스수지 등을 합계한 것이다. 운수서비스수지는 한국 국적의 비행기, 배 등이 상품이나 여객을 실어 나르고 해외업자에게서 받은 운임을 모두 더하고, 한국 국적의 여행객, 화물이 외국 비행기, 배 등을 이용한 대가로 외국 업자에게 지불한 운임을 뺀 것이다. 여행서비스수지는 외국인 관광객이 우리나라에 여행 와 쓴 외화액을 더하고, 한국인 관광객이 외국에 가서 쓴 외화를 뺀 것이다. 통신, 보험서비스, 특허권 등 사용료, 사업서비스, 정부서비스 부문의 수지도 모두 서비스수지에 넣는다.

소득수지에는 국내에 본사를 둔 기업 등이 해외 투자를 해서 얻은 이자를 더하고, 외국에 빚을 져 지불한 이자액을 뺀다. 해외에서 일하는 한국인 근로자가 국내로 송금한 금액은 더하고, 외국인 근로자가 우리나라에 와서 일해 번 돈을 자국으로 보낸 금액은 뺀다. 급여나 투자소득의 수지도 계산에 넣는다. 국제수지 편제가 바뀌기 전에는 서비스수지와 소득수지를 합해 무역외수지라고 불렀다.

경상이전수지란 상거래를 목적으로 하지 않는 국제송금의 수지이다. 외국인이 국내로 송금한 금액은 더하고, 내국인이 외국인에게 보내준 금액은 뺀다. 민간인, 종교단체 등의 송금이나 기부금, 정부 간 무상원조 등의 수지가 포함된다. 예전에는 이전수지라고 불렀다.

경상수지는 상품 · 서비스 수출로 번 외화액이 외국 상품 · 서비스를 수입하느라 내준 외화액보다 클 때 흑자가 난다.

경상수지는 대외상품 · 서비스 거래의 결과이므로 수출실적이 좋아야 흑자를 낼 수 있다. 수출이 잘되어 경상수지가 흑자를 내면 그만큼 외화를 번 것이므로 국민경제에 여유가 생긴다. 그러면 투자가 활발해져 경기가 좋아지고, 일자리도 늘어난다.

그러나 수출이 잘 안되고 수입이 많다면 상품수지, 서비스수지 등이 나빠져 경상수지가 적자를 내기 쉽다. 그러면 대외 거래로 돈을 잃은 만큼 국민경제에 여유가 없어진다. 흑자 때와는 반대로 투자가 위축되고 국내경기가 나빠져 일자리도 줄어든다.

경상수지에 적자가 나면 국제수지도 적자가 나기 쉽다. 경상수지가 국제수지에 차지하는 비중이 크기 때문이다. 대체로 국제수지 적자를 보는 나라는 국민경제의 실력, 수출경쟁력이 국제수준에 뒤지는 경우이기 쉽다. 수출경쟁력, 국민경제의 실력이란 단기간에 높이기 어렵다. 때문에 일단 국제수지 적자를 보면 이후에도 매년 적자가 나기 쉽다. 결국 적자가 쌓이게 되고, 그러면 대외거래를 계속하는 데 필요한 외화가 부족해진다. 외화보유액이 부족해지면 국제환율 급변에 대응하는 능력이 떨어져 수출에 타격을 입기 쉽다. 국제 환투기 세력의 공격을 받아 통화와 금융, 경제가 불안해지기도 쉽다.

대외거래에 필요한 외화부족을 메우자면 정부가 국내외 투자자를 상대로 채권을 발행하든지, 빚을 내야 한다. 나라 빚은 곧 국가채무이다. 국가채무 가운데 외국에서 내는 빚은 외채이다. 외채가 늘면 국가간 빚 거래를 나타내는 자본수지에도 주름이 진다. 그럴수록 경상수지 적자와 국제수지 적자를 극복하기는 더 어려워진다. 이렇게 경상수지 적자는 국민경제의 체력을 약화시키고 경기를 장기간 나쁘게 한다.

그렇다고 해서 경상수지 적자가 무조건 나쁜 것은 아니다. 수출기업들이 경쟁력을 키우기 위해 기계설비 등 자본재 수입을 늘리다 보면 경상수지에 적자가 나는 경우도 있다. 하지만 이 경우는 크게 문제될 것이 없다. 기업들이 자본재를 수입해 생산시설을 늘리고 생산능력을 키워 수출을 늘린다면 장기적으로는 경상수지를 개선하는 근본적인 힘이 되기 때문이다.

그러나 소비재 수입이나 해외여행을 통한 외화소비가 늘고 그 탓에 서비스수지 적자가 커져 경상수지 적자의 요인이 된다면 바람직하지 않

10월 자본수지 적자 왜 급증했나

지난달 자본수지가 20억달러 이상 순유출된 것은 올 들어 국내증시에서 두드러지고 있는 외국인 매도세가 주요원인이다.

최근 국내 기관투자자들이 해외 중장기채에 대한 투자를 늘리고 있는 사이 수년 간 이익실현에 성공한 외국인들은 국내 증시에서 속속 빠져나가고 있어 이 같은 추세는 당분간 계속될 것이라는 전망이 많다.

29일 한국은행이 발표한 "10월중 국제수지 동향(잠정)"에 따르면 지난달 자본수지는 22억7천920만달러의 적자를 기록해 지난해 6월(33억80만달러) 이후 최대 적자를 나타냈다.

항목별로는 직접투자 수지가 1억4천만달러 적자로 전달보다 다소 줄었으나 증권 투자 수지는 무려 34억1천100만달러 순유출로 올 들어 최고치를 기록했다. 기타수지는 14억3천300만달러 흑자였다.

이로써 올 들어 지난달까지 증권투자 수지는 69억3천30만달러 적자로 지난해 같은 기간 87억4천만달러 흑자와는 대조적인 모습을 보였다.

지난달 증권투자 수지의 대규모 적자는 외국인의 주식투자 자금의 대거 순유출에서 비롯된 것으로 분석됐다.

실제로 지난달 외국인이 국내 주식시장에 끌어들인 자금은 144억4천330만달러, 해외로 빼내간 자금은 167억8천160만달러로 결국 23억3천830만달러의 순유출을 기록했다. 특히 지난달 외국인의 국내 주식시장 자금유출 규모는 지난 8월의 161억7천40만달러를 넘어 두 달 만에 사상최고치를 갈아치웠다.

아울러 국내 기관투자자들이 해외 중장기채에 대한 투자를 늘린 것도 자본수지 적자폭을 확대시킨 요인으로 작용했다.

지난달 내국인의 해외채권 투자에 따라 순유출된 자금은 총 9억7천350만달러로, 이 가운데 파생금융상품 투자액은 2억8천350만달러 순유입됐으나 중장기채 투자액은 무려 12억3천920만달러 순유출을 기록했다.

한은 관계자는 "경상수지가 흑자를 기록하면 이로 인해 생긴 자금이 투자처를 찾기 때문에 자본수지는 적자를 나타내는 것이 당연하다"며 "증시에서의 자금유출은 일시적인 현상으로 보기는 힘들다"고 말했다.

<연합뉴스 2005. 11. 29.>

다. 서비스수지 적자는 경상수지를 적자로 만드는 데 그칠 뿐 장기적으로 경상수지를 개선하는 데 근본적인 도움을 주지 못하기 때문이다.

대체로 선진국은 경상수지가 매년 흑자를 봐서 수입이나 자본수출을 할 여력이 있다. 그러나 개발도상국은 경상수지가 적자를 기록하기 일쑤다. 그러므로 외국자본을 들여와 생산력을 확충하고 수출을 늘릴 필요가 있다.

5강 각 나라 돈의 가치는?

우리는 외국과의 거래나 해외여행 등을 위하여 서로 다른 두 나라의 돈을 교환할 필요가 있다. 이때 일정한 비율이 있기 마련인데, 이 비율을 환율(exchange rate)이라 한다. 따라서 환율은 양국의 화폐가치의 교환비율로서 특정국가 통화에 대해 자국 통화가 어느 정도의 값어치를 갖는가를 나타내는 것이다. 환율은 곧 돈의 대외적 값어치인 셈이다.

환율은 어느 나라의 돈을 기준으로 표시하는가에 따라 구분되는데, 먼저 외국 돈 1단위가 자기나라 돈 몇 단위와 교환되는가를 나타내는 방법이 자국통화표시법 또는 지급환율이다. 또한 자국 돈 1단위가 외국 돈 몇 단위와 교환되는가를 나타내는 방법이 외국통화표시법 또는 수취환율이다. 우리나라뿐만 아니라 대부분의 나라에서 미국 달러화를 기준으로 환율을 표시하는 자국통화표시법을 사용하고 있다. 즉 1달러=1,000원과 같이 달러화를 기준으로 환율을 표시한다.

이러한 환율은 외환의 거래가 이루어지는 외환시장(foreign market)에서 결정된다. 외환시장에 참여하는 경제주체는 중앙은행, 시중은행, 기업, 개인 등이 있다. 중앙은행은 외환시장의 안정 등 정책적인 목적을 달성하기 위하여 외환시장에 참여한다. 즉, 은행 간 거래나 대고객 거래 결과 발생하는 외환의 수요와 공급 불균형을 최종적으로 조절하기 위하여 외환시장에 참여함으로써 외환거래가 원활하게 이루어지도록 하고 있다. 그리고 시중은행은 기업이나 개인이 필요로 하는 외환의 매매를 통한 수수료 수입을 얻거나, 또는 외환시장에서 직접 외환매매를 통해 매매차익을 얻기 위해 시장에 참가한다. 또한 기업, 개인 등 고객은 수출입거래, 해외여행 등을 위하여 외환시장에 참여한다.

외환시장은 은행간에 거래가 이루어지는 은행간 시장과 은행과 개인 및 기업 간에 거래가 이루어지는 대고객 시장으로 나누어지는데, 보통 외환시장이라고 하면 은행간 시장을 말한다. 은행간 시장에서 이루어지는 거래는 증권거래소와 같은 특정장소에서 이루어지기보다는 대부분 은행이나 외환중개업자의 거래실(dealing room)에서 이루어진다. 거래 참가자들은 각자의 거래실에서 전화나 컴퓨터 단말기로 사거나 팔려고 하는 외환의 가격을 제시하여 제시가격이 서로 일치하는 상대와 거래를 하게 되는데, 이렇게 거래가 이루어질 때마다 환율은 시시각각 변동하는 것이다.

오늘날 외환거래가 가장 많이 이루어지는 곳은 뉴욕, 런던, 동경 등 3대 국제외환시장이며 이들 국제외환시장에서 미국 달러화, 일본 엔화, EU의 유로화 등 주요국 돈의 환율이 결정된다. 우리나라 원화와 외국돈의 환율은 원화가 국제적으로 통용되지 않고 있어 국제외환시장에서 결정되지 않고 우리나라의 외환시장(은행간 시장)에서 결정된다. 그런데 은행간 거래를 중개하는 금융결제원은 종래에는 원화와 미국 달러화의 거래만 중개하였으나 1996년 10월부터 원화와 일본 엔화의 거래도 중개함으로써 엔화 대신 원화를 필요로 하는 은행이 국제외환시장을 통하여 엔화를 미국 달러화로 바꾸지 않고도 한층 신속하고 쉽게 국내외환시장에서 엔화를 원화로 바꿀 수 있게 되었다.

한편 우리는 TV나 신문에서 매일 매일의 금리, 주가와 더불어 환율을 알 수 있다. 그런데 막상 은행에 가서 달러를 사거나 팔려고 하면 전혀 다른 환율이 적용되는 것을 경험하게 된다. 더욱이 해외여행을 하려고 달러를 살 때는 비싸게 받고, 반대로 쓰다 남은 달러가 있어 팔 때면 낮은 가격에 매입해 준다. 왜 그럴까?

이 같은 현상은 복잡한 이원적 환율체계에 원인이 있다. 은행창구에 게시된 환율은 엄밀한 의미에서 진짜 환율이 아니다. 외환시장에서 형성된 환율에 은행이 수수료를 붙인 가공된 환율이다. 금융기관끼리 거래하는 시장환율이 원화와 달러화의 수급을 반영하는 '1차 환율'이라면, 은

빅맥(Big Mac)과 환율

환율결정이론 중에는 PPP(Purchasing Power Parity)이론이라는 것이 있다. 이 이론은 동일 상품은 세계 각 나라에서 똑같은 가격이 되도록 환율이 정해져야 한다는 이론이다. 오늘날 맥도날드는 거의 세계 각국에서 영업을 하고 있으며 빅맥 햄버거를 판매하고 있다. 그리고 세계 각국에서 판매하는 빅맥은 모두 똑같은 상품이다. 그러므로 세계 각국의 빅맥 가격을 달러가격으로 환산했을 때 그 가격이 똑같아지도록 환율을 정해야 한다는 이론이 PPP이론이다.

2002년 4월 23일 기준으로 빅맥 햄버거의 한국내 판매가격은 3,100원으로 이를 당일 원/달러 환율을 적용하면 2.36달러로 미국에서의 판매가격 2.49달러보다 5% 정도 싼 것으로 조사되었다. 이는 조사대상국들 중 20위에 해당된다. 이는 빅맥 햄버거 가격을 기준으로 산정한 각국 통화가치비교에서 한국의 원화가 달러화에 대해 5% 정도 저평가되어 있음을 의미한다.

<동아일보, 2002. 4. 26.>

행창구환율은 중개비용(수수료)이 붙은 '2차 환율'이다. 즉 시장환율은 어디까지나 은행간 거래 가격이다. 이는 도매환율인 셈이다. 개인 및 기업이 달러를 매매할 때는 은행을 경유해야 하는데 이때 은행창구환율은 시장환율(도매환율)에 은행 몫을 더한 소매환율인 셈이다.

6강 우리 돈의 가치가 높으면 좋은가?

1997년 말 한국경제가 바닥으로 떨어지고 있다는 사실은 환율에서 가장 먼저 감지되었다. 연초 800원대의 환율이 하반기에 들어 1,000원 고지를 넘어 12월 말 마침내 1,995원까지 올랐다. 창구환율은 2,000원이 넘었다. 도대체 환율이 무엇이길래 이처럼 경제에 큰 영향을 주는 것일까? 그러면 반대로 환율이 하락하면 경제는 좋아지는 것일까?

달러당 1천원 하던 환율이 900원으로 떨어졌다고 하자. 외화 한 단위 교환에 필요한 자국통화액수가 줄어드는 경우다. 이렇게 원화환율이 내리면 원화는 거꾸로 그만큼 가치가 오른다. 다른 말로하면 원화가 평가절상되고, 원高가 진행되는 셈이다.

환율이 내리면 국내수출기업들은 환율이 오를 때와는 정반대로 불리해 지는 게 보통이다.

원화의 달러당 환율이 1천원일 때 국내기업은 1달러어치의 수출대금을 환전하면 1천원을 얻는다. 하지만 이제 환율이 900원으로 내리면 1달러를 환전해 900원밖에 손에 못 쥔다. 그만큼 채산성이 나빠진다. 수출판매가를 올려 이전과 같은 수준 이상으로 판매를 하지 못하면 수출은 줄어들 수밖에 없다.

그런데 경쟁이 치열한 해외시장에서 상품판매가를 올리고도 이전과 같은 수준의 매출을 기대하기는 어렵다. 아무래도 판매가 줄어들기 쉽다. 그래서 수출이 줄어들면 그만큼 수출기업은 생산을 줄여야 하고, 생산이 줄면 고용이 줄어 실업이 늘어난다. 그만큼 소비가 위축되고 소비위축은 더 심한 판매, 생산위축을 불러 경기를 나쁜 방향으로 몰고간다.

반대로 환율이 떨어지면 수입은 유리해진다. 전과 같은 액수의 수입상품 대금을 치루는 데 필요한 원화 금액이 줄어들기 때문이다. 그래서 원화환율이 떨어지면 여건이 유리해진 수입업자들이 수입을 늘려, 전반적으로 수입이 늘어난다.

환율이 떨어질 때 수출기업들이 채산성을 높이려면 수출상품 값을 올려 받아야 한다. 그러나 수출상품 판매가를 올리면 가격경쟁 때문에 수출 자체가 어려워진다. 수출상품 판매가를 올리면 해외 수입업자는 거래처를 다른 나라, 다른 기업으로 돌리기 쉽다. 일단 거래가 끊어지면 나중에 다시 신용을 회복해 거래를 재개하기가 쉬운 일이 아니다.

결국 거래를 유지하기 위해서는 당분간 환율인하로 손해가 나더라도 기존 판매가로 수출해야 한다. 그래서 '원高' 진행 초기에는 기업들이 한동안 출혈수출을 하곤 한다.

출혈수출은 수출여건이 다시 나아지기를 기대하며 오늘의 악조건을 견디는 수출이다. 환율이 다시 오를 때까지는 최대한 생산비를 줄여 출혈수출에 따른 손실을 감당해야 한다. 사업을 계속하는 데 필요한 자금은 빚을 내든지 남는 생산시설을 팔든지 해서 버텨야 한다.

위와 같이 환율변화에 따라 수출입에 영향을 미치지만 더 큰 영향은 환율의 변화보다 경쟁국의 상대적 환율의 변화에 따라 오히려 더 큰 영향을 받는다. 우리나라는 수출의존도가 아주 높은 나라이다. 수출이 잘되면 경제가 좋아지고, 수출이 나빠지면 경기도 함께 가라앉는다. 문제는 우리나라 주요 수출품목들이 일본의 주력 수출상품들과 중복이 되는데 있다. 따라서 경쟁부분의 품질, 기술력, 디자인 등 거의 모든 면에서 일본에 뒤지고 있는 만큼 우리나라로서는 가격으로 승부하여야만 한다.

이런 상황에서 엔低가 왔을 경우 이는 엔화가치의 하락, 환율로는 달러화에 대한 엔화환율이 상승하는 것을 뜻한다. 원화환율이 국내기업

中企, "원화강세가 수출둔화의 최대 요인"

중소기업들은 '원화강세'가 수출 둔화의 가장 큰 요인이 될 것으로 전망했다. 14일 중소기업청이 산업연구원과 공동으로 400개 수출 중소기업을 대상으로 '환율변동에 대한 대응 실태'를 조사한 결과에 따르면 향후 수출활동을 어렵게 할 요인으로 '원화강세'를 꼽은 응답자가 29%로 가장 많았다. 그 다음은 수출용 원자재의 가격인상(23.3%), 고유가(16.5%) 등의 순이었다.

현재의 수출 둔화요인으로는 35.5%가 '후발 개발도상국의 경쟁력 향상'을 꼽았지만 '급격한 원화강세'를 꼽은 기업도 34.3%나 됐다.

달러 대비 원화값 추이(단위: 달러당 원)

원화강세에 대한 대응전략(중복응답)으로 중소기업들은 △기술개발을 통한 품질경쟁력 향상(64.2%) △내수시장 개척 강화(51.3%) △원가절감 및 인건비 축소(45. 5%) △수출지역 다변화(41%) 등을 들었다.

이들은 정부가 △원화결제 여건 확충(54.5%) △환율 조기경보시스템 가동(50.3%) △원화와 위안화간 직접 환전(48%) 등의 대책을 마련해 줄 것을 요구했다.

환변동보험에 대해서는 △가입 절차상의 번거로움(45.5%) △소액의 수출활동에 부적합(18.2%) △환차익 발생시 수출기업에 돌려주지 않음(13.6%) 등의 이유로 조사 대상의 6.3%만 보험에 가입한 것으로 나타났다.

한편 분기당 환율 하락률이 6%를 초과할 경우 58%의 수출 중소기업들이 매출 영업이 적자로 반전될 것이라고 응답해 중소기업들에게 환율하락을 미리 경고해 주는 조기 경보 체제의 필요성이 제기됐다.

<연합뉴스 2005.9.14>

의 수출경쟁력을 향상시키듯 엔低로 인한 엔화 환율이 오르게 된다면 일본기업의 수출경쟁력이 향상되어 세계시장에서 경쟁하는 한국기업으로서는 수출경쟁력 악화로 나타나게 된다. 비록 타국의 환율이지만 엔低는 우리나라 수출에 치명적인 타격을 주고, 수출에 의존하는 경제전반에 심각한 악영향을 미치게 된다.

반대로 엔高, 즉 엔화 환율의 하락(엔화 가치의 상승)이 발생하면 일본 기업들은 수출단가의 하락으로 채산성이 악화되어 결국 수출가격을 올릴 수밖에 없고, 이는 경쟁국(우리나라) 수출업체들이 가격우위를 확보할 수 있어 엔高가 오면 국내기업은 커다란 반사이익을 얻고 나아가 경제 전체가 호기를 맞게 될 것이다.

요약

1. 국가간 무역이 발생하는 요인인 생산성의 차이는 생산요소 부존의 차이, 기후의 차이, 기술의 차이, 기호의 차이로 인하여 나타난다.
2. 자유무역의 이득은 비교우위 원리에 의한 것이지 절대우위와는 상관없다. 궁극적으로 모든 나라의 근로자들은 그 나라가 비교우위를 지니고 있는 산업에서 더 많은 일자리를 찾을 수 있다. 국제무역이 없는 경우 국내가격은 국내의 수요와 공급이 일치하는 수준에서 결정될 것이다. 만약 국제무역을 하게 될 경우 세계시장에서 형성된 국제가격이 국내가격보다 싸다면 오히려 수입하는 편이 국내수요자에게 이득이 될 것이고, 국제가격이 국내가격보다 비쌀 경우 국내생산자들은 수출을 통해 더 큰 이익을 볼 수 있을 것이다. 자유무역의 효과는 교역이 있을 때와 교역이 없을 때의 국내가격을 비교함으로써 알 수 있다. 낮은 국내가격은 자국이 그 재화의 생산에 비교우위를 가지며 수출할 수 있음을 나타내고, 국제가격보다 높은 국내가격은 다른 나라들이 그 재화의 생산에 비교우위를 가지고 있으며, 자국은 수입을 하게 된다는 것이다.
3. 자유무역협정은 협정체결 당사국간에 관세와 비관세를 포함한 모든 무역장벽을

허물어 자유무역을 하자는 쌍무협정이다. 교역에 관한 한 사실상 하나의 시장처럼 거래하자는 것이다. FTA협정은 역외국가에 대해서는 기존의 무역장벽을 그대로 적용한다는 점에서 모든 교역국들을 동등하게 취급한다는 다자간 무역원칙에는 위배된다. 그러나 FTA가 역외교역국과의 무역도 확대한다는 이유로 무차별원칙의 예외로 인정하고 있다. 오늘날 자국산업의 보호를 위하여 보호무역정책을 실시하면서도, 다른 한편으로는 국제무역의 증진을 위하여 자유무역의 확대를 추진하고 있다.

4. 경상수지는 국가간의 거래에서 경상 거래를 통해 일정기간동안 벌어들인 돈과 지출한 돈의 차이를 말하는 것으로, 일반적으로 경상수지 흑자는 좋고 적자는 나쁘다는 인식이 상식화되어 있다. 그러나 경상수지 적자 흑자는 단순히 그 절대적인 규모뿐 아니라 경제규모 및 교역 규모에 대한 상대적인 규모, 내용의 건전성 여부 등을 종합적으로 감안하여 판단하여야 한다. 환율은 양국의 화폐가치의 교환비율로서 특정국가 통화에 대해 자국 통화가 어느 정도의 값어치를 갖는가를 나타내는 것이다. 환율은 곧 돈의 대외적 값어치인 셈이다. 환율의 변화보다 경쟁국의 상대적 환율의 변화에 따라 오히려 더 큰 영향을 받는다. 우리나라는 수출의존도가 아주 높은 나라이다. 수출이 잘되면 경제가 좋아지고, 수출이 나빠지면 경기도 함께 가라앉는다. 문제는 우리나라 주요 수출품목들이 일본의 주력 수출상품들과 중복이 되는 데 있다.

5. 환율은 양국의 화폐가치의 교환비율로서, 특정국가 통화에 대해 자국 통화가 어느 정도의 값어치를 갖는가를 나타내는 것이다.

6. 환율변화에 따라 수출입에 영향을 미치지만, 자국 환율의 변화보다 경쟁국의 상대적 환율의 변화에 따라 오히려 더 큰 영향을 받는다.

제 14 장
금 융

1강 우리나라의 대표적인 금리는?

우리는 경제신문이나 경제뉴스에서 콜금리, 국고채유통수익률, 회사채유통수익률, 양도성예금증서(CD)유통수익률, 기업어음(CP)유통수익률 등 다양한 형태의 금리가 존재하는 것을 알 수 있다. 그렇다면 이렇게 다양한 금리 중에서 대표금리는 무엇일까?

금리는 시중 자금사정을 나타내는 판독기다. 수요에 비해 돈이 많이 풀려 있으면 금리는 떨어지고, 필요액보다 돈의 양이 적으면 금리는 올라간다. 금리는 한 지점에 머물러 있지 않고 그때그때 돈의 수급에 아주 민감하게 변화한다.

우리들이 일상생활을 하다보면 돈이 부족하여 은행이나 다른 사람에게 돈을 빌려야 할 때도 있고, 남은 돈을 은행에 예금하거나 다른 사람에게 빌려주는 경우도 있다. 이 경우 돈을 빌린 사람은 일정기간 동안 돈을 쓰고 난 다음 갚을 때에 당초에 빌린 돈에 외에 돈을 쓴 데 대한 대가를 지급하는데, 이를 이자라 한다. 이자의 원금에 대한 비율을 이자율 또는 금리라고 한다.

채권시장이 발달된 나라일수록 국채수익률이 대표금리로 쓰인다.

국채의 발행주체는 정부이고, 국가가 존재하는 한 정부는 존속할 것이다. 따라서 나라가 망하지 않는 한 국채는 떼일 염려가 전혀 없는 것이다. 어떤 우량기업도 어떤 우량금융기관도 정부보다 위험이 적을 수 없다. 미국에서도 정부가 발행하는 '재무부 채권'(Treasury Note 또는 Treasury Bill)이 채권시장에서 기준금리로 간주된다.

우리나라에서는 현재 재정경제부가 발행하는 국고채가 채권시장의 대표적인 금리 역할을 하고 있다. IMF체제 이전만 해도 대표적인 금리는 '3년 만기 회사채유통수익률'이었다. 채권은 곧 빚이고 국채발행은 곧 정부 빚의 증가를 의미한다. 따라서 정부는 그 동안 적자재정의 거부감으로 인하여 국채발행을 억제하여 왔고, 따라서 국채물량이 적어 시장자체가 형성되지 않았다. 이로 인하여 물량도 많고 거래도 활발한 회사채 유통수익률이 시장기준금리로 이용되었다.

그러나 국고채가 회사채를 대신해 기준금리가 된 데에는 IMF체제에 따라 적자재정의 힘이 절대적이었다. 극심한 경기침체를 회복하기 위한 경기부양 및 금융구조조정을 위해 재정지출을 늘리다 보니 결국 재정적자 보전을 위해 국채발행이 대폭 늘어날 수밖에 없었고, 그 결과 국채는 시장확대를 바탕으로 기준금리로 자리잡을 수 있었다. 그러나 우리나라의 국채가 외국처럼 시장 대표금리로 확실히 작동하기 위해서는 절대물량이 부족하고 거래도 활성화되지 못한 상태이다.

한편 국공채나 회사채가 발행되어 거래되는 채권시장에서는 금리보다 수익률이라는 말을 더 많이 사용하고 있다. 채권수익률은 채권투자로부터 얻을 수 있는 모든 수익을 그 채권을 산 가격과 비교하여 계산한 이자율이라 할 수 있다. 이러한 채권수익률은 채권가격의 변동과 반대방향으로 움직이게 되어 채권가격이 오르면 채권수익률은 떨어지게 되고 채권가격이 떨어지면 채권수익률은 올라가게 된다.

이러한 금리와 경제와의 관계로 첫째, 저축과 투자활동에 미치는 영향이다. 저축은 기본적으로 금리보다는 소득수준에 영향을 받아 결정된다고 주장하는 학자도 있지만 대체로 금리가 오르면 은행 등 금융기관에 같은 금액의 돈을 맡기더라도 더 많은 이자를 받을 수 있기 때문에 저축이 늘어나게 되며 반대로 금리가 떨어지면 저축은 줄어드는 것이 현실적이라 하겠다.

한편 금리는 기업의 투자활동에도 매우 중요한 영향을 미친다. 즉 금리는 기업이 투자에 필요한 자금을 조달하는 데 드는 비용이라고 할 수 있기 때문에 금리가 오르면 투자에 따른 비용부담이 늘어나게 되어 투자가 줄어들며, 반대로 금리가 낮아지면 투자는 늘어나게 된다. 이와 함께 금리변동이 너무 심하여도 장래 투자를 위한 자금계획의 수립이나 사업전망이 어려워지므로 기업은 투자하기를 꺼려한다. 금리가 투자에 영향을 주는 정도는 투자에 따르는 각종 비용 중에서 금리가 차지하는 비중이 얼마나 큰가에 따라 달라지는데, 금리가 투자비용 중에서 많은 부분을 차지할 때에는 금리가 조금만 변동하여도 투자에는 큰 영향을 미친다.

둘째, 물가에 미치는 영향이다. 금리는 기업이 제품을 만드는 데 드는 비용 즉 원가에 포함되기 때문에 금리가 오르는 것은 우선 제품가격을 올리는 요인이 된다. 그러나 다른 한편으로는 금리가 오르면 기업의 투자활동이 위축되고 개인도 소비보다는 저축을 많이 하는 등 경제 전체적으로 물건을 사고자하는 수요가 줄어들어 오히려 물가를 하락시킬 수도 있다. 따라서 금리가 물가에 미치는 영향은 이와 같이 서로 상반된 두 가지 요인 중 어느 쪽 영향이 더 큰가에 따라 달라지는데 선진국에서는 금리가 오를 경우 원가상승 효과보다는 수요감소 효과가 더 크기 때문에 물가가 떨어진다는 것이 일반적인 견해이다.

셋째, 나라 사이의 자금 흐름에 미치는 영향이다. 금리수준의 변동은 나라와 나라 사이의 돈의 움직임 즉 자본이동에도 영향을 미친다. 즉 환율이 변동하지 않을 경우 우리나라의 금리가 올라 외국의 금리보다 높게 되면 외국사람이 우리나라에 돈을 빌려주거나 우리나라의 금융기관에 예금을 하는 것이 자기 나라에서보다 더 많은 이익을 얻을 수 있기 때문에 해외로부터 국내로 자금이 흘러 들어오게 되며 반대로 외국의 금리보다 우리나라의 금리가 낮아지게 되면 자금이 보다 높은 이익을 찾아 해외로 빠져나가게 된다.

2강 지급만기가 도래될수록 채권의 가격은 항상 높아지는가?

대표적인 시장금리는 국고채나 회사채 같은 채권의 유통수익률이다. 모든 채권에는 액면에 적힌 발행수익률이 있지만, 이는 단지 채권발행자가 채권소지자에게 그만큼의 이자를 지급하겠다고 약속한 것일 뿐, 시중 자금사정을 반영하는 금리는 채권의 거래가격, 즉 유통수익률이다. 설령 5%에 발행되었다고 해도 채권 거래자인 금융기관들의 자금상태에 따라 4% 혹은 6%에 매매될 수 있어 유통수익률이야말로 시중의 자금 사정을 나타내는 지표가 되는 것이다.

사람들이 종종 혼돈하는 것 중 하나가 통화량과 금리, 채권가격의 관계다. 우선 중앙은행이 통화를 긴축으로 끌고가면 금융권에 채권을 살 만한 자금의 여유가 없어져 채권수요는 감소하는 반면, 보유채권을 처분해 현금화하려는 경향으로 공급은 증가되어 채권값은 떨어진다. 반대로 통화확대정책으로 시중에 자금이 많아지면 투자처를 찾기 위해 채권을 사려는 수요가 공급을 압도, 채권값은 올라간다.

주목할 점은 채권값과 금리(수익률)는 반대로 움직인다는 것이다. 즉 수익률이 5%에서 10%가 되었다면 금리는 올랐지만 채권값은 떨어진 것이다. 그 원리는 다음과 같다.

A증권사가 채권을 연 5%에 매입했다고 하자. 할인매매(이자를 미리

뗀 거래)방식이라고 가정할 때 1억원짜리 채권을 약 9,500만원에 샀다는 뜻이다. 그런데 시간이 지나 채권을 팔려고 내놓았는데 마침 시중의 자금사정이 좋지 않아 채권을 사려는 사람이 없어 결국 채권가격을 내려타 증권사에 9,000만원에 팔아버렸다. 수익률로 환산한다면 약 10%로 금리는 오른 셈이다. 5%에 사서 10%에 팔았다면 자신은 5% 이자만 받고 남에게 10% 이자를 줘야 하므로 채권을 그만큼 싸게 손해를 보고 팔았다는 의미이다. 결국 채권값이 떨어지면 금리는 올라가고, 반대로 채권가격이 상승하면 금리는 하락하는 것이다.

채권은 정부나 지방자치체, 공공기관, 금융기관, 기업 등이 정책이나 사업 수행에 필요한 거액자금을 일시에 빌려 장기간 쓰기 위해 발행하는 증서이다. 주식과 더불어 재산 가치를 갖고 있는 증서로 유통되는 유가증권, 즉 증권의 대표격이다. 아무나 발행하지 못하고 법에 따라 발행할 수 있는 곳이 따로 정해져 있다.

채권은 발행할 때 단위 가격과 만기(1년, 3년, 5년… 식으로), 금리를 정해 놓는다. 발행 뒤에는 채권을 사들인 투자자에게 정기적으로 혹은 만기에 이자를 준다. 만기가 되면 원금을 돌려준다. 만기가 정해져 있지만, 그 전이라도 언제든지 남에게 팔 수 있다. 채권 매매는 증권사 등 금융기관에서 중개해 주므로 쉽게 할 수 있다.

채권투자는 안정성이 돋보이는 재테크 수단이다. 정기적으로 이자를 받을 수 있고, 만기까지 갖고 있으면 원리금을 돌려받을 수 있기 때문이다. 주식처럼 보유 도중에 시세가 폭락해 손실을 보지도 않는다. 특히 정부나 공공기관이 발행하는 채권은 원리금 지급이 거의 100% 보장된다고 볼 수 있어 안전하다. 한 걸음 더 나아가 만기 전에 매매를 해서 주식을 거래할 때처럼 매매차익을 볼 수 있다.

채권은 발행자가 같더라도 채권 거래시장의 상황, 발행시기 등에 따라 가격이나 만기, 금리 등 거래조건이 달라진다. 그래서 채권은 거래조건과 발행시기를 달리해 발행될 때마다 각각 별개 종목이 된다.

채권에는 액면가, 만기, 표면금리(표면이율)를 표시한다. 액면가란 채권 금액란에 표시하는 금액이다. 만기는 1년 만기, 5년 만기 등으로 표시한다. 표면금리는 채권발행자가 발행가를 기준으로 정기적으로(이를테면 매년 혹은 반년마다) 혹은 만기에 이자를 지불하는 기준이다. 발행금리 혹은 쿠폰비율(coupon rate)이라고도 한다.

채권은 보통 할인발행을 한다. 액면가가 10만원인 채권이라면 발행가를 9만 8천원으로 깎는 식으로, 발행가를 액면가보다 약간 낮게 매긴다. 이렇게 액면가를 깎아 발행하는 채권을 할인채라고 부른다.

채권투자는 두 가지 방식으로 할 수 있다. 사들인 뒤 만기까지 보유하면서 이자를 벌어도 되고, 중간에 매매차익을 내고 팔아도 된다. 만기까지 보유한다면, 할인채의 경우 액면가와 발행가의 차액, 표면금리에 따른 이자율을 감안해 수익률이 높은 것을 골라 사면 된다. 만기 전에 시세차익을 내고 팔 생각이라면 시세가 쌀 때 사서 비싸게 팔면 된다. 이 경우 투자의 득실을 좌우하는 것은 금리이다. 채권매매가(발행가)는 기본적으로 금리수준과 반대방향으로 움직이기 때문이다.

경기가 좋을 때는 기업 투자가 늘면서 자금시장에서 자금수요에 비해 공급이 부족해진다. 그러면 자금이 부족해진 중앙, 지방정부, 공공기관, 기업 등이 채권발행을 늘려 부족한 자금을 마련하려 한다. 그 결과 채권시장에서는 공급이 늘어난다.

채권공급이 늘면 채권시장에서는 상대적으로 채권을 살 자금이 부족해진다. 채권을 사겠다는 쪽보다 팔겠다는 쪽이 많으면 채권 값은 떨어질 수밖에 없다. 채권 값이 떨어지면 발행자들은 채권을 팔기 위해 표면금리를 더 높여준다. 이런 식으로 경기가 좋아지면 금리가 오른다.

그런데 금리상승은 불황 때도 볼 수 있는 현상이다. 많은 기업들이 부진한 사업 때문에 자금난을 겪기 때문이다. 자금난을 겪는 기업들은 다투어 채권을 발행해서 자금을 마련하려 한다. 그 결과 채권시장에서 상대적으로 수요보다 공급이 많아진다. 그럴수록 채권 값은 떨어지고 금리는 오른다. 이럴 때 채권을 사는 게 좋을까? 파는 게 좋을까?

장차 불황이 더 심해질 것이라고 판단되면 매수를 미루어야 한다. 불황이 자금 압박을 가중시킬수록 금리는 더 오를 것이기 때문이다. 그러면 채권 값은 떨어진다. 기다리다가, 시세가 바닥을 쳤다고 판단될 때 사둔 다음 경기가 회복될 때 팔면 이익을 크게 낼 수 있다.

3강 대출금리는 어떻게 결정되는가?

은행으로부터 대출을 받으려고 할 때 은행마다 대출금리가 서로 다른 것을 알 수 있다. 또한 같은 금융기관일지라도 대출신청자에 따라 금리가 서로 다른 경우를 종종 보게 된다. 왜 그럴까?

은행은 예금을 통해 자금을 조달하므로 조달비용이란 예금을 받는 가격 곧 예금금리를 뜻한다. 만약 은행이 예금을 싼 금리로 유치했다면 대출금리도 낮게 운용할 수 있을 것이다. 반대로 고금리로 예금을 받아 자금조달 비용이 높아졌다면 대출금리도 높을 수밖에 없다.

두 번째 금리결정요인은 리스크 프리미엄이다. 신용도가 좋은 사람에겐 싼 금리로 대출해주고, 반대로 떼일 위험이 많은 사람에겐 대출금리를 높게 적용하는 것이 기본원칙이다. 따라서 대출금리 수준을 결정하는 것은 '자금조달비용'과 '리스크 프리미엄'이다. 조달비용이 높거나 낮아지면 모든 대출금리가 한꺼번에 오르거나 내리지만 리스크 프리미엄은 구체적으로 개별 대부자마다 따로따로 정해진다.

대출금리는 기준금리+가산금리 구조로 짜여져 있다. 우대금리라고도 부르는 기준금리란 대출금리의 기준가격이 되는 것으로 모든 대출금리는 이 기준가격에 연동한다. 은행들은 여기에 신용도(위험도)에 따른 가산금리 즉 리스크 프리미엄을 덧붙인다. 기준금리는 누구에게나 공통적으로 적용되는 것이기 때문에 대출금리를 실질적으로 결정하는 것은 가산금리이다.

기업이나 개인의 가산금리를 정하기 위해 은행은 까다로운 신용조사를 벌여 해당 기업이나 개인의 위험도가 얼마인지를 산출하여야 한다. 위험도가 다소 높더라도 평소 예금, 외환, 신용카드 등 자기은행과 거래가 많은 단골고객에게는 가산금리를 다소 낮추어 주는 반면 신용상태가 좋더라도 신규고객이거나 기존 은행 경영수지에 전혀 도움을 주지 못했다면 높은 가산금리를 적용할 수도 있다. 우리나라는 1988년 12월부터 금융기관이 고객에 따라 대출금리의 차등 적용을 채택, 한국은행이 제정하는 기업체 종합평점에 의거하여 기업의 신용등급을 5단계로 구분한 다음 등급별로 차등금리를 적용해 왔다.

외환거래를 통해 수수료 수익을 많이 안겨다 주거나, 평소에 예금을 많이 해준 기업의 등급을 높여 금리부담을 낮게 해 주는 대신 기여도가 낮은 기업에 대해서는 등급을 낮추어 금리부담을 가중시키는 것이다. 우리나라는 금융시장이 제대로 발달되지 않은 가운데 경제개발계획을 추진하는 과정에서 부족한 자금을 나라경제의 중요한 부문에 우선적으로 공급하기 위하여 금리를 정책적으로 규제하여 왔다.

그러나 1980년대에 들어 우리경제가 지속적으로 높은 성장을 이룩하고 금융시장도 커다란 발전을 보임에 따라 금리에 대한 규제를 점차 완화하기 시작하여 1998년 4월 현재 모든 대출금리가 자유화되었고 예금금리도 요구불예금을 제외하고는 모두 자유화되어 금융시장에서 자율적으로 결정되고 있다. 그러면 다음에서는 우리나라의 금융시장별로 주요금리가 결정되는 방식은 아래와 같다.

첫째, 우리나라의 중앙은행인 한국은행은 상업어음재할인, 어음담보대출 등을 통하여 금융기관에 자금을 공급해 주고 있는데, 이 때 적용되는 한국은행 금리는 금융기관의 자금조달비용을 결정하는 중요한 요소의 하나가 되므로 은행의 대출금리뿐만 아니라 각종 다른 금리수준의 결정에도 많은 영향을 주고 있다. 즉 한국은행의 재할인금리는 금융시장에서 각종 금리의 기준금리와 같은 역할을 한다고 볼 수 있는데 그 수준은 한국은행의 금융통화위원회에서 결정하고 있다.

둘째, 예금금리는 요구불예금을 제외한 모든 예금금리가 자유화되어 은행들이 자유롭게 정하고 있다 이에 따라 은행 예금금리는 예금종목과 만기에 따라 큰 차이가 있을 뿐만 아니라 같은 예금이라고 하더라도 은행에 따라 다른 수준을 보이고 있다.

셋째, 금융기관의 대출금리는 모두 자유화되어 있다. 한편 은행들이 대출금리를 적용하는 방식을 보면 1988년 12월부터 많은 선진국에서 시행되고 있는 우대금리제도를 도입하여 신용상태가 좋은 우량기업에 대해서는 낮은 금리를 적용하고 여타 기업에 대해서는 우량기업에 대한 금리보다 높은 금리를 신용상태에 따라 차등하여 적용하고 있다.

4강 정부는 주가동향에 왜 민감하나?

기업은 기업대로 주가를 끌어올리지 못해 안달이고, 정부는 선거 때만 되면 아무리 올바른 정책일지라도 주가하락에 영향을 주는 정책은 엄두도 내지 않는다. 주식시장이 무엇이길래, 또 주가는 뭐길래 이렇게 되는 것일까?

주식이란 주식회사가 자본금을 조달하기 위해 발행하는 유가증권이다. 따라서 주식가격에는 그 회사의 가치가 담겨져 있다. 기업경영이 양호하고 재무상태가 건전하며 장래성이 돋보이면 주식거래 가격이 얼마든지 오를 수 있다. 반대로 가치 없는 회사는 주식거래 가격이 떨어진다.

주가는 곧 기업의 가격인 셈이다.

따라서 누구나 자유롭게 자본을 조달하거나 투자하고, 또 기업이 자유롭게 경쟁하면서 성과와 장래성에 따라 평가 받는 곳에서만 주식시장은 발달할 수 있다. 따라서 자본주의와 주식시장은 아주 밀접한 관계를 가지고 있다. 주식시장이 낙후된 나라치고 자본주의가 제대로 작동하는 나라는 없다.

경제의 모든 상황을 여과 없이 반영하는 것이 주식시장이다. 주식시장은 국민경제의 거울인 셈이다. 또한 경제의 호 · 불황을 떠나 정치가 불안하거나, 안보환경이 악화되거나, 국제정세가 악화될 경우 주가는 아주 민감하게 반응한다. 개별주식을 들여다보면 해당기업의 건강상태를 알 수 있듯이 주식시장 전체를 보면 그 나라의 경제, 나아가 정치 · 안보 · 사회의 안정상태가 어떤지 알 수 있다. 따라서 정부는 언제나 주가에 민감하다. 과거 관치경제시대에는 정부가 직접 나서 주가를 끌어올리기도 했다. 오늘날 비록 관의 노골적인 시장개입 여지는 작아졌지만 가급적 주가를 높이기 위한 정치적 노력은 계속된다.

주식시장이 국민경제 안에서 실질적으로 또 심리적으로 워낙 중요한 위치를 차지하고 있기 때문에 주가는 떨어지는 것보다 오르는 것이 바람직하다. 주식이란 주식시장의 사업 밑천을 마련하기 위해 발행하는 증서이다. 주권이라고도 부른다. 재산가치를 갖고 있는 증서로서 유통되는 유가증권, 즉 증권의 대표격이다.

주식회사란 사업을 벌여 돈을 멀 목적으로 여러 사람들이 함께 밑천을 대 운영하는 회사이다. 주식회사의 사업밑천은 자본금, 자본금을 대는 사람들은 주주라고 부른다.

주주들은 각자가 보유한 주식금액에 비례하는 영향력과 책임을 갖고 회사경영에 참여한다. 회사가 이익을 내면 보유주식 금액에 비례해 배당 명목으로 이익을 분배받는다. 회사경영에 따른 재산상 책임도 자기가 갖고 있는 주식 금액만큼만 지는 게 원칙이다. 회사가 손실을 내거나 빚을 져도 자기가 지닌 주식금액만 손실을 보면 그것으로 책임이 끝난다.

개인 기업이라면 기업이 진 빚이나 손실은 기업주, 곧 투자자가 사재를 털어서라도 갚아야 한다. 주식회사의 투자자인 주주는 그런 부담이 없다. 투자자 입장에서 보면 개인기업보다 주식회사에 투자하는 쪽이 부담이 적다. 그만큼 주식회사는 개인기업보다 자본금을 모으기 쉽다.

주식회사는 창업 후 성정잠재력이 큰 회사형태이다. 경영이 잘 되고 회사규모가 어느 수준 이상 커지면 주식을 더 발행해 자본금을 불릴 수 있다. 규모가 더 커지면 수많은 투자자들이 주식에 투자하는 조직적 주식시장을 상대로 주식을 발행해 더 많은 투자자들을 새 주주로 끌어들이고 자본금도 훨씬 크게 불릴 수 있다.

이를 위해서는 기업공개가 열쇠이다. 신생주식회사는 흔히 가족이나 친구 등 몇 안 되는 주주들이 주식을 갖고 있다. 이들 주주 일부는 회사 창립 후 자기 주식을 타인에게 넘기기도 한다. 주식이 널리 일반에게 공개되지 않은 상태이다. 이처럼 주식소유가 널리 일반에게 분산되어 있지 않고 불특정 다수 투자자가 거래에 참가하는 주식시장에 주식을 공개매매 하지 않는 회사를 비공개회사라고 부른다.

기업공개란 기업이 이미 발행했거나 새로 더 발행하는 주식의 전부 또는 대부분을 주식시장에 내놓고 팔아넘김으로써 자본금을 공개모집(공모)하는 것이다. 자본금 공모를 통해 주식을 불특정 다수 투자자에게 넘기면 새 주주가 많이 생기며 기업 소유권이 널리 분산된다. 기업이 공개되는 것이다.

보통 처음 공개하는 회사는 공개 때 이전에 발생한 주식에 더해 더 많은 주식을 새로 발행한다. 새 주식이 주식시장에서 불특정 다수 투자자들에게 넘겨지면 새로운 자금이 회사로 들어온다. 그만큼 회사는 자본금을 불리고 주주도 더 많이 확보해 규모가 커진다. 업계나 사회에 영향력과 신용도도 높아진다.

기업의 입장에서 보면 주식시장은 자금조달 시장이다. 기업은 주식발행(유상증자)을 통해 기존 주주들로부터, 종업원들로부터, 나아가 불특정 다수의 투자자들로부터 자금을 끌어 모을 수 있다.

주식시장에서 좋은 평가를 받는 회사는 신규 공개 뒤에도 몇 번이고 공모로 자본금을 불려나갈 수 있다. 그럴 수 있는 기업은 자금면에서 탄탄한 기반을 갖고 사업을 키울 수 있다. 사업자금을 은행에서 구한다면 이자를 치러야 하지만 주식발행으로 마련하는 자금에는 이자부담도 없다. 경기침체시 정부가 기업의 부채비율 인하를 도와주기 위해 대대적인 증시부양정책을 쓸 경우 주가가 올라가 기업증자가 상대적으로 용이해져 기업의 부채비율을 줄여 재무안정을 가져올 수 있다.

뿐만 아니라 주식시장은 기업경영의 민주화, 소득의 재분배 기능도 수행하고 있다. 증시에 상장된 기업은 수많은 소액주주들의 견제를 받게 되어 기업경영의 투명성을 높일 수 있다. 증시 상장으로 기업이 대주주의 개인재산이 아니라 수많은 투자자들의 재산이 되면 기업경영은 그만큼 민주화되고 견제와 균형의 원칙에 의해 이루어질 수 있게 된다.

또 기업이 증시에 상장되면 대주주 개인 주식이 여러 투자자들에게 분산되는 과정을 통해 부는 재분배된다. 이런 관점에서 보면 주식시장의 건전한 육성은 민주주의와 시장경제의 병행발전을 위한 전제 조건일 수도 있다.

주식시장이 잘 돌아가야 기업들은 부채비율도 낮추면서 필요한 자금을 조달 할 수 있다. 주식시장이 살아나야 많은 개인 투자자들이 투자이익을 남길 수 있다. 주식시장이 바로 서야 기업경영을 효율적으로 감시할 수 있다.

자본주의의 정착에, 그리고 국민경제 발전에 중요한 것은 주가수준이 아니라 주식시장이 본연의 기능을 발휘할 수 있도록 시장답게, 규칙과 경쟁을 통해 굴러가는 것이다.

한편 협회중개시장(KOSDAQ: The Korea Securities Dealers

Association Automated Quotation)은 코스닥시장으로 더 잘 알려져 있다. 코스닥시장은 한국증권업협회가 운영하는 유통시장으로 거래소는 없고 네트워크시스템에 의해 거래가 이루어진다. 실제로 한국증권업협회는 등록업무만을 담당하고 있으며, 매매중개 · 체결 등은 1996년 7월 협회중개시장의 시장운영 전담회사로 설립된 코스닥증권(주)가 담당하고 있다.

코스닥시장은 1987년 3월 증권관리위원회가 주식장외거래에 관한 규정이 제정되면서 제도적 기반이 마련되었으며, 1996년 7월 공식적으로 출범하였다. 코스닥시장은 증권거래소 상장요건[1]에 미달되는 유망중소기업, 벤처기업 등이 자본시장에서 자본조달 기회와 발행주식에 대하여 환금성을 부여함으로써 안정적인 영업기반을 제공한다. 그리고 한편 투자자에게는 성장가능성이 높은 비상장 유망기업주식에 투자할 수 있는 기회를 제공하여 고위험 · 고수익의 투자수단을 제공한다.

비상장법인이 발행한 주식을 증권회사가 신청하면 한국증권업협회는 적격 여부를 심사한 뒤 코스닥시장에서 거래대상물로 승인한다. 이러한 절차를 등록제도라 한다. 협회중개시장에 등록하려면 설립 후 경과연수, 자본금, 부채비율, 자산총계, 주식분산요건 등과 같은 한국증권업협회가 요구하는 일정한 요건이 맞아야 한다. 등록신청에 앞서 증권회사는 등록예정법인의 재무상황 등을 충분히 심사하여 우량종목 발굴에 기여해야 한다. 그렇지 않고 부실기업이 등록되어 시장의 신뢰가 떨어지면 본래의 취지를 달성할 수 없기 때문이다.

매매시간은 전장, 후장을 구분하지 않고 월요일부터 금요일까지 오전 9시에서 오후 3시까지이다. 매매수량의 최소단위는 1주이며,[2] 개별경쟁 매매방식에 의해 매매가 이루어진다. 하루중에 변동할 수 있는 주가

1) 본 강에 첨부된 읽을거리 참조.

2) 주식시장에서 주식은 반드시 10주 단위로 거래된다(단 협회중개시장에서는 1주 단위). 그러나 시간외 거래, 즉 장개시 전 1시간, 장마감 후 1시간에는 시간외 거래로 1주씩 거래가 가능하다.

의 폭은 전일 종가의 상하 15%로 제한하고 있다. 결제시기는 매매계약 체결일로부터 기산하여 3영업일째 되는 날 증권예탁원을 통하여 증권회사간 계좌이체방식에 의해 결제된다.

코스닥시장에서 매매계약 체결방법은 거래소시장의 계약체결방법과 같다. 즉, 가격우선, 시간우선, 수량우선, 위탁매매우선의 원칙이 적용된다.

증권거래소 신규상장 심사요건과 코스닥등록법인의 상장요건

■ 증권거래소 신규상장 심사요건

증권거래소는 국가 경제적인 측면에서 산업자금을 효율적으로 배분하고, 기업의 규모와 업의 특성 에 따라 상장요건(특히 규모 및 재무요건)을 상장희망기업이 선택할 수 있도록 하며, 투자자를 보호하기 위해 안정성 · 수익성 및 건전성 등을 갖춘 기업에 대해서 상장을 허용하고 있다.

「상장1요건은 중대한 우량법인」이 「상장2요건은 성장성 있는 소형법인」이 선택할 수 있다.

상장심사기준은 크게 계량적인 요건과 비계량적인 요건으로 나눌 수 있다. 특히, 계량적요건은 상장심사를 청구할 수 있는 자격기준이라고 할 수 있으며, 증권거래소는 상장심사청구자격을 갖춘 기업에 대해서 주로 비계량적인 요건을 중심으로 상장적격성을 심사한다.

▶주식의 분산요건

소액주주소유주식등 다음 중 하나를 충족해야 함 ① 예비상장심사청구일 현재 소액주주가 소유하고 있는 주식의 총수 및 의결권 있는 주식의 총수가 각각 발행주식총수 및 의결권있는 주식총수의 30% 이상 소유, ② 공모한 주식총수 및 의결권있는 주식총수가 각각 발행주식총수 및 의결권있는 주식총수의 30% 이상, ③ 예비상장심사청구후 공모한 주식총수 및 의결권있는 주식총수가 각각 신규상장신청일 현재의 자기자본을 기준으로 다음에 해당할 것.

- 500억원 이상 1000억원 미만: 100만주 이상
- 1000억원 이상 2500억원 미만: 200만주 이상
- 2500억원 이상: 500만주 이상

예비상장심사청구후 공모한 주식총수 및 의결권있는 주식총수가 각각 신규상장신청일 현재 발행주식총수 및 의결권있는 주식총수의 10% 이상—협회등록법인으로 등록시 공모한 법인과 공모없이 직등록한 후 1년 이상 경과된 법인 제외

■ 코스닥등록법인의 상장요건

▶개요: 코스닥등록법인의 증권거래소 상장을 위한 제반자격요건은 기업공개절차를 통한 상장의 경우와 동일하다. 다만, 코스닥 등록종목의 경우에는 그 지분분산 방법상 공모실적에 갈음하여 소정의 협회중개시장 거래실적과 그에 따른 소액주주 분산을 요한다는 차이만 있다.

▶협회등록법인이 공모를 통해 상장하는 경우 인정공모비율

협회중개시장에서의 주식분산실적을 20%까지 인정하여 상장시 최소 10%만 추가공모하면 상장이 허용된다.

▶주식분산이 우량한 협회등록 중소기업 및 은행업 또는 특별법에 의한 은행

다음요건이 충족되면 직상장을 허용한다.

- 모든 요건을 충족하고 소액주주의 소유주식 비율이 30% 이상이고, 주주수가 1000명 이상일 경우
- 모든 상장요건을 충족한 중소기업이 상장신청일 전 1년간의 협회 중개시장에서의 월평균 거래실적이 상장 신청일 현재 발행주식총수의 1000분의 10 이상일 경우

제3시장은 한마디로 장외에서 거래되는 종목 중 일정한 요건을 갖춘 종목을 사고팔 수 있도록 만든 제도화한 공간이다. 즉, 일반투자자나 발행기업의 환금성을 높이고 자금조달에 도움을 주기 위해 마련된 시장이다. 제3시장은 증권사들이 인터넷 공간을 통해 고객 사이에 매매를 중개하게 된다. 증권사가 매매 당사자 사이에서 복덕방과 같은 구실을 하는 것이다. 제3시장은 상 · 하한가, 즉 가격제한폭이 없기 때문에 그만큼 위험이 높다. 그리고 제3시장에서 거래단위는 코스닥시장과 마찬가지로 1주이다. 매매방식은 원칙적으로 가격과 수량이 일치할 때 거래가 성립된다. 이때 수정하여 주문할 수 있다.

제3시장은 다른 시장과 달리 양도소득세가 부과된다. 양도소득세를 내지 않으려면 해당 종목이 코스닥에 등록된 후 팔아야 한다. 제3시장에서 매매할 때 양도차익에 대해 대기업종목은 20%, 중소기업은 10%씩 세금을 내야 한다. 이처럼 높은 세금이 부과되는 점이 제3시장 활성화의 걸림돌이라는 지적도 있다.

주가의 경제적 의미에 대해서는 5강에서 다루기로 하고 본 강에서는 주가의 변동요인에 대해 설명한다.

주가는 금리와 서로 역의 관계에 있다고 할 수 있다. 즉, 금리가 하락하면 주가는 상승하고, 금리가 상승하면 주가는 하락한다. 또한 시중에 통화량이 넉넉해지면 금리도 내려가고 주식투자가 늘어나게 된다. 반면 통화량이 부족하면 금리도 상승하고 주식투자가 줄어들게 된다. 따라서 주가는 통화량과 금리의 변동에 따라 움직인다고 볼 수 있다. 결국 주가와 금리, 통화량 간에는 밀접한 관계가 있다.

통화량이 증가한다는 것은 시중에 돈이 풍부하다는 것을 의미하므로 주식시장으로 돈이 몰리게 된다. 뿐만 아니라 돈이 풍부해지면 실질이자율이 하락함으로써 상대적으로 주식투자에 의한 기대수익률이 커지게 되어 주식수요가 늘어나게 된다. 결국 통화량이 증가하면 풍부한 유동성과 금리하락으로 주가는 상승한다.

반면 통화량이 감소한다는 것은 시중에 돈이 부족하다는 것을 의미하므로 주식시장에서 돈이 빠져나가게 된다. 뿐만 아니라 돈이 부족하면 실질이자율이 상승함으로써 상대적으로 주식투자에 의한 기대수익률이 작게 되므로 주가는 하락하게 된다. 결국 주가와 통화량, 주가와 금리는 서로 밀접한 관계가 있기 때문에 주식투자를 할 경우 정책당국의 금융정책에도 관심을 갖고 임해야 할 것이다.

5강 금리, 환율, 주가의 삼각관계는?

금리가 하락하게 되면 주가가 상승하고, 환율이 하락하면 주가도 하락한다고 한다. 이와 같은 현상은 무엇을 이야기하는가?

자금시장이든, 외환시장이든, 증권시장이든 모든 금융시장은 수익률 법칙의 지배를 받는다. 각 금융시장에서 생성되는 금리, 환율, 주가도 돈이 수익률을 따라다니면서 만들어내는 결과다. 그러나 이러한 부분은 손쉬운 예측이 가능하지 않다.

먼저 금리와 주가의 관계를 보자. 금리와 주가는 서로 반대방향으로 움직인다고 한다. 돈이 많이 풀려 금리가 떨어지면 이 돈은 주식으로 몰려 주가가 오르게 된다. 즉, 작은 이자수입보다 차라리 손해위험을 감수하더라도 주식으로 높은 수익률을 올려보겠다는 심리이다. 반대로 금리가 뛰면 주식시장은 치명적 타격을 입는다. 통화량이 줄어들어 시중금리가 오르면 주식시장에 있던 상당수의 돈이 고금리를 따라 은행이나 채권으로 돌아오게 된다. 중앙은행이 금리 인상을 검토한다는 발표가 나오면 주가가 쭉 빠지는 것도 이런 이유이다.

다음은 금리와 환율 간의 관계를 보자. 금리와 환율도 반비례의 관계를 가지고 있다. 환율과 금리는 서로 밀접한 영향을 주고받으며 움직인다. 다만 움직이는 모양, 방향이 항상 일정하지 않다. 환율과 금리가 어느 때 어떻게 맞물려 움직이는지 주요 유형을 알아두면 경제 흐름을 읽는 데 유용하다.

우선 금리가 오를 때 그 영향을 받아 환율이 움직이는 경우를 보자. 국내 금리가 외국에 비해 현저히 높아지면 외국에 투자했던 자본이 고수익을 찾아 우리나라로 들어온다. 우리나라를 떠나려던 자본도 그대로 머무른다. 다른 나라보다 우리나라 통화나 예금상품에 투자하면 더 높은 금리를 얻을 수 있기 때문이다. 이 경우 해외자본이 외화를 원화로 바꾸는 과정에서 원화는 수요가 늘어 시세가 오른다. 즉 환율하락이 나타난다.

통화의 대외 시세와 대외 환율은 서로 반대방향으로 움직이므로 원화의 시세(국내금리)가 높아지면 외화의 공급량이 많아져 외화의 가치가 하락(원화가치는 상승)하는 만큼 원화의 대외환율은 떨어지게 된다.

국내 금리가 낮아질 때는 반대현상이 생긴다. 외국 자본은 금리가 더 높은 외국으로 떠나므로 원화는 수요가 줄어 시세가 떨어진다. 그만큼 원화의 대외 환율이 높아진다.

이렇게 금리가 낮아지면 원화의 대외 시세가 떨어지는 사실에 착안해 수출기업들은 자주 정부가 정책금리를 낮춰 실세금리의 하락을 유도해주기를 기대한다. 금리하락이 원화의 대외 시세를 끌어내림으로써 수출품의 가격경쟁력이 높아지는 걸 기대해서이다.

그러나 금리가 내린다고 해서 항상 원화의 시세가 곧바로 떨어지는 것은 아니다. 금리가 낮아지면 금융기관 예금상품은 상대적으로 투자매력을 잃는 대신 주식이 인기를 얻는다. 그래서 시중자금이 증시로 유입되는 효과가 생긴다. 특히 외국인 투자자들이 증시로 몰리면 외화의 원화로의 환전수요가 늘어 원화시세가 오른다. 그만큼 원화의 대외 환율은 떨어진다.

요컨대 금리가 떨어질 때는 환율을 올리는 요인뿐 아니라 내리는 요인도 함께 작용하는 셈이다. 그래서 경제정책 당국에서는 금리 관련 정책을 쓸 때 금리 인하가 환율을 어느 쪽으로 움직이는 효과가 더 클지 고심하곤 한다.

이번에는 환율이 오르고 내릴 때 그 영향을 받아 금리가 움직이는 예를 보자.

원화의 대외 시세가 장차 오를 것으로 예상된다고 하자. 원화의 대외 환율이 떨어지는 경우이다. 그러면 원화자산, 원화로 이자 등 수익을 얻을 수 있는 금융상품은 외화자산 금융상품에 비해 수익성이 높아진다. 이를테면 원화로 이자를 주는 한국 채권을 사두면 원화시세가 높아질수록 외화채권에 비해 득이다. 그래서 외국인 투자자들이 달러 등 외화를 원화로 바꿔 한국 채권을 사들인다. 달러로 이자를 주는 미국채권을 팔고 달러를 원화로 바꿔 한국채권을 사들이는 움직임도 많아진다.

그러면 한국 채권시장에서는 채권수요가 공급에 비해 많아져 채권금리가 떨어진다. 채권금리가 떨어지면 그 영향으로 금융시장 전반의 실세금리도 떨어진다. 이런 경위로 통화의 대외 시세가 오르는 나라에서 금리가 떨어진다.

금리가 떨어지면 기업들은 은행 빚 부담, 채권자에게 건네줘야 하는 이자부담이 줄어든다. 그만큼 여유를 갖고 투자를 늘릴 수 있다. 다른 문제가 없는 한 기업의 투자가 활발해지면서 경기가 좋아지는 쪽으로 움직인다.

거꾸로 통화가치가 떨어지는 나라에서는 금리가 오른다. 원화의 대외 시세가 장차 떨어질 것으로 예상된다고 하자. 원화의 대외 환율이 오르는 경우다. 원화 시세가 떨어지면 원화자산, 원화로 수익을 얻는 금융상품은 전보다 매력이 떨어진다.

그러면 한국 채권시장에서는 채권수요가 공급에 비해 적어지고 그 결과 채권금리가 오른다. 채권금리가 오르면 그 영향으로 금융시장 전반의 실세금리도 오른다. 이런 경위로 대외 시세가 떨어지는 나라, 점차 통화가치가 떨어지리라고 예상되는 나라에서는 금리가 오른다.

주가와 환율의 관계도 밀접히 연관되어 있다. 즉 환율이 상승할 경우 수출이 늘게 되어 기업의 채산성이 좋아진다. 따라서 수출기업의 주가는 상승세를 타게 된다. 그러나 환율이 지나치게 상승할 경우 환차손을 우려한 외국투자자들의 이탈로 주식시장 전체적으로는 부정적으로 작용한다.

반면 환율이 하락하면 수출이 부진해지고 기업의 채산성도 악화된다. 따라서 수출기업의 주가는 하락세를 면치 못하게 된다. 그러나 환율이 하락할 경우 환차익을 노리는 외국투자자들의 자금유입으로 주식시장 전체적으로는 오히려 긍정적으로 작용한다.

결국 환율의 변동이 주식시장에 긍정적으로 작용할 것인지 아니면 부정적으로 작용할 것인지는 일률적으로 답하기는 어렵다. 다만 환율의 변동폭이 지나칠 경우에는 그것이 주식시장에 부정적으로 작용하는 것만은 분명한 사실이다.

6강 파생금융상품은 선택의 폭을 넓혀 주는가?

파생금융상품(Financial Derivatives)이란 환율이나 금리, 주가 등의 시세변동에 따른 손실위험을 줄이기 위해 미래 일정 시점에 일정한 가격에 상품이나 주식, 채권 등을 거래하기로 하는 일종의 보험성 금융상품이다. 즉 기초자산의 가치변화에 따라 가격이 변하게 되는 금융상품이다. 파생상품의 기초자산으로는 통화(환율), 금리, 주식, 주가지수, 곡류, 석유 등 그 가치가 시장에서 비교적 자유롭게 결정되는 것들이 될 수 있다. 초기의 파생상품들은 기초자산의 미래 가격변화에 따른 위험을 회피하기 위한 수단으로 이용되었으나 최근에는 가치변화에 능동적으로 대처하여 고수익을 올릴 수 있는 상품으로 이용되기도 한다.

파생상품은 거래형태, 기초자산, 거래장소, 거래목적에 따라 다양한 형태로 나타난다.

첫째, 파생상품은 거래 형태에 따라 선도거래, 선물거래, 옵션(선택매매)거래, 스왑(교환)거래로 나누어 볼 수 있다. 이러한 거래들은 각각 특성을 가지며 독립적으로 이루어지기도 하고 파생상품들간의 결합, 기타 금융 수단과의 결합을 통해 다양한 거래기법을 만들어 내기도 한다.

둘째, 파생상품은 기초자산의 종류에 따라 구별되기도 하는데 파생상품의 거래대상이 되는 기초자산은 통화, 금리, 채권, 개별주식, 주가지수, 일반 상품 등으로 나누어진다.

셋째, 파생상품은 그 상품이 거래되는 개념적 장소에 따라서도 구별되는데, 거래소에서 거래되는 장내파생상품과 거래소 외부에서 거래되는 장외거래상품의 구분이다.

넷째, 파생상품은 거래목적에 따라서 투기적 거래, 헤지거래, 차익거래 등으로 나누어지기도 한다.

파생금융상품이 그 가치가 외환, 채권, 주식 등 기초자산의 가격에 따라 결정되는 금융계약으로 거래형태별 특징은 선물거래는 장래의 일정한 시기에 일정한 가격으로 상품을 수도하기로 하는 예약거래를 말하며, 옵션거래는 장래의 일정한 시기에 일정한 가격으로 상품을 매입하거나 또는 매도할 권리를 거래하는 것이다. 스왑거래는 두 당사자가 일정기간 동안 일정한 조건에 따라 지급의 흐름을 서로 교환하기로 하는 계약을 말한다.

선물거래 중 대표적인 것이 주가지수선물로 이는 증권시장에서 매매되는 전체주식 혹은 일부주식의 가격수준을 나타내는 주가지수를 매매대상으로 하는 선물거래이다. 이 거래를 원활히 하기 위해 일일정산제도를 시행하고 있는데, 이는 결제의 이행을 보증하기 위해 납부한 증거금이 선물가격의 변화에도 불구하고 항상 일정수준의 담보능력을 유지할 수 있도록 미결제약정을 매일의 최종가격으로 재평가하여 선물가격 변화에 따른 손익을 산출, 이를 증거금에 반영하는 것이다. 증거금에는 개시증거금(주문금액의 15%)과 유지증거금(주문금액의 10%)이 있다.

옵션은 특정한 자산을 미리 정해진 계약 조건에 의해 사거나 팔 수 있는 권리를 말하는 것으로 선물의 경우에는 계약조건에 의해 사거나 팔아야 하지만, 옵션은 옵션 매입자의 경우 사거나 팔 것을 선택할 수 있고, 매도자의 경우 매입자의 선택에 따라야 할 의무가 있다. 옵션은 옵션 매입자에게 특정한 권리를 부여하는 것이기 때문에 가치는 항상 0 이상이 된다. 즉, 옵션 매입자는 매도자에게 일정한 대가를 지불하고 사거나 팔 수 있는 권리를 부여 받게 되는 것이다. 여기서 사거나 팔 수 있는 특정자산을 기초자산, 사거나 팔도록 정해진 가격을 행사가격, 정해진 기간을 만기 그리고 옵션의 가치를 옵션가격 또는 프리미엄이라고 한다.

옵션 중에서 특정 자산을 살 수 있는 권리를 콜(Call)옵션, 팔 수 있는 권리를 풋(Put)옵션이라고 한다. 그리고 특정한 만기에만 권리를 행사할 수 있는 것을 유럽형(European)옵션, 특정한 만기 이전에 언제라도 자유롭게 권리행사가 가능한 것을 미국형(American)옵션이라고 한다. 현재 우리나라에서는 유럽형 옵션만 거래되고 있다. 물론 이외에도 계약조건에 따라 수많은 옵션의 형태가 존재한다.

이와 같은 파생금융상품의 급속한 성장요인은 첫째, 1970년대 초반 이래로 금융시장의 가격변동성의 심각한 증가이다.[3] 둘째, 컴퓨터 및 정보통신기술의 발달로 신금융상품 개발 및 가격산출이 용이하게 되었고, 거래규칙과 제반변화에 대한 정보접근이 용이하게 된 것이다. 셋째, 지난 20년간의 주식시장의 양적인 확대로 인하여 은행대출 등 간접금융방

3) 1973년 Bretton Woods 체제의 붕괴, 오일파동 이후 inflation, 환율, 금리에 대한 불안, 1979년 미국 통화정책의 변화 등.

식에서 인플레, 금리상승 등으로 증권발행의 직접금융방식으로의 변화이다.

이러한 파생금융상품의 기능은 먼저 위험관리의 기능이다. 보유자산의 가치하락 혹은 부채상환금액 상승에 따른 가격위험의 전가, 보유재고의 가치안정으로 융자에 있어서 유리하고 자원의 효율적 이용으로 생산성 증가를 가져온다.

둘째, 가격예시의 기능이다. 선물시장은 적은 금액으로도 거래가 가능하므로, 유동성이 풍부하고, 다수의 전문 투자자가 존재하여 미래의 현물가격에 대한 정보를 제공한다.

셋째, 현물시장 거래 활성화 및 금융시장 효율성 증대이다. 선물거래의 가격위험 전가의 기능으로 투자위험이 감소되어 현물시장에 대한 투자 확대, 다양한 투자수단의 제공 및 선물시장과 현물시장간의 차익거래 등으로 금융시장의 효율성 증가시킨다.

넷째, 기업 자금흐름의 탄력성 제고이다. 자산 및 부채의 리스크 구조를 조정할 수 있으므로 안정적인 자금조달 및 운용이 가능하다.

다섯째, 기업의 자금운용 혁신 및 금융비용 절감이다. 종전의 개별거래중심의 리스크 관리에서 파생금융상품을 통해 리스크의 분리 및 통합이 가능해져서 자산 부채의 종합관리가 가능하다.

마지막으로 새로운 시장에의 진입을 용이하게 한다는 것이다.

파생금융상품의 현황을 보면 1986~1994년의 불과 8년 동안 계약원금 기준으로 약 1조달러에서 16조 2000억달러 규모로 성장하였다. 기초상품별로 보면 금리관련 상품이 1993년에 전체의 약 88%, 통화관련 상품이 10% 미만, 주식관련 파생상품이 약 2.5%이다.

지역별로는 파생금융상품시장에 있어서 미국의 압도적 비중(1986년 84.2%→1994년 44.7%)에서 유럽 및 일본의 시장이 크게 증가하였고(1986년 13.1%→1994년 41.1%), 최근 아시아 국가들을 포함한 기타 국가들의 성장도 주목되고 있다.(1986년 2.7%→1994년 14.2%)

이와 같은 파생금융상품 거래확대의 거시 경제적 영향으로는 금융시장간 연계 강화, 거래의 집중화, 금융제도의 안정성 저해, 통화정책의 유효성 및 독립성 저하 등을 들 수 있다.

규모가 커지고 있는 파생금융상품에 대해서 규제의 필요성이 대두되고 있다. 파생금융상품 거래의 확대는 개별시장 참가자에게는 위험의 회피 수단을 제공하지만 외부거래이며 거래비용이 저렴한 데 반해 기대수익률이 높은 데 따라 투기적 거래가 증가 하는 등 시장 전체의 위험성을 증가시키고 있어 리스크 관리에 실패하는 금융기관이 있을 경우 그 파급효과는 대단히 커서 금융질서의 붕괴사태까지 우려된다. 특히 거래소를 통한 거래는 상품의 표준화, 거래이행을 위한 증거금 적립 등 안전장치가 마련되어 있으나 거래당사자간의 직접거래인 장외거래의 경우에는 그 규모는 거래소 거래를 상회하고 있는 반면 거래의 일정한 규칙이 없고 거래에 따른 리스크 파악이 제대로 되지 않아 문제시된다.

요약

1. 채권시장이 발달된 나라일수록 국채수익률이 대표금리로 쓰인다. 국채의 발행주체는 정부이고, 국가가 존재하는 한 정부는 존속할 것이다. 따라서 나라가 망하지 않는 한 국채는 떼일 염려가 전혀 없는 것이다. 어떤 우량기업도 어떤 우량금융기관도 정부보다 위험이 적을 수 없다.
2. 시중 자금사정을 반영하는 금리는 채권의 거래가격, 즉 유통수익률이다. 채권은 만기 전에 매매를 통해 투자자금을 회수할 수 있어, 일반대출보다 투자리스크가 적기 때문에 발행이나 거래가 매우 활발한 유가증권이다. 또한 매매시에는 시중금리수준에 따라 매매손실이나 매매이익이 발생할 수도 있다. 채권가격과 금리(수익률)는 반대로 움직인다는 것이다. 즉 수익률이 5%에서 10%가 되었다면 금리는 올랐지만 채권가격은 떨어진 것이다.

3. 은행은 예금을 통해 자금을 조달하므로 조달비용이란 예금을 받는 가격 곧 예금금리를 뜻한다. 만약 은행이 예금을 싼 금리로 유치했다면 대출금리도 낮게 운용할 수 있을 것이다. 반대로 고금리로 예금을 받아 자금조달 비용이 높아졌다면 대출금리도 높을 수밖에 없다. 두 번째 금리결정요인은 리스크 프리미엄이다. 신용도가 좋은 사람에겐 싼 금리로 대출해주고, 반대로 떼일 위험이 많은 사람에겐 대출금리를 높게 적용하는 것이 기본원칙이다. 따라서 대출금리 수준을 결정하는 것은 '자금조달비용'과 '리스크 프리미엄'이다.

4. 경제의 모든 상황을 여과 없이 반영하는 것이 주식시장이다. 주식시장은 국민경제의 거울인 셈이다. 또한 경제의 호 · 불황을 떠나 정치가 불안하거나, 안보환경이 악화되거나, 국제정세가 악화될 경우 주가는 아주 민감하게 반응한다. 개별주식을 들여다보면 해당기업의 건강상태를 알 수 있듯이 주식시장 전체를 보면 그 나라의 경제, 나아가 정치 · 안보 · 사회의 안정상태가 어떤지 알 수 있다.

5. 자금시장이든, 외환시장이든, 증권시장이든 모든 금융시장은 수익률 법칙의 지배를 받는다. 각 금융시장에서 생성되는 금리, 환율, 주가도 돈이 수익률을 따라다니면서 만들어내는 결과다. 그러나 이러한 부분은 손쉬운 예측이 가능하지 않다.

6. 파생금융상품(Financial Derivatives)이란 환율이나 금리, 주가 등의 시세변동에 따른 손실위험을 줄이기 위해 미래 일정 시점에 일정한 가격에 상품이나 주식, 채권 등을 거래하기로 하는 일종의 보험성 금융상품이다. 즉 기초자산의 가치변화에 따라 가격이 변하게 되는 금융상품이다. 초기의 파생상품들은 기초자산의 미래 가격변화에 따른 위험을 회피하기 위한 수단으로 이용되었으나 최근에는 가치변화에 능동적으로 대처하여 고수익을 올릴 수 있는 상품으로 이용되기도 한다.

부록

한국경제 위기 요인은 없나!

1강 한국경제 위기요인은 없나(1)[1]

청와대는 18일 나라가 무너진다는 한나라당 박근혜 대표의 주장에 대해 "주가가 오르는데 무슨 소리냐"고 반박했다.

정부는 9월 소비자기대지수가 6개월 만에 상승세로 반전한 점, 국내 수출이 지난 8월 18.1% 상승한 데 이어 9월에도 18.7% 증가율을 기록한 점에 고무되어 있다. 경기회복에 대해 어느 때보다 확신을 가지고 있는 듯하다.

정부는 특히 내수와 수출 분야에서 모두 지표경기가 잇따라 호전될 조짐을 보이면서 내년에 팽창예산(올해보다 6.3% 증가)을 짜고 최근 금리를 올렸다.

한덕수 경제부총리는 특히 설비투자 증가가 뒷받침되지 않는 데도 "앞으로 10년 동안 5%대 잠재성장률 달성이 가능하다"고 자신하고 있다.

1) 본 강은 매일경제 2005. 10. 19에서 발췌.

주가 착시, 수출 착시 가능성 상존

경제 전문가들은 꼭 10년 전에도 반도체경기 호황에 따른 이른바 '반도체 착시'로 2~3년 후 닥쳐올 경제 위기의 징후를 포착하지 못했던 쓰라린 교훈에 주목하고 있다. 1996년 경제협력개발기구(OECD) 회원국에 가입한 뒤 바로 외환위기를 맞자 외국 언론은 "한국이 샴페인을 너무 일찍 터뜨렸다"는 분석을 내놓기도 했다.

표면적인 경제지표들이 호조를 보이고 있지만 '주가 착시'나 '수출 착시'와 같은 용어들이 생겨나고 'OECD 샴페인'에 빗대 '2만달러 샴페인'이라는 경고가 나오는 것도 이 같은 맥락으로 풀이된다.

중산 · 서민층 체감경기는 3년째 바닥 국면에서 벗어나지 못하고 있고 중소기업이나 지방공단의 경영환경은 갈수록 악화되고 있는 것으로 파악됐다.

참여정부가 출범한 2003년(3.1%) 시작된 저성장 추세는 2004년(4.6%)과 올해(3.8% 추정)까지 지속됐다. 한국은행이 국민소득 계정을

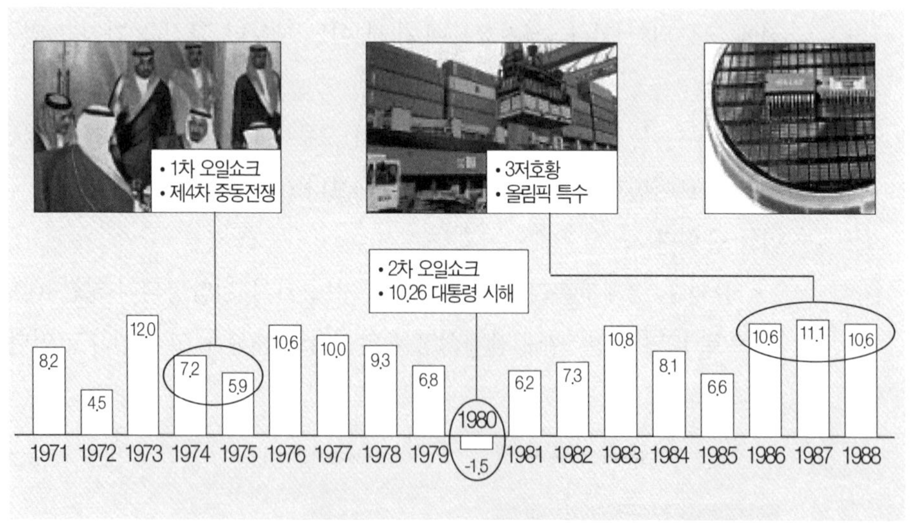

경제 성장률 추이와 국내외 주요 사건

발표한 지난 70년 이래 3년 연속 성장률이 5%대를 하회한 것은 이번이 처음이다. 이런 저성장에는 설비투자 둔화가 큰 영향을 미쳤다. 설비투자 증가율은 1990~1997년 연평균 9.6%에 달했지만 외환위기를 겪으면서 급격히 둔화돼 2001~2004년에는 연평균 0.3% 늘어나는 데 그쳤다.

올해 들어서도 설비투자 추계는 지난 7월 지난해 같은 달보다 4.2% 증가했지만 8월에 다시 마이너스 0.9% 신장률을 보이고 있다.

잠재성장률 하락은 '부자병'이라는 구조적 요인 때문

앞으로 잠재성장률이 더 추락할 경우 한국 경제는 '부자병'에 걸린 채 선진국에 영영 진입하지 못할 수 있다는 분석도 나오고 있다.

이미 한국은행은 노동, 자본, 생산성 등 잠재성장률 기여도가 일제히 약화되고 있는 가운데 앞으로 잠재성장률이 4%대 수준에 머물 것으로 내다봤다. 삼성경제연구소도 2015년까지 잠재성장률을 6.3%까지 끌

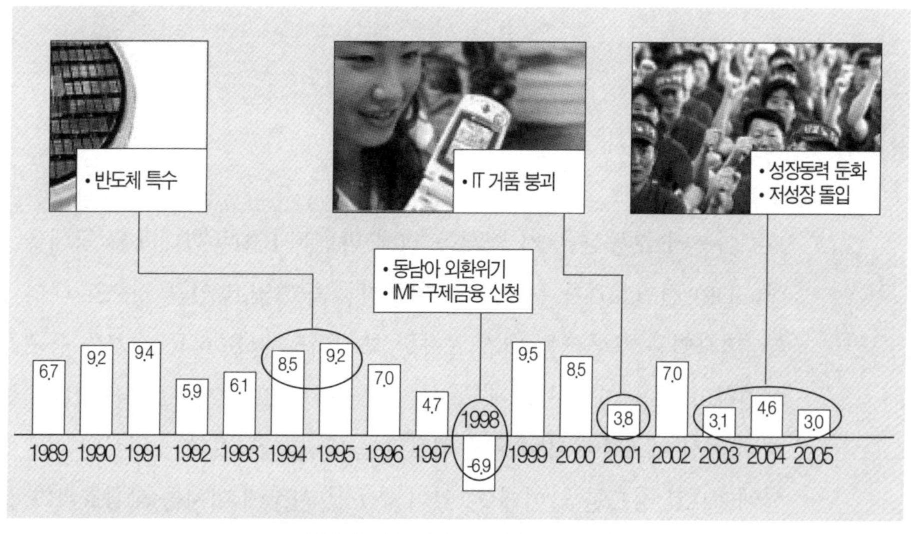

경제 성장률 추이와 국내외 주요 사건 (계속)

어올려야 선진국 진입이 가능하며 10년 동안 잠재성장률 상승에 실패할 경우 한국은 어정쩡한 중진국 수준에 머물 것으로 내다봤다.

실제로 저출산 · 고령화, 자본 · 제조업 공동화, 계층 · 지역간 양극화 등 구조적 요인을 감안하면 향후 10년간 5%대 성장률 달성은 정부의 '희망사항'일 뿐이라는 것이 민간 경제연구소들의 공통된 지적이다. 신민영 LG경제연구원 박사는 "국민 실제 소득이 최근 1년 동안 한 푼도 늘어나지 않은 데다 세금중과와 부동산 자산가치 하락까지 겹치면 대외변수에 더욱 취약해질 수 있다"고 지적했다.

실제로 올해 지난 2분기(4~6월) 실질 구매력을 반영한 실질국민소득(GNI) 증가율은 0%를 기록해 환란 직후인 지난 1998년 4분기(−6.1%) 이후 최저치를 기록했다.

해외여행자가 갈수록 급증하고 국내 자본의 해외유출 규모가 늘어나면서 지난 8월중 서비스수지가 사상 최대 적자폭을 기록했고 경상수지도 총 4억달러 적자를 기록했다. 경상수지 적자가 발생한 것은 올해 4월 이후 벌써 두 번째이며, 97년 외환위기 직전에 발생했던 경상수지 대란 현상이 재현되는 게 아니냐는 염려도 낳고 있다.

8.31종합대책은 내수회복 지연 요인 가능성

아울러 부동산 투기 억제를 위해 마련된 8.31종합대책은 국내총생산(GDP) 견인효과가 큰 건설경기에 찬물을 끼얹고 있는 것으로 나타났다. 비사업용 부동산을 대거 보유한 대기업의 경우 부동산 거품 붕괴를 예견하고 보유 자산 처분에 나서는 곳도 적지 않은 것으로 알려졌다. 특히 부동산 세금중과 정책은 올해보다는 내년, 내년보다는 내후년 이후에 단계적으로 강도를 높이게 돼 있어 부동산 시장에 미치는 파급효과가 갈수록 증폭될 것으로 보인다.

배상근 한국경제연구원 연구위원은 "정부의 강력한 부동산 대책으로 건설수주가 더욱 둔화될 수 있다"며 "건설경기가 하락하면 내수 회복에도 적잖은 타격을 가할 것"으로 내다봤다.

경제 체질이 밑바닥에서 곪아가고 있는데도 정부와 가계 등 상당수 경제 주체들이 제2의 경제위기 가능성을 인정하지 않고 있는 것은 큰 문제다.

한 외국계 컨설턴트는 "한국 주력 품목에서 중국과 겹치는 분야는 10개 중 6개 이상이며 벌써 중국에 추월당하는 부품들이 늘고 있다"며 "한국이 3년 내 긴급 처방을 내리지 않으면 앞으로 20년 동안 중국에 계속 지는 게임을 하게 될 것"이라고 말했다.

2강 한국경제 위기요인은 없나(2)[2)]

부산 영도에 있는 한진중공업 조선소를 찾은 것은 열 달 전인 지난 1월 중순. 조선소 직원들은 차가운 바닷바람에 아랑곳 않고 크레인 소리에 파묻혀 용접 불꽃을 일으키며 열심히 배를 조립하고 있었다. 이 회사는 지난해 3년 동안 먹고 살 수 있는 일감을 확보해 놓았던 터라 활기가 대단했다.

하지만 회사 경영진은 몇 달째 고민에 빠져 있었다. 조립한 배를 바다에 띄워 놓고 내장 시설을 할 때 필요한 해상접안시설을 추가로 확보하지 못해 발을 동동 구르고 있었다. 당시 회사는 담당 행정기관에 바다 쪽으로 긴 둑을 만들겠으니 허락해 달라고 요청한 상태였다. 하지만 담

2) 본 강은 매일경제 2005. 10. 20에서 발췌.

당 기관은 몇 달째 허락해 주지 않았다.

그로부터 10개월이 지난 최근 다시 현장을 찾았다. 여전히 담당 행정기관은 각계 의견수렴을 위한 공청회만 열고 결론은 내리지 않은 채 '검토중'이라는 답변만 하고 있다고 한다. 이 회사 관계자는 "바닷길 안전에 문제가 있어 결론을 내리지 못한다고 말하고 있지만 허가 후 지역주민과 환경단체의 집단 민원을 염려한 것 아니겠느냐"면서 "지역사회 고용에 얼마나 큰 기여를 하는데 이렇게 애를 먹이는지 모르겠다"고 말했다. 한진중공업은 올해 안에 추가 접안시설을 확보하지 못하면 중국이나 베트남 등 외국으로 진출하는 방안을 검토할 계획이다.

한국을 대표하는 산업으로 성장한 조선소들이 규제와 고임금 등으로 한국을 떠나고 있는 사례들이다. 이는 한국 경제의 성장잠재력을 낮추는 한 요인에 불과하다.

창업 절차가 까다로운 것도 성장잠재력을 낮추는 요인이다. 세계은

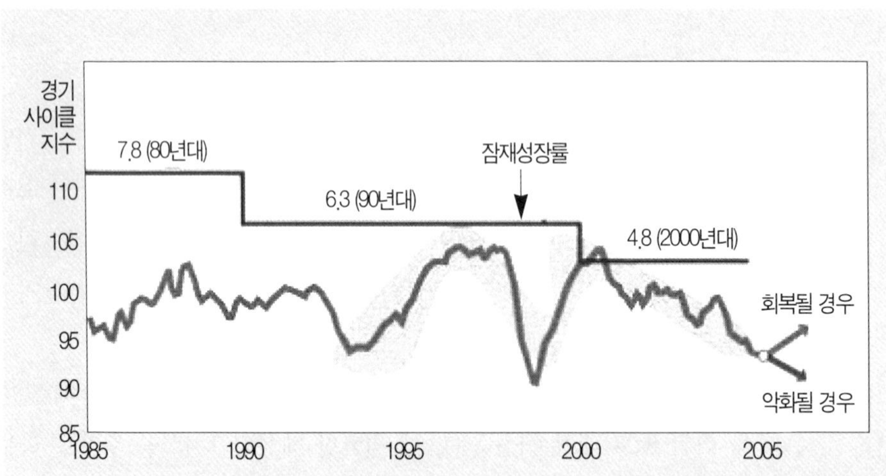

주: 경기사이클은 산업생산, 제조업가동률 등 7개 지표를 종합해 매월 작성되는 동행지수 순환변동치로 나타냄.
자료: 통계청.

M자를 그리고 있는 한국경제 경기사이클

행이 지난해 조사한 각국의 창업에 필요한 행정절차와 소요기간 자료를 보면 우리나라에서 창업을 하려면 12단계의 행정절차를 거쳐야 한다. 이는 미국(5단계), 영국(6단계), 싱가포르(7단계)에 비해 너무 번거롭다.

성장잠재력이 떨어지면 성장률을 높이려고 아무리 애를 써도 한계가 있다. 이는 '용수철 이론'으로 설명된다. 용수철은 위에서 눌러 압축했다가 힘을 빼면 튀어오른다. 튀어오를 수 있는 최대 높이는 철사크기가 결정한다.

우리나라 잠재성장률(한국은행과 KDI 집계)은 1980년대 7.8%에서 1990년대 6.3%로 낮아진 데 이어 2000년대 들어서는 4.8%로 줄었다. 그러다보니 성장률은 2000년 이후 계속 하향곡선을 그리며 '한국 경제에 잃어버린 5년'을 만들어 내고 있다.

한국 경제가 N자를 그리며 회복할 것이라던 정부 주장이나 낙관론은 이미 틀렸다. 지금까지 M자 형태를 그렸기 때문이다. 온기온 매일경제 논설위원은 "우리 경제는 장기 침체냐 회복이냐의 갈림길에 서 있다"며 "성장잠재력을 키워야만 한국의 미래가 보장된다"고 말했다.

■ 찾아보기

‖ ㅇ ‖

저자 소개

한상인
경일대학교 관광비즈니스학부 교수
영남대학교 경제학과 졸업
일본 동경대학교 대학원 경제학연구과(경제학박사)

이승모
아시아대학교 교양학부 교수
영남대학교 대학원 경제학과(경제학박사)
대구시 경제전문연구원 및 한국지역발전연구재단 연구위원 역임

기석도
경운대학교 의료경영학부 교수
영남대학교 사회과학연구소 선임연구원 역임
영남대학교 대학원 경제학과(경제학박사)

백진현
영남대학교 통일문제연구소 연구원
경일대학교 관광비즈니스학부 초빙교수
영남대학교 대학원 경제학과(박사수료)

이동헌
영남대학교 사회과학연구소 선임연구원
경일대학교 관광비즈니스학부 초빙교수
영남대학교 대학원 경제학과(경제학박사)

시사생활경제

2006년 2월 25일 초판 발행
2013년 3월 15일 재판 발행

저　자 한상인 · 이승모 · 기석도 · 백진현 · 이동헌
발행인 조 병 철
발행처 삼 우 사

경기도 고양시 일산동구 백석동 1302
동문굿모닝힐 1차 102동 426호
전화 718-8553(代) Fax 718-8554
등록 1994. 9. 23. 제396-2001-000025호

정 가 18,000원　　ISBN 89-91083-40-4